高等职业院校高质量
发展路径探索与实践

李延成◎编著

中国石油大学出版社
CHINA UNIVERSITY OF PETROLEUM PRESS

山东·青岛

图书在版编目(CIP)数据

高等职业院校高质量发展路径探索与实践 / 李延成
编著. --青岛：中国石油大学出版社，2023.9
ISBN 978-7-5636-7979-9

Ⅰ. ①高… Ⅱ. ①李… Ⅲ. ①高等职业教育－发展－
研究－中国 Ⅳ. ①G718.5

中国国家版本馆 CIP 数据核字(2023)第 163009 号

书　　　名：	高等职业院校高质量发展路径探索与实践
	GAODENG ZHIYE YUANXIAO GAOZHILIANG FAZHAN LUJING TANSUO YU SHIJIAN
编 著 者：	李延成
责任编辑：	张胜杰(电话 0532－86983440)
封面设计：	赵志勇
出 版 者：	中国石油大学出版社
	(地址：山东省青岛市黄岛区长江西路 66 号　邮编：266580)
网　　　址：	http://cbs.upc.edu.cn
电子邮箱：	sanbianshao@126.com
排 版 者：	青岛天舒常青文化传媒有限公司
印 刷 者：	青岛北琪精密制造有限公司
发 行 者：	中国石油大学出版社(电话 0532－86983560，86983440)
开　　　本：	710 mm×1 000 mm　1/16
印　　　张：	12.25
插　　　页：	2
字　　　数：	261 千字
版 印 次：	2023 年 9 月第 1 版　2023 年 9 月第 1 次印刷
书　　　号：	ISBN 978-7-5636-7979-9
定　　　价：	58.00 元

序

PREFACE

习近平总书记指出:"在全面建设社会主义现代化国家新征程中,职业教育前途广阔、大有可为。"2021年全国职业教育大会召开,擘画了新时代职业教育发展蓝图;《国家职业教育改革实施方案》启动"中国特色高水平高等职业学校和专业建设计划";《关于推动现代职业教育高质量发展的意见》等为职业教育发展指明了路径。2022年新修订的《中华人民共和国职业教育法》明确了"职业教育是与普通教育具有同等重要地位的教育类型";党的二十大胜利召开,指明了统筹职业教育、高等教育、继续教育协同创新,推进职普融通、产教融合、科教融汇,优化职业教育类型定位的努力方向;2022年中共中央办公厅、国务院办公厅印发的《关于深化现代职业教育体系建设改革的意见》,为推动新时期职业教育深化改革明确了方向。这一切说明,职业教育的改革发展进入一个新的历史阶段。

在以中国式现代化推进中华民族伟大复兴的新征程上,职业教育需要在总结经验的基础上充分展现新担当、新作为。东营职业学院在过去十多年的建设发展中,坚持服务黄河重大国家战略、服务东营高质量发展、服务大学生全面成长"三个服务"的办学定位,锚定建设有特色、国际化、创业型高等职业教育名校的目标愿景,探索实施了"学生中心、质量为要、开放融合、特色品牌、文化制胜"的内涵式发展路径,培育形成了"石油石化特色、创新创业品牌、人工智能亮点、产教融合机制、开放办学格局、'科教研创'平台"的办学特色。学校先后完成了国家骨干高等职业院校建设、山东省优质高等职业院校建设等目标任务,并入选国家"双高计划"立项建设单位。

一所优秀学校的建立和发展,一种人才培养模式的形成和推广,需要长期的实践和总结。东营职业学院着眼创优发展的"高标准谋划、高质量育人、大规模培训、深层次融合、双师型队伍、高水平服务"设计规划,无论是在理论上还是在实践上都面临着巨大的挑战。要引入先进的职业教育理念,不仅需要丰富的专业实践经验,还需要把先进、实用的方法和技术有针对性地与职业院校的工作有机结合起来,东营职业学院长期实践探索形成的典型做法和宝贵经验具有重要的参考价值。

李延成同志在高等职业院校从事管理工作十余年,既了解工作实际,又善于进行理论思考,本书是他及其团队智慧和心血的结晶,反映了他们在高等职业教育研究和实践探索中取得的丰硕成果。我愿意将这本书推荐给大家,并以此分享、研究和推广有益的实践经验,海纳百川,博采众长,为我国职业教育事业的发展作出自己的贡献。

2023 年 5 月 11 日于北京

（赵志群:国家职业教育指导咨询委员会委员,北京师范大学教授、博士生导师、职业与成人教育研究所原所长,中国职业技术教育学会教学工作委员会副主任,国际创新学徒制网络(INAP)理事会主席。）

目 录
CONTENTS

第一章

内涵发展之路径

东营职业学院认真总结职业教育办学规律,坚持问题导向、质量导向、需求导向和成果导向,探索实施了"学生中心、质量为要、开放融合、特色品牌、文化制胜"的办学路径。"学生中心"指强调以生为本,坚持立德树人的根本任务,着眼于学生德智体美劳全面发展,从学生的成长成才出发,一切为了学生、为了一切学生、为了学生一切。"质量为要"指强调以提高教育教学质量为重点,通过深化改革创新,培养高素质技术技能人才,促进学校高质量发展。"开放融合"指强调坚持开门办学,主动服务国家战略,主动融入区域经济社会发展,主动开展国际合作交流,培养行业企业急需的、具有国际视野的优秀人才。"特色品牌"指强调特色发展,打造具有知名度的学校品牌,适应区域主导产业的发展需要,一校一特色、一专业一特色、一课程一特色,争先创优,提高学校的影响力和核心竞争力。"文化制胜"指强调校园文化的深远持久影响作用,践行社会主义核心价值观,打造"创意、创新、创造、创业、创优、创效"的"创"文化品牌,办有灵魂的学校,塑造有灵魂的教师和学生,培养社会主义建设者和接班人。

学生中心

"以学生为中心"既是教育育人本质的回归,也是育人方式的回归。"以学生为中心"的教育理念作为一种价值取向,是以人为本理念在高等职业教育中的创造性探索,其根本所在就是突出学生的主体地位。东营职业学院作为"双高计划"建设院校,围绕立德树人的根本任务,坚持"根植区域、服务发展、促进就业"的办学宗旨,通过实施学生中心人才培养模式改革,形成德育贯穿、创新创业融入、职业技能

1

培养与职业精神养成相融合的人才培养体系;建立以培养复合应用型人才为目标的能力本位课程体系,推行"教、学、做"一体教学模式改革,实施学分制改革,促进学生个性化发展;深化产教融合、校企合作,推进校企协同育人;坚持"以文化人、以文育人",促进学生全面发展;培育具有工匠精神、精湛技艺、创新本领的技术技能人才,大力提升产教融合契合度、人才培养满意度、区域经济贡献度。

一、"以学生为中心"教育理念的提出

"以学生为中心"的教育理念起源于 19 世纪美国教育家杜威的"以儿童为中心"教育思想,他强调学生个体在教育环境中的重要性。1952 年,在哈佛大学举办的一次教育主题学术研讨会上,美国心理学家罗杰斯首次提出了"以学生为中心"的教育观点,引发了一场关于教育观念的探讨。此后,以"学生为中心"理论不断丰富和发展,以"学生为中心"的实践也在西方国家逐渐兴起和流行。1998 年 10 月,联合国教科文组织在巴黎召开世界高等教育大会,通过了与大会主题同名的大会宣言:《21 世纪的高等教育:展望与行动世界宣言》(以下简称《宣言》)及配套的《高等教育改革与发展的优先行动框架》。《宣言》中指出,在当今日新月异的世界,高等教育显然需要"以学生为中心"的新视角和新模式。《宣言》还要求各个国家和高等学校的决策者把学生及其需要作为关心的重点;把学生视为教育改革主要的和负责的参与者,包括参与教育重大问题讨论、评估、课程及其内容改革,制定政策与院校管理等。这是"以学生为中心"首次见诸联合国机构的正式文件,从此这一提法逐渐成为权威性的术语和全世界教育工作者的共识。"以学生为中心"的教育教学模式得到广泛应用,并成为世界高等教育发展的趋势和提高高等教育质量的内在要求。

二、"以学生为中心"教育理念的内涵

以学生为中心,就是着眼于学生的全面发展,学生的成人、成才,以学生的学习和发展为中心,尊重学生的主体地位(价值),为学生的学习、交往、生活、发展等提供良好的平台,实现从以"教"为中心向以"学"为中心的转变、从"传授模式"向"学习模式"的转变,从而提高学生的学习质量。

于剑教授认为学生中心理念在高校意味着树立以下四个层次的中心:

一是以提高人才培养质量为中心。这是对高校整体职能的统筹及其相互关系而言的。高等教育的五个职能并非并列关系,其中人才培养是中心,而科学研究、社会服务、文化传承创新、国际交流合作四个职能是服务、服从和围绕这一中心展开的。

二是以学生终身发展为中心。这是对高校人才培养模式创新设计的实践而言

的。人才培养模式是实现人才培养目标的内容、方法和手段的总和。以学生终身发展为中心的人才培养模式在培养体系设计上必须将价值塑造、知识传授和能力培养融为一体。如果只关注大学在校期间，必然只重视知识传授；如果关注大学毕业后的工作需要，就还会重视能力培养；如果关注终身更好发展，价值塑造就尤其重要。因此，以学生终身发展为中心是人才培养模式创新的方向和灵魂。

三是以学生主动学习为中心。这是对教学过程，特别是课堂教学而言的。课堂教学是人才培养质量的细胞，这个细胞的生命主体是学生的学，教师的教只是酶和催化剂，前者是目的，后者是手段，教师的教最重要的是激发学生的学习兴趣，最终实现学生主动学习。

四是以学生学习效果为中心。这是针对学生的学习状况进行检验、反馈、改进的全部学习过程而言的。学生的学习重在过程，但要以学习效果为中心。因为学生有关学习过程的信息对教师而言是不完全和不对称的，每个学生大脑中构建的课程认知模式到底如何，教师也不能完全了解。因此，对这一过程，特别是对学生是否建立了科学的认知模式的判断，就必须也只能依靠各种合理的方法对学生的学习效果进行检验，并将检验效果及时反馈，从而改进学生的学和教师的教，最终保证学生达成有效学习。

总之，"以学生为中心"就是一切为了学生，为了一切学生，为了学生一切。首先，以学生的"学"为中心，"教"要以"学"为目的和旨归，教师不能只管"教"而不管"学"。其次，以学生的"学好"为中心，学生的学习有不同的状况，学生不仅要"知"学，还要"好"学，最后还要乐在其中——"乐"学；教师不仅要管"学"，还要想方设法争取让学生学会、好学和乐学。最后，以学生的"学成"为中心，"学"不仅仅是知识的学习，更是人性的培育和人格的培养，是"人"的生成与完成，是学生的全面发展。推动教育事业科学发展，就是要把教育的重点转向人本身，在教育过程中把人的全面发展放在中心地位，坚持育人为本。党的二十大提出"教育是国之大计、党之大计。培养什么人、怎样培养人、为谁培养人是教育的根本问题。育人的根本在于立德。全面贯彻党的教育方针，落实立德树人根本任务，培养德智体美劳全面发展的社会主义建设者和接班人"。这些充分说明树立"以学生为中心"的教育理念是落实以人为本的教育发展观的体现，即"以促进学生全面发展为中心"，这是教育事业科学发展的根本任务。

三、"以学生为中心"教育理念的理论意义

（一）哲学理论意义

在不同历史时期和国别，哲学上的"以学生为中心"最终走向都是人自由而全面的发展。马克思明确指出，未来的新社会是"以每个人的全面而自由的发展为基

本原则的社会形式"。这一重要思想深刻揭示了"以学生为中心"在实现人的全面发展中的本质地位,即坚持以人的全面进步和发展为本。人的发展既包括人自身的发展,也包括社会为人的发展所提供的条件。育人为本教育理念的实质就是坚持以人的全面进步和发展为根本,把人作为社会主体和中心,在社会发展中以满足人的需要、提高人的水平、提高人的品质、实现人的全面发展为终极目标;就是重视人本身的发展,将个体的全面发展与个性发展统一起来,将个体的人文精神与科学精神的养成统一起来,使之能够在复杂多元、快速多变的社会环境中正确实行知识选择和创新。就教育的本质而言,它作为一种培养和造就人才的崇高事业,是以人为教育对象的社会活动,必须把育人作为第一要务,培育社会发展所需要的德智体美劳全面发展的人才。

辩证唯物主义的基本原理告诉我们,内因是事物发展变化的依据,外因是事物发展变化的条件。事物的发展变化主要由其内部因素决定。辩证唯物主义的原理为"以学生为中心"的教育理念提供了哲学依据。这一原理有力地支持了"以学生为中心"的观点,表明学生是学习的主人,在教与学这一对矛盾中处于矛盾的主要方面;同时也使学生意识到自己是未来命运的决定者,即学习的成败掌握在自己手中。这样必然有助于调动广大学生学习的积极性,促使他们积极主动地学习。反之,"以学生为中心"的教育理念与相应的实践也有力地印证了辩证唯物主义内因决定论的价值。学校的一切教育资源、教育方法与教育手段只是外因,只有通过受教育者的内因才能发挥应有的作用。因此,各级各类学校的课程设置、教育管理和教学方法等必须以是否满足学生的需要为主要评价标准。高等职业院校的教育教学改革尤其应当从学生的需求出发,接受实践的检验。教育者不能把自己的意志强加给受教育者。唯有如此,"以学生为中心"的教育理念才能付诸实践,逐步发展并且逐渐提升到更高的层次。

(二) 教育学理论意义

教育的本质是有意识地以影响人的身心发展为目标的社会活动,即教育人、发展人。教育领域存在两类规律:一类是教育的外部规律,主要内容是教育必须适应社会发展的需要;另一类是教育的内部规律,主要内容是教育必须适应受教育者身心发展的需要。强调外部规律的教育属于社会本位教育,其教育理念被称为工具教育论。强调内部规律的教育则属于个人本位教育,其教育理念被称为本体教育论。在中国,由于封建主义集权制社会的长期存在,再加上较长时期计划经济的影响,社会本位教育和工具教育论一直处于主导地位。随着社会的发展进步及人们认识水平的不断提高,特别是"科学发展观"和"以人为本"思想的提出,教育的内部规律逐渐引起人们的注意并且日益受到重视。为了遵循教育的内部规律,教学活动必须从受教育者的实际情况出发,必须有益于他们身心健康的发展。从这个意义上说,"以学生为中心"的教育是符合教育内部基本规律的。"以学生为中心"强调了学生在学校中的主体地位,提示了学校的一切教育教学活动应该从学生的需要出发这一基本原则。从教育思潮的演变来看,人们对于"以学生为中心"的教育理念形成了更为广泛的认同。汇集古今中外对教育本质的认识,基本一致的观点就是教育人、发展人,即一切教育必须以人为本、以人为中心。从教育目的来看,"以学生为中心"就是要树立学生个体首先发展的价值观,确立学生全面发展的素质观,形成多样化的人才质量评价观。社会的发展表现为个体的发展,只有每个人都发展了,才会有社会的发展。"以学生为中心"要求学校教育形成多样化的人才质量评价观,这样才有助于建立全民学习、终身学习的国民教育体系,从而落实我国教育与社会发展的宏观战略。因此,"以学生为中心"突出学生的发展,学生是教育的中心,也是教育的目的,是教育的出发点,更是教育的归宿。《国家中长期教育改革和发展规划纲要(2010—2020 年)》提出,要把"育人为本"作为教育工作的根本要求,尊重教育规律和学生的身心发展规律。其最终目的是实现学生的共性发展和基于共性基础的个性发展。

(三)心理学理论意义

"以学生为中心"的显著特征是以人为本,强调人的情感、价值在教学过程中的作用,强调学生在教学过程中的主体地位,强调人的自我实现和健康人格的形成,强调教学工作中要创设良好的人际关系和课堂心理氛围,关注学生的心理感受,保护学生的自尊与自信,尊重学生的个性差异,挖掘学生的向上潜能,培养学生的积极品质,重视对学生的尊重和爱护,使学生能够身心健康地发展。"以学生为中心"的教育理念对于受教育者来说,教学目标是价值的自我实现,教学过程是自由发展,教学原则是真诚、信任和理解,教学方法则应是非指导性的引导。因此,"以学生为中心"的教育理念提出学习是人的自我价值实现的需要,是个人潜能和人格的充分发展。从这个意义上说,学习是学习者自己的事,应该也只能靠他们自己的努力来取得成效。教育心理学的建构主义、人本主义、多元智能理论的最终指向都是学生的发展,因为只有从学生的自我建构和智能出发,才能实现学生的心智生成和转向。

四、坚持"以学生为中心"是高等职业教育发展的应有之义

高等职业教育是国民教育体系中以培养生产、建设、服务、管理第一线的高素质技术技能人才为主要任务的一种高等教育。2021 年,中共中央办公厅、国务院办公厅印发的《关于推动现代职业教育高质量发展的意见》指出:"坚持面向人人、因材施教,营造人人努力成才、人人皆可成才、人人尽展其才的良好环境。"2022 年12 月,中共中央办公厅、国务院办公厅印发的《关于深化现代职业教育体系建设改革的意见》指出:"深化职业教育供给侧结构性改革,坚持以人为本、能力为重、质量

为要、守正创新,建立健全多形式衔接、多通道成长、可持续发展的梯度职业教育和增训体系,推动职普协调发展、相互融通,让不同禀赋和需要的学生能够多次选择、多样化成才……"和本科教育强调学科性不同,高等职业教育按照职业分类,根据职业岗位(群)实际业务活动范围的要求,培养生产、建设、管理与社会服务第一线的高素质技术技能人才,这种教育更强调职业的针对性和职业技能的培养。

(一)坚持"以学生为中心",是现代高等职业教育发展的必然趋势

在知识经济全球化和信息革命浪潮的推动下,高等职业教育正发生着前所未有的深刻变化。"以学生为中心"是世界高等职业教育发展的趋势和潮流,也是新时代中国高等职业教育由数量向质量转型的迫切需要和改革方向。高等职业教育的人才培养围绕工业化和生产社会化、现代化的需求进行。其学生特点亦区别于普通院校的学生。应用复合型的人才目标构成了其特殊的知识结构,由于入校伊始就明确了未来的职业方向,学生的职业意识普遍比较坚定,学习目标较为明确,学习就是为了就业,学生的学习主动性较强,愿意主动与社会和生产实践接触。这也使得学生的视野相对开阔,与普通院校学生相比,其参与意识、职业意识与创新意识更强,在性情上更为主动、开放与竞争。高等职业教育中坚持"以学生为中心"的理念强调了人性中积极、建设性的方面,它可以激发学生的自主学习精神,能够唤起学生的兴趣爱好,能在学生接受高等职业教育的过程中培养其主观能动性,对学生内在潜能的激发起到促进作用。

(二)坚持"以学生为中心",是高等职业学生自我价值实现的需要

人类最大的解放就是个性存在的解放,人类最大的自由就是个性发展的自由,这是人类社会发展的必然趋势,是人类追求自我发展的价值导向。这为高等职业教育人才培养提出了一项基本原则,即尊重人性,尊重人的社会主体地位。高等职业教育中坚持"以学生为中心"的理念,既是一种价值判断,也是一种方法论。它在彰显高等职业教育发挥其社会功能、社会价值的基础上,能够促进个体功能和价值的发展,特别是培养了学生的挑战精神,树立起挑战权威、挑战传统的信心,使其自主地培养对先进理念、先进思想的主动学习过程。同时让学生在接受高等职业教育的过程中启发一种情感,使其在后天的学习和工作中始终精神饱满。高等职业教育中坚持"以学生为中心"的理念,强调以学生为基础、目的和前提,突出学生在教育活动过程中的主体地位,深化人们对教师与学生关系的认识,实现在教学过程中尊重学生的独立人格、尊重学生的需求、尊重学生的能力差异、尊重学生的个性和权利,有利于培养学生独立的人格和自由精神。

(三)坚持"以学生为中心",是高等职业院校办学理念的充分体现

"以学生为中心"诠释了大学办学的核心理念。办学理念是对学校办学思路与方略的高度概括,是为了实现办学目标,依照教育规律而确立的办学思想和教育观念。办学理念从深层次反映了学校办学的价值取向,决定着一所学校的办学思路、发展战略及师生员工的思想和行为方向。联合国教科文组织在修订《关于技术和职业教育的建议》中指出:"为就业作准备的职业技术教育,应当为卓有成效且愉快满意的工作打下基础。为此,应使受教育者获得在某一领域内从事几种工作所需要的广泛知识和基本技能,使之在选择职业时不致受到本人受教育的限制,甚至在一生中可以从一个活动领域转向另一个活动领域。"高等职业院校的核心理念是要解决"培养什么人,如何培养人"的问题。"以学生为中心"体现了对人的尊重,是对教育目的的深刻认识,是挖掘学生潜质、培养学生创新精神的有效途径。经济全球化时代的来临、对外技术合作及交流的日益频繁,加快了对具有国际观念、开放意识的技术应用型人才的需求。《国家职业教育改革实施方案》(国发〔2019〕4 号)中明确提出"职业教育与普通教育是两种不同的教育类型,具有同等重要地位……把职业教育摆在教育改革创新和经济社会发展中更加突出的位置"。当前,我国职业教育作为类型教育,正迎来高速发展期和重大机遇期,在这一关键时期,职业教育需要解决的核心问题是人才培养问题,而人才培养问题的立足点应该是坚持立德树人,以学生为中心。因此,在新的形势下,注重现实需要及学生能力素质的"以学生为中心"办学理念是高等职业院校的发展方向。

五、高等职业教育"以学生为中心"教育理念的实践路径

教育的最高追求是实现每个人的个性化发展。因此尊重学生就是尊重学生的个性与差异性,为学生发展提供广阔的空间和多元化的成长途径。面对社会发展的多元化,社会对人才的需求也是多元化的、个性化的。尊重社会发展的需要,尊重学生的个性天赋,促进学生的个性化发展,是当今我国高等职业教育人才培养模式的目标与价值追求。

(一) 实施学生中心人才培养模式改革

职业教育是为技术技能人才成长成才服务的社会事业,学校遵循职业教育规律和学生的身心发展规律,围绕不同个性和不同职业发展需求的学生,做好顶层设计,畅通人才成长的"立交桥"。一是树立正确的人才观。持续深化人才培养模式改革,将创新精神培育和创新能力培养贯穿教育教学的每个环节,爱护和培养学生的新奇天性,激发其好奇心、想象力,形成健康的创新人格。健全有利于技术技能人才培养的招生选拔机制,推进创新创业教育融入人才培养的全过程,实施大学生创新创业训练计划,加强专业化创新创业就业指导,指导毕业生投身服务区域城乡社区和新业态领域创新创业。二是深化"厚德强技,实境化育人"人才培养模式改革,形成德育贯穿、创新创业融入、职业技能培养与职业精神养成相融合的人才培

养体系,各专业(群)依托"科教研创"平台形成教育教学改革新形态,实施多元化、个性化教学,保障学生学以致用、学用相长,习得一技之长,顺利进入社会稳定就业、成功创业。三是服务学生个性化发展需求。学校针对学生特点,以人为本,因材施教,为学生的个性化成长提供多元化发展平台,为学生的个性发展提供更多机会与渠道。优化可供选择的课程体系,构建"专业+智能"课程结构体系,让学生结合自己的个性化智能结构选择自己所要学习的专业课程;构建"项目+兴趣"的学生社会实践活动体系。在大学生社会实践中,给学生自主选择权,让其结合自己的兴趣爱好,以自己的视角看社会、观世界、感人生;开展"生活+特长"的课余情趣活动,积极开展人生高雅情趣生活体验课程与活动,大学生结合自己的专长参加一项或者多项高雅情趣项目,如美术、书法、音乐、手工制作等,培养学生的高雅生活素养。

(二)建立以培养复合应用型人才为目标的能力本位课程体系

"能力本位"模式以传授经验、知识为主,以某一社会职业或职业群的知识、技能与态度为目标取向,在进行职业分析的基础上,将职业能力进行分解和量化,然后进行课程组合,常通过课堂教学和课外活动等多种渠道培养学生吸取信息和处理信息的能力、分析问题和解决问题的能力、职业上的应变能力和创造能力。"能力本位"模式体现了职业教育职业性、技术性的本质特点。这种模式致力于培养学生的自主性或独创性能力,承认和尊重学生的主体地位和主体人格,关注受教育者的本质力量。一是构建"能力本位"课程体系,培养复合应用型人才。学校全面把握高等职业院校学生的特点,改革教学内容与方式,达到高等职业层次人才培养规格,满足学生个性化发展的需要,使学生享受教育过程。完善"支撑平台+岗位导向"专业课程体系,以"公共基础课程、专业基础课程"为支撑平台,以岗位核心能力课程为重点,以拓展能力课程为补充和提高,系统培养学生的技术技能和可持续发展能力。紧贴市场、紧贴产业,科学定位,合理调整设置专业,坚定不移地走内涵发展、特色发展的道路,服务于新时代东营发展的目标定位。二是进一步推行"教、学、做"一体化教学模式改革,根据不同专业、不同课程特点,进行教学设计,科学选取项目教学、案例教学、情境教学、工作过程导向教学等模式;加大实践教学比重,改革实习实训管理方式和考核评价办法。完善相关制度,规范学生的实习工作,维护学生、学校和实习单位的合法权益,提高技术技能人才的培养质量。三是实施学分制改革,促进学生个性化发展。制定学分制改革实施办法,优化各专业人才培养方案,构建可共享、可互选、开放式的课程体系,建立适应学分制改革要求的教学运行机制和弹性修业年限制度。鼓励学生结合自己的兴趣和爱好,自主学习,同时积极参加相关的科技、文化、体育活动和社会实践,实现个性化发展,提升职业素养。

（三）深化产教融合、校企合作，推进校企协同育人

通过建立校企之间的合作，根据企业需求确定人才规格、教学内容，在此过程中，推行实践导向性教学，保证学生通过自身的体验和应用来学习新的概念、原理和知识。实践导向性教学可充分发挥每个学生的主体作用，让学生积极参与教与学的全过程，充分挖掘学生的内在潜力。学校将产教融合、校企合作作为学校高质量发展的生命线，推动东营市政府出台了《关于深化产教融合促进职业教育高质量发展的实施意见》，与区域内县区、开发区签订合作协议，取得政府对学校开展产教融合的大力支持。加入各级各类行业协会，充分发挥行业组织在产业人才需求预测、专业课程改革、教学评价等方面的作用。对接重点企业点上突破，建立长期稳定的合作关系，共同开展科技研发、专业建设、课程改革、实习实训、就业创业等，积极开展国家级、省级现代学徒制、企业新型学徒制试点，设置"订单班""冠名班"，与企业共办新能源汽车技术、市场营销、民航安全技术管理、软件技术等专业，各专业建"科教研创"平台，牵头组建了石油石化装备与技术职业教育集团、全国人工智能职业教育集团，建设人工智能学院、国瓷新材料学院、知识产权学院等产业学院，与京东集团合作成立京东（东营）国际产教融合创新中心。

（四）坚持"以文化人、以文育人"，促进学生全面发展

学校高度重视校园文化建设，突出具有时代特点、高等职业特点和地域特点的校园文化建设，形成了现代文化和传统文化相映、企业文化和学校文化交融的格局，充分发挥了文化育人、凝聚人心的作用，校园文化生动而有特色。注重开发学生的发展潜能，通过培养学生的兴趣、能力、气质等，开发每一位学生的潜在创造力。个性是教育的灵魂，要为学生创造一个宽松的人文环境，多一些包容和理解，让学生充分发展个性，保护和鼓励其发挥才能，充分挖掘学生的积极因素，使学生的主动性、积极性、创造性得到最大限度的发挥。一是立德树人，将社会主义核心价值观融入人才培养的全过程。学校构建起思政课主导、专业课渗透、校园文化熏陶、实践活动感悟的德育体系，创新思想政治教育方式方法和载体，改革思政课教学模式，将富有时代性、教育性和创新性的德育内容融入教育教学，引导学生树立正确的世界观、人生观、价值观。挖掘专业课程中的德育要素，将产业文化融入专业文化，增强文化育人功能，培育和传承工匠精神，将实习实训、课外活动、第二课堂、项目开发、社会服务等不同实践教学形式与思想教育有机融合，把社会主义核心价值观教育贯穿教育教学的全过程。二是以特色文化建设创新校园文化。学校打造了一批特色鲜明、效果良好的特色文化项目：大力实施"青马工程"，以"青马学堂"筑牢思想根基，开发"当好团干要有技术"等"青马课程"，把"五支队伍进校园"集中巡回演讲融入"青马培训"。学校建设了思政实践中心，以"榜样学堂"强化价值引领，开展"最美东职青年"评选，编写了《高等职业院校大学生典型引领教育读

本》，通过"东职青年"网络平台、校报等宣传典型事迹，引领学生成长。"网络学堂"做好"指尖"教育，形成"两微一抖一QQ"的"指尖"教育矩阵。"行走学堂"强化奋斗意识，开展垃圾分类、创建文明城市、节约粮食等志愿服务活动。学校形成三维立体互动的创新创业教育：建设"三大平台"、构建"三大体系"、实施"三项融合"，三维互动的创新创业教育获评"全国创新创业典型经验高校"，培育形成"创意、创新、创造、创业、创优、创效"的"创"文化品牌，形成了"来东职，一起创""圆梦想，创未来"的文化氛围。三是突出职业素养，大力培育工匠精神。学校大力弘扬执着专注、精益求精、一丝不苟、追求卓越的"工匠精神"，引入行业企业标准，按照真实工作要求，让学生在实习实训中传承工匠精神，培养大学生以国为重的主人翁意识、以苦为荣的奉献精神、严谨求实的科学态度，苦练技能，创新创业，奉献社会。

质量为要

　　教育质量是高等职业教育的生命线，突出教学中心地位，围绕教育教学质量办教育是一所高校的正确发展方向。在教育教学质量上下功夫，坚持"质量为要"，才能办出人民满意的职业教育，才能更好地服务区域经济社会发展的需要。东营职业学院一直将质量作为办学的生命线，着力加强专业与课程建设，打造特色鲜明的石油化工、现代信息技术等高水平专业群；着力加强教师能力建设，突出产教融合这一主线，以师德师风建设为核心，通过"依托平台提素质、全员培训提素质、梯次培养提素质、拓宽视野提素质"等举措，打造一支思想素质高、教育教学能力强、行业影响力大、具有国际视野的高水平师资队伍；着力加强特色品牌建设，坚持类型定位，突出地方特色，明确培养目标要求，培养生产、建设、服务和管理第一线需要的"下得去、用得上、留得住"的高素质技术技能人才，为地方主导产业培养急需人才；强化文化特色，塑造学校灵魂，凝练学校办学理念、办学目标、办学定位、办学模式，以及学校精神、校训、校风、教风、学风、文化识别系统等，形成学校独特的文化品牌。

一、提高教育质量是党中央国务院对教育工作的一贯要求

　　改革开放以来，中共中央、国务院关于教育工作的文件中都强调提高教育质量。

　　1985年，《中共中央关于教育体制改革的决定》中指出："衡量任何学校工作的根本标准不是经济收益的多少，而是培养人才的数量和质量。紧紧掌握这一条，改革就不会迷失方向。"

　　进入新时代，党中央、国务院对提高教育质量提出了更新、更高的要求。

2014年，国务院印发的《关于加快发展现代职业教育的决定》要求："全面提高高等职业教育人才培养质量……在整合现有项目的基础上实施现代职业教育质量提升工程。"

2019年，国务院印发的《国家职业教育改革实施方案》指出，"职业教育……由追求规模扩张向提高质量转变"的办学方向，要求"推进高等职业教育高质量发展……开展高质量职业培训……推动企业和社会力量，举办高质量职业教育……建立健全职业教育质量评价和督导评估制度"。

2020年，中共中央、国务院印发的《深化新时代教育评价改革总体方案》指出："坚持把立德树人成效作为根本标准，坚决克服重智育轻德育、重分数轻素质等片面办学行为，促进学生身心健康、全面发展。教师评价要突出教育教学实绩，科研工作要突出质量导向。"

2022年12月，中共中央、国务院印发的《关于深化现代职业教育体系建设改革的意见》强调："深化职业教育供给侧结构性改革，坚持以人为本、能力为重、质量为要、守正创新，建立健全多形式衔接、多通道成长、可持续发展的梯度职业教育和培训体系，推动职普协调发展、相互融通，让不同禀赋和需要的学生能够多次选择、多样化成才……"

二、必须突出强调教育质量

2017年，党的十九大报告强调："建设教育强国，加快教育现代化，努力让每个孩子都能享有公平而有质量的教育。"这是新时代教育发展的目标和方向。2022年，党的二十大报告强调："坚持以人民为中心发展教育，加快建设高质量教育体系，发展素质教育，促进教育公平。"

（一）提高教育质量是由新时代社会主要矛盾决定的

党的十九大报告指出："中国特色社会主义进入新时代，我国社会主要矛盾已经转化为人民日益增长的美好生活需要和不平衡不充分的发展之间的矛盾。……我们要在继续推动发展的基础上，着力解决好发展不平衡不充分问题，大力提升发展质量和效益，更好地满足人民在经济、政治、文化、社会、生态等方面日益增长的需要，更好地推动人的全面发展、社会全面进步。"人民群众现在对教育的要求，不仅仅是公平，还要有质量。

（二）提高教育质量是由新时代党的历史使命决定的

党的十九大报告指出："实现中华民族伟大复兴是近代以来中华民族最伟大的梦想。"党的二十大提出全面建设社会主义现代化国家、全面推进中华民族伟大复兴。中国共产党一经成立，就把实现共产主义作为党的最高理想和最终目标，义无反顾地肩负起实现中华民族伟大复兴的历史使命,团结带领人民进行了艰苦卓绝的斗争,谱写了气吞山河的壮丽史诗。教育是国之大计、党之大计。中华民族伟大复兴必须以强大的教育事业为基础,建设教育强国是中华民族伟大复兴的基础工程。

(三) 提高教育质量是由新时代中国特色社会主义思想和基本方略决定的

坚持以人民为中心是新时代中国特色社会主义的思想和基本方略。党的十九大报告指出:"必须坚持人民主体地位,坚持立党为公、执政为民,践行全心全意为人民服务的根本宗旨,把党的群众路线贯彻到治国理政的全部活动之中,把人民对美好生活的向往作为奋斗目标,依靠人民创造历史伟业。"党的二十大报告强调:"高质量发展是全面建设社会主义现代化国家的首要任务。……人民教育为人民,要坚持以人民为中心,加快教育现代化,办好人民满意的教育。"

(四) 提高教育质量是决胜全面建成小康社会,开启全面建设社会主义现代化国家新征程的需要

党的二十大提出:"从现在起,中国共产党的中心任务就是团结带领全国各族人民全面建成社会主义现代化强国、实现第二个百年奋斗目标,以中国式现代化全面推进中华民族伟大复兴。教育、科技、人才是全面建设社会主义现代化国家的基础性、战略性支撑。我们要坚持教育优先发展、科技自立自强、人才引领驱动,加快建设教育强国、科技强国、人才强国,坚持为党育人、为国育才,全面提高人才自主培养质量,着力造就拔尖创新人才,聚天下英才而用之。"实施科教兴国战略、人才强国战略、创新驱动发展战略,对教育提出了新要求。

(五) 提高教育质量是贯彻新发展理念,建设现代化经济体系的需要

党的十九大报告提出了建设质量强国的要求,指出:"我国经济已由高速增长阶段转向高质量发展阶段,正处在转变发展方式、优化经济结构、转换增长动力的攻关期,建设现代化经济体系是跨越关口的迫切要求和我国发展的战略目标。必须坚持质量第一、效益优先,以供给侧结构性改革为主线,推动经济发展质量变革、效率变革、动力变革,提高全要素生产率,着力加快建设实体经济、科技创新、现代金融、人力资源协同发展的产业体系,着力构建市场机制有效、微观主体有活力、宏观调控有度的经济体制,不断增强我国经济创新力和竞争力……建设现代化经济体系,必须把发展经济的着力点放在实体经济上,把提高供给体系质量作为主攻方向,显著增强我国经济质量优势。"党的二十大报告更加强调:"高质量发展是全面建设社会主义现代化国家的首要任务。"2017 年 9 月,《中共中央国务院关于开展质量提升行动的指导意见》指出:"提高供给质量是供给侧结构性改革的主攻方向,全面提高产品和服务质量是提升供给体系的中心任务……以提高发展质量和效益为中心,将质量强国战略放在更加突出的位置,开展质量提升行动,加强全面质量监管,全面提升质量水平,加快培育国际竞争新优势,为实现'两个一百年'奋斗目标奠定质量基础……坚持以质量第一为价值导向。牢固树立质量第一的强烈意识,坚持优质发展、以质取胜,更加注重以质量提升减轻经济下行和安全监管压力,真正形成各级党委和政府重视质量、企业追求质量、社会崇尚质量、人人关心质量的良好氛围……将质量教育纳入全民教育体系。推进高等教育人才培养质量,加强质量相关学科、专业和课程建设。加强职业教育技术技能人才培养质量,推动企业和职业院校成为质量人才培养的主体,推广现代学徒制和企业新型学徒制。推动建立高等学校、科研院所、行业协会和企业共同参与的质量教育网络。一方面,教育供给侧改革,关键是提高质量;另一方面,推进供给侧改革,需要教育提高人才培养质量。”

三、提高教育质量是职业院校办学的出发点和落脚点

新修订的《中华人民共和国职业教育法》规定,职业教育是指为了培养高素质技术技能人才,使受教育者具备从事某种职业或者实现职业发展所需的职业道德、科学文化与专业知识、技术技能等职业综合素质和行动能力而实施的教育,是国民教育体系和人力资源开发的重要组成部分,是培养多样化人才、传承技术技能、促进就业创业的重要途径。国家大力发展职业教育,推进职业教育改革,提高职业教育质量,增强职业教育的适应性,建立健全适应社会主义市场经济和社会发展需要、符合技术技能人才成长规律的职业教育制度体系,为全面建设社会主义现代化国家提供有力的人才和技能支撑。

在教育部制定的一系列关于职业教育的政策中,把提高教育质量作为职业院校办学的出发点和落脚点。例如:

2015年,教育部印发的《关于深化职业教育教学改革全面提高人才培养质量的若干意见》(教职成〔2015〕6号)对深化以质量为中心的职业教育教学改革做出系统部署,指出:“……健全教学质量管理和保障制度,以增强学生就业创业能力为核心,加强思想道德、人文素养教育和技术技能培养,全面提高人才培养质量。”

2020年,教育部等九部门印发的《职业教育提质培优行动计划(2020—2023年)》(教职成〔2020〕7号)指出:“育人为本,质量为先。加强党对职业教育工作的全面领导,推进新时代职业学校思想政治工作改革创新。深化产教融合、校企合作,强化工学结合、知行合一,健全德技并修育人机制,完善多元共治的质量保证机制,推进职业教育高质量发展。”

四、坚持“质量为要”办学路径的探索

东营职业学院自成立以来,特别是成为国家骨干高等职业院校以来,一直将质

量作为办学的生命线,并在办学方向、专业课程、教师素质、学校管理、学生发展中贯穿这一理念,着力提高人才培养质量和社会服务能力。

(一)着力加强专业与课程建设

服务东营资源型城市产业转型升级,坚持立德树人,以产教融合为主线,培育具有工匠精神、精湛技艺、创新本领的技术技能人才,将石油化工、现代信息技术等专业群建设成为全国校企协同育人的典范。

一是契合石油城市产业转型升级,布局重点建设专业。根据区域经济发展"转方式、调结构、促升级"的要求,完善专业结构动态调整机制,调整优化专业布局,形成与产业链紧密对接的品牌专业群。对接"石油之城"石油化工支柱产业,打造特色鲜明的石油化工品牌专业群;依托东营市全国最大的石油装备制造产业基地优势,将装备制造专业群打造成全国一流的中国石油装备制造技术技能人才培养基地;紧跟区域信息技术产业发展,将现代信息技术专业群建设成为全国领先、与国际接轨、具有示范引领作用的高水平专业;立足黄蓝经济区现代服务业,建设国内一流、国际接轨的经贸管理专业群;立足区域文化教育产业,建设全国具有示范引领作用的文化教育专业群。建立专业诊断与改进工作机制,形成面向市场,紧跟产业,优胜劣汰的专业建设动态调整机制。加强专业建设绩效评价,建立一流专业建设评价指标体系,依据相应的数据库和指标体系,对建设绩效明显的专业加大持续投入和项目激励,引导和支持各二级学院凝练专业发展方向,突出专业建设重点,打造一流专业群,办出特色。

二是打造"科教研创"平台,形成产教融合、科教融汇、校企协同育人机制。根据专业特点与优势,每个专业与区域内行业企业共建应用技术协同创新中心、技术研发中心、生产性实训基地、大师(名师)工作室等,打造融技术研发、实践教学、创新创业教育和社会服务等功能于一体的"科教研创"平台。依托平台,遴选企业项目,组建项目团队,让每位教师加入团队、参与项目,以项目为载体,教师与企业工程技术人员共同开展新技术、新产品研发,解决企业生产经营的技术难题。将企业项目转化为教学项目,教师与企业技术人员带领学生完成项目,实现"实境化育人"。

三是创新人才培养体系,培养具有工匠精神、精湛技艺、创新本领的技术技能人才。不断深化"厚德强技,实境化育人"的人才培养模式改革,形成德育渗透、创新创业贯穿、职业技能培养与职业精神养成相融合的人才培养体系。坚持以立德树人为根本,以社会主义核心价值观为引领,将思想政治教育融入教育教学全过程,实行全员育人、全程育人、全方位育人。将"大学生创新创业基础""大学生创业实训教程""创新与创业思维"列为公共必修课程,将创新创业成长课程列为全校公共选修课程,所有专业结合自身特点和优势开发创新创业项目课程,实现创新创业教育与专业教育的有机融合,提升学生的创新创业能力。根据技术技能人才知识、能力、素质的共性要求开设公共基础课程,按专业(群)大类开发专业基础课程,打通学生专业壁垒,为学生的可持续发展提供保障。专业与企业推行校企一体化办学,在培养方案、课程体系、实践教学等方面做到校企共同设计、共同实施,实现一体化办学。改进学分管理,建立学分积累、课程置换、学制灵活、利于学生成才创业的制度环境,实现个性化培养和个性化发展,促进具有特殊才能的学生脱颖而出。

四是紧跟产业发展,开发优质教学资源,深化教学改革。依托"科教研创"平台,与行业协会、知名企业合作,将最新行业标准、先进技术、工艺流程融入专业教学内容,开发工学结合课程,建设教学资源库、精品资源共享课,编写工学结合教材。建立课程(群)负责人制度,组织课程团队围绕特色定位,研发特色课程,形成专业特色和人才培养特色。按照适用性、科学性和前沿性的原则,开发在全国有较大影响的专业教材;加强专业实践,与企业、政府共建公共专业实训平台,建立稳定的校外实践教学基地,提高学生的专业技能和社会适应能力。

(二)着力加强教师能力建设

突出产教融合主线,以师德师风建设为核心,通过"依托平台提素质、全员培训提素质、梯次培养提素质、拓宽视野提素质"等举措,全面实施教师队伍"素提计划",打造一支思想素质高、教育教学能力强、行业影响力大、具有国际视野的高水平师资队伍。

一是依托"平台"提素质。依托各专业"科教研创"平台,以技术创新服务为导向,以项目为载体,服务区域行业企业,积累教学资源,建设创新型团队。组织每位专业教师加入团队,参与技术研发、教育教学、创新创业、社会服务等项目,提升教师的专业能力、技术研发能力、信息技术应用能力、创新创业和社会服务能力。实施技术研发项目提升计划、教育教学项目提升计划、创新创业项目提升计划、社会服务项目提升计划,提高"双师"型教师的水平。

二是全员培训提素质。进一步提升"教师发展中心"的进修培训、教学研讨功能,将教师发展中心打造成全省一流的教师发展基地。制订培训计划,以学校教育教学和教师个性化成长需求为导向,开展五年一周期的全员培训。将师德修养、工匠精神、岗位能力、行业标准、双创教育、信息技术等列入培训的必修内容,突出按需施训。采取"工学交替"、校本培训、省培、国培、访问学者、跟岗访学、企业实践等多种组织形式,推进教师培训自主选学,实现全员培训常态化,突出培训成果和实际运用相结合,增强培训的针对性和实效性。

三是梯次培养提素质。以"双师素质青年教师—骨干教师—名师名家"为提升通道,实现分层培养,促进教师梯次成长。实施"双师素质青年教师"成长计划,实行校企"双导师"结对培养,组织跟岗访学、青年教师讲课比赛、参加企业实践、"双师"型教师专业技能培训,助推"双师素质青年教师"快速成长。实施骨干教师提升计划,组织赴高水平大学访学,主持或参与教学改革项目、教学标准开发、精品资源课程建设,参加各类技能比赛,承担企业技术研发项目,参与企业员工培训,参加与专业相关的团体组织、行业协会,提升其技术研发能力、社会服务能力和行业影响力。实施名师名家培育计划,完善高层次人才引进与管理办法,解决高层次人才的待遇等问题,关心高层次人才成长,安排合适的岗位,充分发挥其才能价值,推荐名师名家在全国性教学、行业组织担任职务,提升其行业影响力。

四是拓宽视野提素质。制订教师国(境)外培养计划,在新加坡和我国台湾地区等地建设教师国(境)外培训基地,为学校教师提供先进的教育理论和专业学习;选派优秀教师参加国家高等职业院校能力建设海外培训项目、国家公派出国留学项目、省政府公派出国访学项目等专题培训,选派优秀专业教师参加与专业有关的国际会议、讲学、学术访问与交流等。

(三)着力加强特色品牌建设

《山东省中长期教育改革和发展规划纲要(2011—2020 年)》曾提出:促进高等学校特色发展,引导和促进高校合理定位,形成各自的办学理念、办学风格和办学特色。

一是坚持类型定位,明确培养目标特色。坚持高等职业教育特色,培养生产、建设、服务和管理第一线需要的"下得去、用得上、留得住"的高素质技术技能人才。

二突出地方特色,为地方主导产业培养急需人才。根据东营市的产业需求优化专业设置,突出石油石化特色,面向石化产业,深化产教融合,构建"双主体"协同育人人才培养体系,打造全国一流的教学团队,提升为区域经济和行业企业发展的社会服务能力,提高人才培养质量。

三是强化文化特色,塑造学校灵魂。校园文化是学校的魂。校园文化建设要坚持中国特色、地域特点、职教特性、大学品位、学校传统、时代特征、国际视野相结合。所谓中国特色,就是要立足马克思主义在学校教育中的指导地位,以社会主义核心价值观为引领,坚持社会主义办学方向,弘扬社会主义主旋律。所谓地域特点,就是要以地域文化为学校文化的沃土和根,挖掘、融入和发展、弘扬地域文化,勇做地域先进文化的引领者、传播者和实践者。所谓职教特性,就是坚持产教融合、校企合作、工学结合、知行合一的职业教育办学规律,积极融入产业企业文化。所谓大学品位,就是要坚持大学文化传承创新的职能和立德树人的根本任务,坚持科学精神与人文精神相结合,坚持百花齐放、百家争鸣的学术精神,发挥先进文化的引领作用。所谓学校传统,就是要深入挖掘学校办学历史的文化精髓,凝练学校办学理念、办学目标、办学定位、办学模式、办学特色,以及学校精神、校训、校风、教风、学风、文化识别系统等,形成学校独特的文化品牌。所谓时代特征,就是要牢固树立和落实新发展理念,弘扬工匠精神、劳动精神和劳模精神。所谓国际视野,就是要在全球化背景下,坚持开放性,坚持国际合作与交流,拓展国际合作办学项目,瞄准世界先进水平,办中国特色、国际水准的职业教育,培养具有国际视野和世界眼光的人才。东营职业学院提出的打造"创意、创新、创造、创业、创优、创效""创"文化品牌,时代特色、地域特色和学校特色鲜明。

四是打造品牌亮点,提高学校影响力。品牌直接影响学校的知名度、美誉度、忠诚度、偏好度、市场占有率、价值含量等。从学校到各部门单位,到每一名师生员工,再到每一项工作不仅要创品牌,还要创名牌。东营职业学院努力打造创新创业品牌、人工智能亮点等,并取得了明显成效。

(四) 着力加强制度机制建设

制度是要求大家共同遵守的办事规程或行动准则,机制是协调各个部分之间关系以更好地发挥作用的具体运行方式。邓小平同志强调:制度问题更带有根本性、全局性、稳定性和长期性。国务院印发的《关于加快发展现代职业教育的决定》(国发〔2014〕19号)指出:"完善现代职业学校制度……职业院校要依法制定体现职业教育特色的章程和制度。"加强学校的现代治理体系建设,必须依法治校、依法执教,依据学校章程,建立和完善学校各项规章制度和工作机制。

一是制度建设要体现职业教育的特点。制度建设要遵循教育规律,有利于实现学校的办学功能;要体现职业性,与企业生产要求相适应,适应培养技术技能人才的需要。同时,为了实训操作安全、规范,要把操作规范和要求张贴至实验实训室、车间、实训场,并认真遵守。

二是依据学校章程形成制度体系。首先要建立和完善学校章程,并依据学校章程,制定和完善学校的科学决策制度、民主管理制度、部门规章制度、党务行政制度、教学管理制度、科研管理制度、学生管理制度、社会服务制度、合作交流制度等。

三是坚持正确的制度制定原则。要坚持方向性,坚持社会主义办学方向,以习近平新时代中国特色社会主义思想为指导,贯彻党的教育方针,践行社会主义核心价值观,培养社会主义建设者和接班人;要坚持教育性,遵循教育规律,落实立德树人的根本任务,促进学生德、智、体、美、劳全面发展,促进学校高质量发展;要坚持法制性,必须依据国家和地方的法律、法规制定学校的规章制度;要坚持主体性,以师生为先,发扬民主,发挥师生的主体地位;要坚持前瞻性,既要从学校实际需要出发,又要从学校长远发展的角度考虑,注重学校发展的可持续性;要坚持激励性,以激励为主,激励和约束相结合;要坚持公平性,规范制度制定程序,实现公平正义。

四是贵在执行落实。学校制度制定、颁布实施后,要做到宣传教育到位,向师生履行正式告知义务,保障师生的知情权,要广泛宣传,认真贯彻,严格执行,让学校制度深入人心、形成观念、内化成行动。

五是要善于建立工作机制。例如,东营职业学院创新性探索的产教融合机制,包括点线面推进机制、校企协同育人机制、专业共建机制、平台合作机制,对职业院校产教融合、校企合作具有重要的借鉴意义。

开放融合

产教融合、校企合作是职业教育的基本办学模式，是办好职业教育的关键所在。坚持开放办学，是职业院校提升办学活力的关键。东营职业学院在"双高计划"建设中坚持开放融合，通过加强与产业链的有机衔接，构建专业和产业协同发展，形成产教融合、校企合作利益共同体；政府、学校、行业、企业等在技术技能人才的培养过程中，充分发挥各自的优势和作用，形成"政校行企"协同育人机制；构建校企双元育人模式，充分调动学校和企业的参与要素，最大限度地发挥校企双主体作用，提高人才培养质量；构筑高水平产教融合、校企合作平台，服务学校人才培养，服务社会发展，促进校企合作。

一、产教融合、校企合作的重要意义

职业院校是培养技术技能人才的摇篮。社会进步伴随而来的是竞争力的升级，职业院校对人才的培养也面临着改革与创新，唯有如此才能在激烈的竞争中培养出出色的技术技能人才。对于技术技能人才而言，其技术技能的学习与掌握要建立在实实在在的社会需求和实践基础上。社会需求的外化体现便是企业发展的需求，企业对人才的招揽和聘用标准也直接体现出了社会对人才的要求。在这种形势下，职业院校谋求发展，与企业合作已然成了必由之路，也是大势所趋。

校企合作、产教融合是推动现代职业教育改革、实现职业教育和经济社会协调发展的重要途径。职业院校是完善职业教育产教融合、校企合作、工学结合、知行合一共同育人机制的重要主体。产教融合、校企合作的办学模式是一种新型办学模式，是学校与行业企业的深度融合，为学生就业打下了良好的基础。学校充分利用设备等资源，为学生创造良好的学习环境和实践条件；企业通过培训学生，让他们掌握新的技能，这样既降低了学校的教学压力，又提高了企业自身的经济效益。具体体现在以下三个方面：

（一）从学校的角度看

通过与企业合作，学校对人才的培养更加有的放矢，不至于"打空拳"或执行与社会需求相脱节的教学计划。学校通过了解企业的需求和对人才的要求，能够明确应该培养什么样的人才，所培养的人才需要哪些方面的职业素养与职业技能。通过与企业合作，能够培养出具有企业特色的人才，这对于学校的人才培养具有重要影响。学校通过与企业合作，可以为学生寻找到实践的场所和检验学习成果的

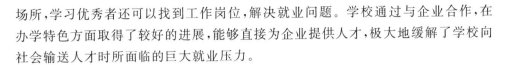

场所,学习优秀者还可以找到工作岗位,解决就业问题。学校通过与企业合作,在办学特色方面取得了较好的进展,能够直接为企业提供人才,极大地缓解了学校向社会输送人才时所面临的巨大就业压力。

(二) 从企业的角度看

企业既可以通过与学校合作来量身定制自身所需的人才和希望起用的人才标准,又可以在人才培养与成长过程中通过学校来为自己培养批量人才,并且能够通过学校的考核标准对人才做初步筛选。同时,还能够对人才的学业经历、学业水平进行较为具体而准确的评估与了解,可以极大地规避用人风险,能够在一定程度上降低用人成本,使企业减少不必要的成本消耗,提高效益。

(三) 从国家与社会发展的角度看

对于国家与社会的发展而言,校企合作能够有效提高人才培养质量,满足人才与社会的对接需求,推动行业发展,促进企业深化变革。校企合作促进高质量人才的培养,对社会发展与变革形成了有益的推力。随着时代的发展,校企合作也在不断进步与变革,将形成多元化、多样式的合作共赢。校企合作规模化的形成将在很大程度上影响社会结构的变化,从而推进社会和国家的发展。

二、国外产教融合、校企合作经验

发达国家高校的产教融合工作相对开展得更早,已逐渐构建起一套系统、整体、成熟的产教融合管理制度。这项工作不但得到政府部门的大力支持,建立健全了保障机制,而且高校教育教学体系较完善,企业参与的积极性较高,为高校产教融合源源不断地注入活力,这对于我国高校产教融合工作而言,具有积极的借鉴意义。

(一) 德国"双元制"模式

"双元制"教育模式最早在德国于18世纪末期开始试行,于19世纪70年代确定为德国职业教育的主要方法。"双元制"是德国高校产教融合中广泛使用的模式,主要指学校教学工作与企业实践实习有效融合。其中学校教学工作主要承担学生理论知识和专业知识的教学任务,而企业主要承担为学生提供实践实习平台和专业设备的任务,向学校派出具有丰富经验和专业技能的技术人员进行兼职教学,以增强学生的实践技能。在德国"双元制"模式下,学生不仅可以掌握扎实的理论基础和专业知识,还可以熟悉企业的各种技术装备和机器,掌握企业的生产步骤,提升学生的实际操作能力。"双元制"模式解决了德国对高技能人才的需求,对德国职业教育人才培养具有重要的引导作用。

（二）美国"合作教育"模式

"合作教育"模式在美国的开展时间已达百年之久。美国"合作教育"模式的教学目标主要是基于企业发展，培养符合企业要求的专业人才。"合作教育"模式转变了以往传统课堂教学中以教师为主体的形式，使学生在教学中占据主导地位，强调实践实习，增加教师和学生在教学中的互动。美国政府对于"合作教育"模式始终给予足够的政策支持和鼓励，为"合作教育"模式提供政策、法律法规和资金等保障，最大程度地推动了"合作教育"模式的良好发展，学校、企业及学生均能够从"合作教育"模式中获益。在"合作教育"模式下，学校所培养的人才更加符合企业发展要求，人才专业性和技能水平明显提高，学生的综合素养得到提升，企业直接挑选优秀学生作为企业技术人员，就业机会会明显增多。企业技术人员共同合作研发新型技术，提高企业的创新能力，加快研发速度，增加企业的竞争力。

（三）日本"产学官"模式

日本"产学官"模式中的"产"基于字面意思泛指企业工厂，而"学"泛指涵盖大学的学校机构，"官"主要指政府机构。政府部门占据主导地位，并制订培养计划和支持性政策，学校和企业根据相关政策，结合办学特色和产业优势进行各种途径的融合，打破学校和企业交流的限制，将学校专业人才培养与企业产品研发、技术发展相结合，达到共同合作、技术交流等目的，从而推动企业创新发展，更好地为企业生产服务。

三、我国产教融合、校企合作的基本模式

我国高度重视职业院校产教融合、校企合作工作，相继颁布了关于高等职业院校产教融合、校企合作的政策法规，为我国高等职业院校产教融合、校企合作提供了政策法规依据。例如：2017 年，党的十九大报告指出，要"完善职业教育和培训体系，深化产教融合、校企合作"。为落实党的十九大精神，2017 年底，国务院办公厅印发了《关于深化产教融合的若干意见》，文件包括 7 个方面、30 项政策，这是国家发改委、教育部等部门共同深化产教融合的具体举措。2018 年，教育部等六部门印发了《职业学校校企合作促进办法》，办法突出促进、规范和保障三个关键词，重点关注高等职业院校产教融合"联动机制建设、治理模式创新及激励机制建设"。2019 年，国务院印发了《国家职业教育改革实施方案》，强调"促进产教融合校企'双元'育人"。同年，又印发了《国家产教融合建设试点实施方案》《建设产教融合型企业实施办法（试行）》《试点建设培育国家产教融合型企业工作方案》及《关于开展示范性职业教育集团（联盟）建设的通知》等相关文件。2020 年，党的十九届五中全会通过的《中共中央关于制定国民经济和社会发展第十四个五年规划和二〇三五

年远景目标的建议》提出"加大人力资本投入,增强职业技术教育适应性,深化职普融通、产教融合、校企合作,探索中国特色学徒制,大力培养技术技能人才"。2021年4月,习近平总书记对职业教育工作作出重要指示,强调深化产教融合、校企合作。2021年10月,中共中央办公厅、国务院办公厅印发了《关于推动现代职业教育高质量发展的意见》,要求"坚持产教融合、校企合作,推动形成产教良性互动、校企优势互补的发展格局"。明确提出"完善产教融合办学体制""创新校企合作办学机制",要求"各级政府要统筹职业教育和人力资源开发的规模、结构和层次,将产教融合列入经济社会发展规划。以城市为节点、行业为支点、企业为重点,建设一批产教融合试点城市,打造一批引领产教融合的标杆行业,培育一批行业领先的产教融合型企业"。对产教融合型企业给予"金融+财政+土地+信用"组合式激励,按规定落实相关税费政策。2022年4月,新修订的《中华人民共和国职业教育法》颁布,明确职业教育必须坚持产教融合、校企合作。明确对深度参与产教融合、校企合作,在提升技术技能人才培养质量、促进就业中发挥重要主体作用的企业按照规定给予奖励;对符合条件认定为产教融合型企业的,按照规定给予金融、财政、土地等支持,落实教育费附加、地方教育附加减免及其他税费优惠。明确企业设立具备生产与教学功能的产教融合实习实训基地所发生的费用,可以参照职业学校享受相应的用地、公用事业费等优惠。要求职业学校、职业培训机构实施职业教育应当注重产教融合,实行校企合作。

产教融合体现了高等职业教育的本质,高等职业人才的培养目标是培养高素质技术技能人才,产教融合将教学环节、企业生产、素质训练及技能培训等多种技能融为一体,既重视专业知识的学习,也训练了相关的技术技能,使学生的综合能力得到培养。一方面,产教融合提升了企业在人才培养方面的参与度与贡献度,企业结合自身优势与学校联合进行人才培养,提升了人才的培养质量;另一方面学校充分发挥自身的知识优势,与对口企业强强合作,促进了更多更好的知识成果转化与科技成果经济产出,实现了校企资源的优势互补。通过产教融合的深入推进,可以真正实现双元双主体办学机制的转化与升级,从而促进整个职业教育能够更好地发挥其应有的经济价值与社会作用。我国已有的产教融合校企合作主要有以下六种模式:

(一) 技术合作模式

该模式是指高等职业院校与企业开展资源整合优势互补的技术性合作,如成立技术研发中心、大师技术技能工作室等,根据校企合作项目发展的不同阶段和进展程度,对技术合理分工及资源进行合理配置,学校将技术成果输入企业,从而缩短积累周期,减轻企业因科研投入不足、专业人才结构不合理而引起的创新滞后等问题,并且学校投入也在一定程度上分担了企业的成本。

（二）科技攻关项目模式

学校和企业联合进行国家或者地方产学研项目的攻关,校企联合攻关一方面引进了企业的技术创新和产业升级能力,另一方面也锻炼了学校师生的科研能力,提升了服务地方经济的水平,同时校企联合科技攻关加快了学校科研成果的积累,并将科技成果转化为现实生产力,在为企业带来直接经济利益的同时,积累了一定的实战经验,增强了自身创新的能力。

（三）现代学徒制模式

现代学徒制模式是近几年教育部提出的一种技术技能人才培养创新模式,旨在通过学生、学徒的"双身份",学校、企业的"双主体"联合培育人才。学校教师与企业教师实行"双导师"制,通过前期学校与企业调研,双方共同确立人才培养方案、课程标准、人才评价体系等,实现校企深度融合。

（四）职教集团模式

职教集团模式主要通过政府机构、行业组织、企（事）业单位、职业院校、研究机构和社会组织等组成职教集团,围绕地方支柱产业或者特色产业进行优势互补、资源共享、合作发展,为职业院校与行业企业的发展提供全方位保障。

（五）共建实训基地模式

该模式主要由学校负责提供实训场地与环境及部分设备和资源,企业提供目前生产实践中的新型实训设备或者投入部分经费,在校内共同建设实训基地、共同完成校企合作的实训项目,以及实践授课的环节。通过实训基地培训的学生能够直接上岗并会使用新型设备,实现了教学与就业的对接与贯通。

（六）共建产业学院模式

通过校企双方充分沟通,学校根据企业的实际需要进行与之相匹配的教学环境设计与实施,企业投入部分实训设备并派遣一支常驻学校的企业教师团队,与学校共同负责产业学院的招生与宣传,并可按照一定比例计提学生学费,学校将企业教师与校内教师混编,共同完成常规的教学任务及年度考核任务等,校内教师负责常规专业的授课,企业教师重点负责专业实训实践课的教学,从而实现校内的"双主体"育人模式。

四、"双高计划"背景下的产教融合、校企合作

（一）"双高计划"建设与产教融合、校企合作的互动逻辑

"双高计划"建设与产教融合、校企合作本质上是现代职业教育体系建设工作

的一体两面,前者代表高等职业教育迈向高端、争创一流的目标,后者则是实现这一目标的原则和路径。不论是从两者之间的逻辑关系来看,还是从具体实践中两者的实际交互来看,"双高计划"建设与产教融合、校企合作都是不可分割的关系,这种互动逻辑关系主要体现在三个方面:

1."双高计划"建设是产教融合、校企合作迈向更高水平的重大契机

示范引领、重点扶持、以点带面、逐步推进是我国长期实行的职业教育发展策略。早在 2006 年,教育部、财政部就启动实施了"国家示范性高等职业院校建设计划",遴选出 100 所高等职业院校进行重点建设;2010 年 11 月,教育部、财政部决定在原有计划的基础上再增加 100 所左右国家骨干高等职业院校进行重点建设。2014 年,国务院颁布了《关于加快发展现代职业教育的决定》,将建设形成适应发展需求、产教深度融合的现代职业教育体系确立为新时期我国职业教育建设的总目标,产教融合、校企合作由此成为职业教育建设发展的主线。2015 年,教育部印发了《高等职业教育创新发展行动计划(2015—2018 年)》,提出"开展优质学校建设中要发挥企业办学主体作用"。优质校建设的实施为高等职业教育产教融合、校企合作的深入推进奠定了更加坚实的基础。"双高计划"作为国家"示范校→骨干校→优质校"高等职业院校系列建设工程的延续,不论是从以往高等职业院校重点建设的经验和成效来看,还是从国家保持政策的连续性来看,都将成为产教融合、校企合作迈向更高水平的新起点。

2.深化产教融合、校企合作是"双高计划"建设推进的重要原则

一方面,"双高计划"院校高素质技术技能人才培养要以产教融合、校企合作为根本。培养高素质人才和产业急需人才,是国家寄予"双高计划"院校建设的重要期望。产业急需的人才只有在专业设置与产业需求对接、课程内容与职业标准对接、教学过程与生产过程对接的基础上才能培养出来。"双高计划"院校要加快深化产教融合、校企合作,实现校企联合育人。另一方面,产教融合、校企合作是"双高计划"院校促进科研成果转化的需要。技术创新是高等职业教育创造社会效益和经济效益的重要方式。"双高计划"院校作为高等职业教育领域的"排头兵",应贴近市场、贴近产业进行科学技术研发,这既是中央政策的明确要求,也是"双高计划"院校技术创新取得实效的内在要求。"双高计划"院校要服务中国产业走向全球产业中高端,以应用技术解决生产生活中的实际问题。"双高计划"建设还要健全学校、行业、企业、社区等共同参与的学校理事会或董事会,发挥咨询、协商、议事和监督作用。可见,深化产教融合、校企合作是推进"双高计划"建设的重要原则。

3."双高计划"建设与产教融合、校企合作是新时代职业教育现代化建设的根本趋向

实施"双高计划"建设,是我国高等职业教育由规模扩张向质量提升转变、由普通教育向类型教育转变的现实需要,代表了新时代高等职业教育现代化建设的根

本趋向。在"双一流"已经成为我国普通高等教育建设发展"标杆"的背景下,中央在职业教育建设中启动"双高计划",打造属于职业教育发展的"标杆",不仅意味着职业教育作为类型教育的定位得到了国家的充分确认和肯定,还意味着发展优质教育已成为职业教育现代化建设的基本要求。从某种意义上说,"双高计划"建设是我国高等职业教育乃至职业教育现代化建设的缩影。可以预见的是,在不久的将来,伴随着"双高计划"建设在教育改革、人才培养、专业建设、办学模式、体制机制等各个方面的创新和突破,我国职业教育将沿着"双高计划"院校的建设道路,进入现代化发展的"快车道"。在此过程中,产教融合、校企合作作为实施"双高计划"建设所遵循的重要原则及推进"双高计划"建设依循的核心路径,同样在职业教育现代化进程中扮演着至关重要的角色。以产教融合、校企合作为表征的产业经济发展新形势、新特征为职业教育的现代化发展创造了良好的外部环境,奠定了更加坚实的物质基础。

(二)"双高计划"建设与产教融合、校企合作面临的基本问题

国务院办公厅印发的《关于深化产教融合的若干意见》指出:"建立行业、企业和产业融入职教的参与机制。"教育部印发的《关于开展现代学徒制试点工作的意见》强调:"职业教育专业设置要按产业需求做好动态调整,优化人才培养方案、培养模式、教学内容,提高人才培养质量。"产教融合、校企合作是在"产学研"基础上发展起来,基于产教融合的人才培养模式,是打破人才培养机构与用人单位之间的行业壁垒,形成以产业发展需求为目标,校内教学、企业实习相融合的人才培养教学活动。

1.产教融合、校企合作没有深入到位

在产教融合、校企合作实践中仍存在"一头热"的问题,产教没有深度融合、校企没有深度合作。一是在产教融合、校企合作实践中,对企业的权利、义务、责任等没有形成产教共生概念和沟通融合平台,职业院校为主动方,企业为被动方,企业不能实际参与制定人才培养方案,不能深度参与人才培养过程,不能根据企业需求提出建议、给出评价,不能平等地融洽衔接毕业要求。二是对于产教融合、校企合作,国家虽然出台了相关激励政策和措施,但是地方政府未及时制定相关实施细则,企业缺乏主动参与产教融合、校企合作的意愿,高等职业院校没有真正深入区域产业企业了解发展需求,校企双方没有达成共融、共生、共兴的命运共同体,学校办学功能与企业经济效能没有融合的交汇点。三是高等职业院校和区域企业之间没有稳定的合作机制和长效的用人保障,现有的运行机制和管理体制不能保证双方按经济发展、产业需求进行教学改革和资源整合,企业没有产教融合、校企合作的参与感及职教价值的获得感,不想过多地参与产教融合、校企合作的全程教学和生产指导,被动追求"廉价"用工。

2. 人才培养与市场需求不相匹配

产教融合、校企合作是高等职业教育为企业高质量培养职业人才的办学模式，是高等职业院校与企业共同提高人才素质的基本途径，在产教融合、校企合作实践中受体制机制等因素影响，人才供给侧和产业需求侧在结构、质量、水平上不能完全匹配。一是高等职业院校和企业是体制、机制均不相同的两个实体，存在截然不同的利益诉求，高等职业院校始终以立德树人为根本，恪守人才的社会公益理念，讲求社会效益的最大化；企业是以逐利为目标，把功利摆在首位，侧重培养人才的实用技能，追求经济利益的最大化，在学校招生和企业招工分离的情况下，极易使人才供给与人才需求脱节。二是高等职业院校和企业追求的人才培养价值存在差异，学校从社会长远发展大局和整体发展利益的视角出发，注重培养学生的人文素养、专业能力和职业素质；企业则希望员工尽快融入工作岗位，为企业创造价值。三是高等职业院校和企业在人才培养职责界定上含糊，高等职业院校设置的专业人才标准过低，将学生的专业能力与职业技能划归企业培养或岗位锻炼培养，忽视了自身的办学功能、办学优势和办学特色，毕业生只能从事简单的机械劳动，缺乏专业核心素养和职业能力；企业则只负责培养到企业工作的学生，其他学生则交给学校培养。

3. "双师"型教师质量与数量不足

"双师"型教师数量和质量是助推高等职业院校高质量发展的关键条件，是保证"双高计划"建设质量的核心要素，是落实产教融合、校企合作的主力军，"双师"型教师是培养学生职业素质、专业能力、职业技能的重要引路人和学生自主发展、创新创业能力的职业导师。但在"双高计划"建设中为了凸显"双师"型教师队伍的建设成就，存在未给学生上过课，也没有指导专业实习实训的挂名"双师"型教师，以及未到企业生产一线实践锻炼，只接受过专业实践培训的挂职"双师"型教师，这给"双高计划"建设质量和后期产教融合、校企合作成效埋下了隐患。

（三）"双高计划"深化产教融合、校企合作的主要路径

"双高计划"推进产教融合、校企合作建设要通过加强与产业链的有机衔接，深化协同育人机制改革，构建校企双元育人模式，共同培养高素质技术技能人才，推动结构转型升级，培育技术技能积累创新的共同体，形成校企合作创新生态系统，从而促使校企双方在产教融合、校企合作中解决学校和企业发展中的实际问题。

1. 加强专业链和产业链的有机衔接

产业和教育的协同发展离不开产业和专业的有机衔接，也离不开产业对专业的基础支撑，更离不开专业对产业人才及技术的反哺。加强专业链和产业链的衔接，构建专业和产业协同发展，形成产教融合、校企合作利益共同体，是专业紧跟产业、产业引领专业的必然途径。"十三五"以来，国内外经济形势发生了深刻变化，新产业、新技术、新模式不断涌现。目前，我国处于创新驱动发展的新阶段，经济发

展的主要动力要从先前依靠资源、劳动力、资本等要素拉动,切换到靠创新来驱动。例如,智能制造装备、新一代信息技术、新能源产业、智能电网、云计算、移动互联网等在旧的产业链上实现更新,产业朝高端化、智能化、绿色化、服务化和品牌化方向发展。在新的经济形态和经济发展方式下,旧的产业链赋能指数降低,可持续发展能力减退,以轻资产、重知识产权、重技术创新和高成长性为特征的新经济发展方式迅速形成,催生了新的产业链,如共享经济、物联网、区块链、虚拟现实与增强现实、环保和新能源等。为此,紧跟产业发展的专业也应发生改变。

2. 深化"政校行企"协同育人机制改革

"政校行企"协同是指政府、学校、行业、企业各方在技能型人才的培养过程中,充分发挥各自的优势和作用,合理配置资源和要素,共同协作、相互补充、深入融合、充分释放彼此之间的人才、资本、信息、技术等育人要素活力,实现深度合作、共同育人。深化"政校行企"协同育人机制,一是要构建协同治理机制,成立学校"政校行企"协同治理理事会,构建合作共同体,保证四方对共同体的发言权和责任担当。在校级理事会的指导下,共建二级学院,共同参与二级学院的人才培养,实现协同育人由机制走向实践。二是要构建双向互通的人才互补机制,学校制定校企"双专业负责人"制,校企共建学校兼职教师库和企业兼职人才库,实现校企双方人才的"身份互认、角色互通"。三是要构建双向支持的教学互通机制。企业定期更新岗位需求和标准,校企共商人才培养方向,增设专业(方向),制定课程体系,促进课程体系与企业岗位深层连通。校企双方共同组建课程开发团队,学校负责课程设计、知识谱系构建;企业教师参与实践教学项目开发、经验型知识的讲授,指导学生实习、实践。四是构建人才共育机制,"政校行企"共同搭建协同育人平台,比如实训基地、创新创业基地、技术研发与服务中心等,将学校教学、企业生产、社会服务和科技研发融为一体,一方面培养技术技能型人才,提升学生的劳动技能,另一方面服务企业和社会,提升科技创新和服务能力。在以上四个方面中,治理机制是顶层设计,人力资源是基础、教学互通是路径,共育人才是目的,通过深化"政校行企"育人机制,解决了职业教育和产业发展融合度不够的问题。

3. 构建校企双元育人模式

《国务院关于加快发展现代职业教育的决定》指出:"深化全日制职业学校办学体制改革,在技术性、实践性较强的专业全面推行现代学徒制和企业新型学徒制,推动学校招生与企业招工相衔接,校企育人'双重主体',学生学徒'双重身份',学校、企业和学生三方权利义务关系明晰。"文件厘清了校企双主体与产教协同育人之间的逻辑关系,确立了校企双主体地位是有效推进产教协同育人的重要前提和实施主体,产教协同育人是校企双主体发挥作用的主要表现和判断依据。改变学校或企业在职业教育中的单一主体地位,确立校企双主体地位,充分调动学校和企业的参与要素,最大限度地发挥校企双主体作用,不仅可以深化学校人才培养模式改革,提高人才培养质量,还可以推进职业教育与产业的深度融合,丰富高等职业服务社会的内涵。

在职业教育中坚持校企双主体地位,以教学过程与生产服务过程对接为主线,同步教学与生产服务周期,在学徒选拔、师资配置、教学计划、教学实施、教学评价和教学场所六个方面实施"校企双元":一是学徒选拔双元化。学校招生部门与企业人力资源部门共同开展招生与招工工作,学生与学校、企业签署三方协议,明确学徒的员工和学生双重身份。二是导师配置双元化。实行校企"双导师"制,教研室指派专任教师任校内导师,讲解理论知识和跟踪学习情况;企业指派技术骨干任企业导师,以师傅带学徒的形式开展各级各类跨学科、跨专业创新训练与生产实践。三是教学计划双元化。学校专业教研室与企业技术(生产)主管部门共同制定符合教学与生产的课程体系与教学计划。四是教学实施双元化。学校专任教师与企业生产车间导师依据典型工作任务,设计学习、实训、社会服务、创新创业等教学过程,培养实践操作能力。五是教学评价双元化。以学校质量管理中心为主,生产管理部门为辅,对理论学习进行评价与监控;以生产管理部门为主,以学校质量管理中心为辅,对生产实训进行考核,对社会服务进行质量评价,对创新作品进行品鉴。六是教学场所双元化。以学校为主、企业为辅,开展理实一体化学习;以企业为主、学校为辅,开展生产实训、项目服务、创新应用。通过实施"校企双元",有效解决了职业教育与产业发展在需求、标准、过程、证书、学习五个方面衔接不够紧密的问题,提高了学生的就业能力。

4.构筑高水平产教融合、校企合作平台

高水平产教融合、校企合作平台是产教融合、校企合作高度和深度的体现,应具备三项功能:一是能服务学校人才培养。这是高等职业院校产教融合、校企合作的根本出发点,要求产教融合、校企合作平台能促进学生技术技能积累、创新创业教育、职业精神培养等成才成长的内在需求。二是能服务社会发展。这是合作方参与产教融合、校企合作的核心利益,要求产教融合、校企合作平台有助于社会进步、企业发展,能为合作方提供优质的人力资源,为社会及企业生产经营中遇到困难和问题提供解决方案,促进生产经营方式更新变革,提升生产力和经济效益。三是能促进校企合作。这是产教融合、校企合作平台持续发展的必由之路,要求产教融合、校企合作平台能为校企合作提供合作范式的践行地,探索新的合作模式,比如现代学徒制、混合所有制等合作模式的实践,订单式培养、课证融合式培养等育人模式的试点、内部质量保证体系诊断与改进、实习管理等治理模式的检验地。为此,高水平的产教融合、校企合作平台需要依托管理规范、技术领先和在行业内有影响力的合作方,成立合作机构,制定长效方案,细化合作内容,推进任务落地。

特色品牌

建设特色名校，能增强学校的吸引力和生命力，是学校发展的重要方向。品牌是优势、水平、质量、成绩、经验、成果的最高体现。学校不仅要创品牌，还要创名牌，即知名品牌。东营职业学院树立先进的特色办学理念，创新"科教研创"平台实践育人理念，建立特色鲜明的专业课程体系，建立高水平的"双师"型教学团队，提升特色教学科研能力，创新工作机制，提升校企合作水平，整合优质资源，提高社会服务能力，打造特色校园文化"创"文化品牌，实施全员、全过程、全方位、全时空品牌文化管理。学校围绕地方产业体系，打造特色品牌专业，服务"大众创业，万众创新"，打造创新创业教育品牌，构建产教融合新生态，打造全国人工智能职业教育新高地，提高职业教育的适应性，创新产教融合机制，"三进三出"，探索开放办学格局，形成了石油石化特色、创新创业品牌、人工智能亮点、产教融合机制、开放办学格局、"科教研创"平台等办学特色和优势，开创了独特的高等职业院校特色品牌发展路径。

一、高等职业院校创建特色品牌的重要性

（一）创建特色品牌是适应市场竞争的迫切要求

随着市场经济、知识经济的发展和教育服务贸易的对外逐步开放，高等职业教育受到的冲击力越来越大。一方面，国内高等教育适龄人口逐年下降和高等职业院校数量的不断增加使得高等职业院校的生源逐渐减少。另一方面，国外的教育培训机构纷纷将目光瞄准中国职业教育市场，它们凭借在运行模式、课程建设、项目开发、教学设施和手段等方面的优势，采取合作办学、职业技术培训、远程教育等方式，抢占国内职业教育市场。因此，国内高等职业教育市场将面临激烈的竞争，高等职业院校如果不能迅速树立自己的品牌，培养一批"忠诚的顾客"，抢占教育市场份额，将面临被淘汰的危险。

（二）创建特色品牌可以促进学校良性循环发展

按照国家高等职业教育改革与发展的精神要求，今后我国高等职业教育的发展方向是：主动适应区域经济社会发展的需要，坚持以服务为宗旨、以就业为导向、走"产学研"结合发展的道路。高等职业院校通过实行市场经济中企业奉行的特色品牌战略，通过校企合作、校地合作和校校合作，打造特色品牌专业、品牌师资、品

牌毕业生和特色校园文化,可以进一步增加高等职业院校的生源,获得更加优质的师资,拥有更多的办学经费,有利于以自身的特色品牌寻找自我发展的空间,实现高等职业院校与区域经济社会良性连锁互动,更好地服务于区域经济社会,促进高等职业院校的良性发展。

（三）创建特色品牌有利于促进学校形成独特的校园文化

高等职业院校品牌也具有独特的文化、价值和个性,主要表现在办学理念上。办学理念决定了办学特色和学生质量、师资水平和科研能力。特色的人文精神和个性的教学理念是学校的精神和灵魂。高等职业院校的品牌创建就是学校特色文化内涵的创建。以人为本成为教育理念就是学生的个性化发展,而学生的个性化发展离不开学校独特的校园软环境即文化环境的建设和形成。高等职业院校校园文化环境建设与形成是一个长期的过程,需要几年甚至几十年的积累。特色品牌创建有利于高等职业院校形成"人无我有,人有我优,人优我强"的优势,有利于形成独特的校园文化。

（四）创建特色品牌有助于学校的内涵发展与价值提升

品牌即意味着价值,品牌的形成也就意味着学校价值的提升,意味着社会对学校办学质量的认可。品牌高等职业院校具有优秀的教学质量、优质的师资队伍和自身的示范作用,能进一步提高学校内部的整体性或者带来飞跃性发展,更容易获得社会的支持。特色品牌高等职业院校发展的自律机制推动学校与区域经济社会发展相结合,使学校发展和社会需求形成良好的互动,从而改善学科设置,整合专业,强化师资,树立正确的办学理念和特定的学校精神。

总之,高等职业院校创建特色品牌有利于树立正确的价值观念,提高自身的教学质量和品位,是提升自身价值的基础、重要途径和建设思路,是以质量作为标准进行内涵性扩张的重要保证。在高等职业院校办学过程中,要树立科学教育发展观,要"坚持外延发展和内涵发展相统一,规模和效益相统一,硬件发展和软件发展相统一",全面提升高等职业院校的核心竞争力。

二、东营职业学院特色品牌发展举措

东营职业学院坚持特色发展,持续培育办学优势,在全国范围内搭建了产教融合、校企合作、校际合作的大平台,共同打造"命运共同体",开创了独特的高等职业院校特色品牌发展路径。

（一）树立先进的特色办学理念

办学理念是学校的灵魂,包括学校的办学宗旨、办学目标、办学策略等。一所学校的建设与发展,必须以先进的办学理念作为基础和先导。先进的办学理念是指有明确、清晰、科学的办学理念,符合高等职业教育的发展趋势和基本规律,是学校品牌首要的标志性因素。先进的办学理念对内是凝聚力、向心力,对外就是核心竞争力和品牌。因此,高等职业教育必须树立正确的教育质量观和人才观,以提高质量为核心,以"合作办学、合作育人、合作就业、合作发展"为主线,坚持"就业导向、校企合作、工学结合",始终不渝地为区域经济社会发展服务,实现从学科中心向技术中心、从学历中心向能力中心、从学校中心向社会中心转变。只有这样,才能形成高等职业院校的办学特色,进而创建特色品牌。

学校以"双高计划"项目为引领,以高水平专业群建设为重点,坚持"根植区域、服务发展、促进就业"的办学宗旨,坚持"学生中心、质量为要、特色品牌、开放融合、文化制胜"的内涵式发展路径,牢牢抓住人才能力培养这个关键点,坚持问题导向、需求导向、质量导向、目标导向,着力加强专业课程建设、教师能力建设、特色品牌建设、制度机制建设,大力提升产教融合的契合度、人才培养的满意度、区域经济的贡献度,持续提升学校办学竞争力和学生就业创业竞争力,打造高素质技术技能人才培养培训基地,培养具有工匠精神、精湛技艺、创新本领的高素质技术技能人才,建设有特色、国际化、创业型高等职业教育名校。

(二)创新"科教研创"平台实践育人理念

东营职业学院所有专业全面构建"科教研创"平台,将专业建设、课程教材建设、实验实训条件建设、教学资源建设、教研教改、技术研发、师资培养、学生发展、创新创业、文化传承贯穿于产教融合这条主线。老师、学生、企业技术人员进平台组团队,每个团队做企业实际项目,通过平台校企资源共享,提高学生的技术技能水平,培养学生的工匠精神、创新意识和就业创业能力,提升专兼结合的"双师"型教师素质,促进技术技能积累与创新,完善实训条件,开展技术研发、产品升级、成果转化和发明专利,开展职工培训,促进产教文化融合,促进实践教学、专业建设、社会服务的高质量开展。

(三)建立特色鲜明的专业课程体系

专业课程体系是一所高等职业院校办学的核心,也是其办学实力及办学水平的重要标志。学生是高等职业院校这座"工厂"的产品,学生素质就是"高等职业工厂"中"产品"的质量,即教学质量。专业课程体系决定教学质量,教学质量是办学的生命力所在,只有全面提高教学质量,学校才能实现可持续发展。

如石油化工技术专业群以立德树人为根本,依据国家专业标准,对接高端化工要求,将本土化的 AHK 化工职教标准进行校本化落地,开发具有校本特色的模块化课程标准,重构模块化课程体系,设置通识教育模块、职业素质与拓展模块、职业基础模块、职业岗位模块、职业技能等级模块、毕业实践模块 6 个一级模块、70 个二级模块、285 个三级模块。将安全教育、职业素养养成教育、劳动教育、创新创业教育等纳入教学任务,设置过程性考核评价指标,探索体现职业精神实效的教学实施路径。积极推行现代学徒制,培养齐鲁工匠后备人才,建立四级技能竞赛组织管理体系,学生参加省级以上技能竞赛获奖 65 项,12 名学生被中国工程物理研究院录用。

(四)建立高水平的"双师"教学团队

教师是学校工作的主体力量,学校的办学思想和办学理念只有通过全体教师努力工作才能产生实际效果。学校坚持"四有"标准,实施"素提计划",打造高水平"双师"队伍,培养德才兼备、文化涵养高、有创新意识和人格魅力的"双师"型教师,培养出了一批名师名家。学校发挥"名师名家"的作用,积极推进特色专业、精品课程建设,不断改革教学模式,确保教学质量稳定提升。"双师"型教师占比 84.10%。打造国家级教学团队 3 个、省级"黄大年式"教学团队 1 个、省级名师工作室 2 个。培育全国模范教师、省级教学名师、省级青年技能名师及省级以上荣誉称号获得者 28 人次,享受国家"万人计划"专项资助 1 人;引进国外专家、高技能人才等 220 人。聘请 48 名省首席技师等高层次人才为特聘教授,建成 870 人的兼职教师资源库。入选"山东产教融合智库"等省市智库 26 人次,培养专业带头人 50 人、中青年骨干教师 102 人。

(五)提升特色教学科研能力

科研是高等职业院校的一项重要工作,科研成果最客观、最易为人感知,有利于扩大学校影响,创造学校品牌。同时,科研活动是一种创新性活动,有利于培养和锻炼学校教师,提高师资队伍水平。高等职业院校应充分发挥科研工作对学校建设的作用,在科研项目的研究和开发中引入竞争机制与激励机制,在获得经济效益的同时,提高教师的学术和科研水平。鼓励教师和学生自主创业,将科研成果转化为生产力,创造经济效益,为学校提供多渠道的融资手段,为内涵式扩张提供坚实的经济基础和科研氛围。

东营职业学院以应用型科研为导向,以科研引领深化教育教学改革,创构了以研助教、以研导学、以研促创的人才培养新理念。

下面以园林技术专业教学团队特色教学科研为例加以说明。

(1)以研助教,以科研成果引领教学改革。遴选专业骨干教师,与国家林科院、省农科院等的科学家组成创新团队,以科学研究带动师资水平提升;立足于取得的国家"863"、国家自然科学基金生物多样性保护、国家林业和草原局耐盐碱种质资源研究等项目形成的滨海盐碱地综合利用技术、耐盐碱农林产业提升等成果(产品),将其转换为教学资源纳入人才培养方案,有效解决了课程设置和教学内容同质化,不适应本土滨海盐碱地区特色园林产业对人才素质能力的特殊需求等问题。教学团队培养省级名师 2 人,科研成果获国家教学成果奖 1 项、省级以上奖励

30 余项,直接受益学生 1 万人,间接受益学生近 30 万人。

(2)以研导学,以技术技能积累支撑课程体系。教学团队将取得的科研成果应用于技术推广与实践,不断推进教学资源现代化,建成国家级协同创新平台 2 个,国家级教学资源库 3 项、省级教学资源库 3 项,国家精品在线开放课程 1 门、省级精品资源课程 6 门。与山东省农科院签订了高素质人才培养协议,遴选部分优秀学生参与科研项目实施,培养学生的科研能力和素质。至今已有 182 名毕业生获硕士、博士研究生学历,培养出上海交通大学纳米生物医学工程研究所博士后肖坤等一批优秀毕业生。

(3)以研促创,以技术成果转化促进创新创业。在创业导师及天使基金的支持下,鼓励学生积极创新创业。学校先后荣获"全国创新创业典型经验高校""山东省大学生创业教育示范院校"等荣誉称号。学生参加专业技能大赛获国家级奖项 28 项,学生创立公司 65 家,其中注册资金在千万规模以上的公司有 4 家;培养出了入选全国"大学生创业英雄 100 强""大学生返乡创业 10 强"的王俊达,"山东省十大创业之星""山东省优秀创业者"王海亮、董传盟、李肖肖、高深圳、李开创等一批有突出影响力的创新创业典型。

(六)创新工作机制提升校企合作水平

高等职业教育是面向经济建设主战场,以就业为导向的教育。其办学宗旨是为国家和地方经济建设培养适应生产、建设、管理、服务第一线需要的高素质技术技能人才。高等职业学生的培养需要学校和企业的共同努力。高等职业校企合作教育是双主体,高等职业人才培养必须由学校、企业和行业共同承担,高等职业院校与企业的联系,若仅仅停留在企业提供训练场所、参与指导实训等层面上,便不能深化产学结合内涵,也很难实现办出特色的目标。深化校企合作,必须以服务地方经济发展为导向创建立体化校企合作模式,该模式的建立,能加快教师向"双师"型、复合型转变,同时加快专业教学理论与实践的"无缝对接",是创建特色高等职业院校品牌的重要途径。

学校创新产教融合、校企合作的"三维推进、协同育人、共建专业、平台合作"四大机制,与国内外 300 多家企业合作,共建混合所有制二级学院 1 个、产业学院 8 个,国家级协同创新中心 2 个、生产性实训基地 2 个,入选 2021 年产教融合校企合作典型案例。石油化工技术专业立项的全国首批现代学徒制试点项目,以优秀成绩通过验收,2 个专业立项省级现代学徒制试点项目获评"山东省产教融合示范单位"。学校在亚洲教育论坛年会等上做了经验分享,进入全国职业院校产教融合 50 强。

(七)整合优质资源,提高社会服务能力

高等职业院校必须强化"专业资源、人才资源、产业资源"整合,突出"服务功

能、经营功能、示范功能"三项功能,实现"教育效益、社会效益、经济效益"三效并举,从而凝聚产业化办学的专业特色、人才特色、科技特色,增强对区域经济的辐射力和贡献率,使校办实体成为科技应用的示范园,成为技术人才的培训基地,从而实现科技成果的快速转化,推进区域经济可持续发展。

(1)培养"三农"人才,助力乡村振兴。着力推进以专科以上学历教育为主要内容的农村党员干部素质提升工程,积极推动乡村振兴战略。精心打造全市农村基层干部实践教学基地16处,近三年培养新型农民学校专科以上学历教育毕业生1 379人,培养全省农村基层干部学历教育毕业生338人。根据基层干部的工作实际,确定专题培训和现场教学的主题内容,培养了一大批高素质的职业农民。近年来培养专科以上学历人才共计4 500余人,村均2.6人,名列全国前茅。大众日报、学习强国等媒体对我校服务"三农"工作进行了宣传报道。

(2)开展技术创新服务。认定山东省高等学校工程技术研发中心2个,省级技艺技能传承创新平台5个,成立了知识产权工作室。与滨州市无棣县车王镇建立科技支农关系,使中草药科技成果在扶贫乡镇落地,示范并带动了41村的625户农民发家致富,扶贫成果登上了学习强国。

(八)打造特色校园文化"创"文化品牌

品牌离不开文化的支撑,品牌的文化、价值和个性是品牌最持久的含义,揭示了品牌差异的实质。东营职业学院的发展本身就是一部创业史。"创"文化是学校文化的传承,是学校建设发展的重要内容和动力。中国职业技术教育学会副会长、教育部职教中心教科所原副所长、全国教育科学"十一五"规划教育部重点课题"职业教育中校企合作工业文化对接的研究与实验"主持人余祖光研究员对我校文化建设给予了充分肯定:"东营职业学院的校园文化洋溢着行业文化和企业文化的浓厚氛围,各专业文化建设与技术技能培养紧密融合,充分展示了产教融合背景下,师生积极向上的精神风貌和先进的办学理念,发挥了很好的文化引领作用和文化育人功能。……该重要成果对致力于立德树人、产业文化育人从而提高人才培养质量的职业院校具有较高的借鉴意义。"

(九)实施全员全过程、全方位、全时空品牌文化管理

现代大学制度要求在学校管理中走从制度规范到创新机制再到文化浸润之路,即实施品牌文化管理。具体来说,就是:通过健全各方面工作制度与规范,构建有效的运行程序与机制,使管理理念、行为与效应升华为学校文化;将文化作为管理资源去影响、引导师生员工和学校的发展,当这些管理的规范与机制成为师生员工的自觉行为时,便成为一种品牌,文化的作用就会充分释放出来,学校文化就会成为学校的综合竞争力。在规章制度层面,坚持依法治校,依据学校章程,建立完善一系列规章制度,构建严谨有序的师生行动规范;在运行机制层面,强化规则执

行,塑造自觉自愿的制度践行信念;在价值理念层面,打造管理文化品牌,培育一以贯之的制度文化传统。实施品牌文化管理是校园文化建设的重要途径和学校文化的重要元素,是学校管理的至高境界。学校强调"需求——责任"意识,即社会的需求——学校的责任,产业的需求——专业的责任,学生的需求——教师的责任,把握需求、担当责任。以"质量文化"为核心,"创"出文化力。办学特色文化:全面+特色;教师师范文化:"双师"+特质;学生出彩文化:合格+特长;校园生态文化:绿色校园、圣洁校园、文明校园、平安校园;管理品质文化:放心餐饮、星级物业、服务后勤、阳光财务、诚信招生。学校相关部门单位积极开展专业文化、教师文化、学术文化、社团文化、实训文化、楼堂馆所文化、媒体文化、质量文化等方面的文化建设。各部门单位,各教研室、班级、宿舍及各类组织等,都结合自身特点,提炼文化内涵,形成了一系列管理理念和管理品牌,并把文化建设贯穿各项工作的全过程,覆盖全体人员,使这些理念、机制和成果在全体师生中内化于心、外化于行,成为"植根于内心的修养、无须提醒的自觉、以约束为前提的自由、为他人着想的善良"(著名作家梁晓声),最终成为价值取向、精神追求和行为准则。

三、东营职业学院特色品牌建设成效

东营职业学院服务区域发展,突出区域特色,学校持续培育,形成了石油石化特色、创新创业品牌、人工智能亮点、产教融合机制、开放办学格局、"科教研创"平台等办学特色和优势。

(一)围绕地方产业体系,打造特色品牌专业

东营职业学院围绕全市主导产业体系,促进专业建设与产业发展深度对接,形成了面向市场、紧跟产业、优胜劣汰的专业建设动态调整机制,石油化工和装备制造专业特色鲜明。对接"石油之城"石油化工支柱产业,依托东营市作为全国最大石油装备制造产业基地的优势,打造特色鲜明的石油化工专业群和装备制造专业群,与山东科瑞集团共建国际学院,为"一带一路"国家和地区提供石油产业智力技术支持和人才支撑。紧跟区域信息技术产业发展,将现代信息技术专业群建设成为全国领先、与国际接轨、具有示范引领作用的高水平专业群,与达内集团共建人工智能学院,赋能专业建设和产业发展。立足黄蓝经济区现代服务业,建设国内一流、与国际接轨的经贸管理专业群,与山东省黄河口旅游集团共建东营市文旅商学院,成为阿里巴巴集团淘宝大学首批产教融合合作院校。立足区域文化教育产业,建设具有鲜明区域特色的文化教育专业群。紧跟"东营市布局航空航天服务等未来产业"人才需求,与成都云华教育集团共建混合所有制二级学院——航空学院。根据东营市构建大健康产业生态圈的需要,新增健康管理专业,建设健康产业学院。对接智能建造行业发展趋势,积极打造智能建造专业群,土木建筑类各专业全

面融入装配式建筑、建筑信息模型(BIM)技术、智慧工地、信息化项目管理、建筑机器人等教学内容,积极开展企业服务,成为学校专业群建设的新亮点。

(二)服务"大众创业,万众创新",打造创新创业教育品牌

东营职业学院构建全要素创新创业教育体系,建设创新创业学院教学平台、就业创业服务中心实训指导平台、创业孵化基地行动支持平台"三大平台",构建创业教育课程体系、创业教育评价体系、创业项目输出体系"三个体系",打造"创意、创新、创造、创业、创优、创效"的"创"文化品牌,建设创业型高等职业名校。学校被评为"全国创新创业典型经验高校",大学生创新创业联盟获评"全国十佳百优创业社团",大学生创业孵化基地团支部获评"全国五四红旗团支部",培养全国大学生返乡创业 10 强王俊达等多名省级以上创业典型。全国 23 个省区的 520 所院校到校参观考察,学校应邀到国家教育行政学院等讲学、交流 30 余场次。

(三)构建产教融合新生态,打造全国人工智能职教新高地

东营职业学院高起点谋划,打造人工智能合作平台,牵头组建全国人工智能职教集团,与京东集团联合打造京东教育研究院华东分院暨京东(东营)国际产教融合创新中心,与中关村物联网产业联盟等联合发起成立中国物联网产教融合联盟,打造具有示范引领和辐射带动作用的全国人工智能职教新高地;融入行业协会,科技研发实现新突破,团队成员当选山东省人工智能标准化技术委员会委员、山东省人工智能学会职教专委会秘书长,参与制订"1+X自然语言处理应用开发"职业技能等级标准,完成国家重点研发计划子课题 1 项,联合攻关智能物联网关键技术等,获计算机软件著作权 2 项,申请实用新型专利 1 项,阶段成果转换投入市场;适应产业新要求,开发专业新课程,创新开发"人工智能应用基础"课程,配套教材入选山东省"十四五"职业教育规划教材;以赛促学,学生的技术技能水平显著提高,其中学生参加技能竞赛在国家级竞赛中获奖 3 项、在省级竞赛中获奖 21 项,申办国家级人工智能技能竞赛赛项,连续 3 年牵头组织 3 项全省职业院校技能大赛中职赛项,入选中国高等职业院校智能机器人专业群国际影响力 50 强。

(四)提高等职业教适应性,创新产教融合机制

东营职业学院适应办学需求、企业需求、产业需求、社会需求,形成产教融合"四大机制"。一是三维推进机制。依托县区政府、国家农高区、国家级及省级经济开发区面上推动,通过加入行业组织线上融合,对接重点企业精准育人,"点线面"三维度发力推进产教融合。二是协同育人机制。校企协同,通过"冠名班""订单班""现代学徒制"及建立技术应用示范基地(中心)等模式,为特定企业培养定制岗位人才。三是共建专业机制。校企共建产业学院、共建专业;服务区域经济社会发展,围绕东营市"5+2+2"产业体系,成立人工智能学院、国瓷新材料学院等产业学院

8个,共建专业13个。四是平台合作机制。所有专业(群)构建"科教研创"平台,每名教师加入该平台,将专业建设、技术研发、师资培养、学生发展、创新创业等贯穿产教融合这条主线,建设了一批国家级、省级、市级、校级"科教研创"平台。

(五)"三进三出",探索开放办学格局

东营职业学院把国际先进职教模式引进来,把优质职业教育资源引进来,把留学生引进来。引进国际职业资格证书认证标准、AHK化工工艺员职业教育标准;开发与国际标准对接的课程标准。与台湾辅英科技大学共建辅英早教中心,聘请国(境)外专家12人为特聘教授;培养培训国(境)外留学生92人。

学校走出去办学,教师走出去提升职教能力,学生、学员走出去就业创业。与俄罗斯乌法国立石油技术大学合作举办石油化工技术专业专科教育项目;在马来西亚林登大学设立名师工作坊,在肯尼亚建立中肯鲁班工坊,与俄罗斯阿尔梅季耶夫斯克国立石油学院开展"中文＋专业技能"培养培训;组织骨干教师参加德国"双元"制职业教育培训,选派教学名师、首席技师到国外开展教育教学培训;派出200余名学生赴马来西亚等国家和地区学习交流、实习就业。

文化制胜

习近平总书记在全国高校思想政治工作会议上的重要讲话中指出:"要更加注重以文化人以文育人,广泛开展文明校园创建,开展形式多样、健康向上、格调高雅的校园文化活动。"校园文化是在长期的教育实践中积淀形成的,为广大师生所认同并遵循的价值观念、发展目标、校园精神、行为规范和校风校貌的总称。校园文化具有导向、凝聚、激励、熏陶、规范等多种功能,校园文化建设有利于展示学校特色、提高核心竞争力、营造良好的育人氛围、提高办学水平和人才培养质量。东营职业学院在国家骨干高等职业院校建设、山东省优质高等职业院校建设、国家"双高计划"建设中,坚持文化制胜,树立"创"文化理念,完善"创"文化制度,建设"创"文化载体,将"创"文化融入人才培养全过程,打造全国领先的创新创业教育,打造了校园特色文化——"创"文化品牌。

一、东营职业学院加强"创"文化建设的重要意义

(一)"创"时代呼唤"创"文化,需要"创"人才

创新驱动发展,世界进入"创"时代。我国政府大力推动"大众创业,万众创

新",并将之提升为中国经济的"新引擎"。20世纪80年代以来,全国上下同欲、勠力同心,破旧念、革陈规、改机制,极大地解放了社会生产力和个人活力,为中国"创"出了一条改革开放的新路。如今,"双创"接续上了这种精神。创新是一个民族进步的灵魂,是一个国家兴旺发达的不竭动力,也是一个政党永葆生机的源泉。党的十八大强调要坚持走中国特色自主创新道路、实施创新驱动发展战略。中共中央印发了《中共中央　国务院关于深化体制机制改革加快实施创新驱动发展战略的若干意见》。党的十九届五中全会提出了"创新、协调、绿色、开放、共享"的新发展理念。习近平总书记在党的十九大报告中指出:"创新是引领发展的第一动力,是建设现代化经济体系的战略支撑。"党的十九届五中全会通过的《中共中央关于制定国民经济和社会发展第十四个五年规划和二〇三五年远景目标的建议》提出:"坚持创新在我国现代化建设全局中的核心地位。"2014年9月,李克强总理的夏季达沃斯论坛上提出,要在960万平方千米土地上掀起"大众创业""草根创业"的新浪潮,形成"万众创新""人人创新"的新势态。2015年,李克强总理在政府工作报告中提出:"大众创业,万众创新。"2015年,国务院办公厅印发的《关于发展众创空间推进大众创新创业的指导意见》指出:"积极倡导敢为人先、宽容失败的创新文化,树立崇尚创新、创业致富的价值导向,大力培育企业家精神和创客文化,将奇思妙想、创新创意转化为实实在在的创业活动,让大众创业、万众创新在全社会蔚然成风。"2017年,联合国大会通过决议,将每年4月21日定为世界创意和创新日,并呼吁各国支持大众创业、万众创新。中国这一理念写入联合国决议,显示了创新作为推动可持续发展的重要动力已达成国际共识,中国方案再次为全球课题贡献了智慧。"双创"的根本宗旨,就在于激活社会的每一个"细胞",实现更充分的就业,让经济社会"肌体"变得更加充满生机。

中国进入"创"时代,世界进入"创"时代,"创"时代呼唤"创"文化,"创"时代需要"创"人才。

(二)重视"创"文化是高校发展的必然趋势

面对复杂的就业形势,人们反思教育存在的问题,认为学校教育存在的突出问题就是培养的学生就业创业能力不足。日益严重的大学生就业问题困扰着高等教育,促使高等教育在人才培养模式上做出新的尝试与探索。在这样的背景下,1989年,在北京召开的"面向21世纪教育国际研讨会"提出了"事业心和开拓教育"的概念,后被译成"创业教育"。尽管这里的创业教育内容尚不充实,多局限在诸如事业心、进取心、冒险精神等本意上,但它作为一种面向未来的教育思想,昭示了高等教育改革与发展的方向,即面向未来,把培养学生的事业心、创新创业精神作为高等学校新的价值取向。这一表述成为后来出现的创业教育课程的先声。

1995年,在联合国教科文组织发表的《关于高等教育的变革与发展的政策性文件》中,创业教育的概念得到了完整阐述,文件指出:"在'学位＝工作'这个公式不再成立的时代,人们希望高等教育的毕业生不仅是求职者,还是成功的企业家和工作岗位的创造者。"为了进一步强化创业教育思想,使之成为高等教育改革与发展的理念,1998年10月在巴黎召开的世界高等教育大会进一步强化了创业教育思想。此次会议发表的《21世纪的高等教育:展望与行动的世界宣言》中指出:"为方便毕业生就业,高等教育应主要培养创业技能与主动精神;毕业生将愈来愈不再仅仅是求职者,而首先将成为工作岗位的创造者。"配套文件《高等教育改革和发展的优先行动框架》强调指出:"高等学校必须将创业技能和创业精神作为高等教育的基本目标。"自此,创业教育在世界范围内掀起了热潮。

我国高等教育的发展形势在20世纪90年代发生了重大变化。一方面,随着知识经济和全球经济一体化时代的到来,我国各行业正面临日趋激烈的竞争。由于我国经济发展进入以资金密集型和技术密集型为主的高新技术产业为主导的高质量发展阶段,开发人力资源,培养更多具有高素质的创新创业型人才的需求日益凸显。另一方面,广大人民群众要求接受高等教育的愿望与能力也空前高涨,为了满足广大人民群众接受高等教育的愿望,同时拉动内需,刺激消费,培育新的消费热点,启动消费市场,高等教育扩大规模就成为必然,使在校大学生人数急剧增加,毕业生也愈来愈多,大学生的就业难问题也越来越受到人们的关注。在此背景下,加强创新创业教育,培养既能"求职"又能够创造新的工作岗位的人才进入我国高等教育视野成为高校发展的必然趋势。

(三)"创"文化是职业教育的特点要求

高等职业院校具有三大职能:培养服务区域发展的创新性技术技能人才,服务企业特别是中小微企业的技术研发和产品升级,服务社区教育和终身学习。国务院印发的《关于加快发展现代职业教育的决定》(国发〔2014〕19号)强调,推动职业院校与行业企业共建技术工艺和产品开发中心、实验实训平台、技能大师工作室等,成为国家技术技能积累与创新的重要载体。职业教育以产教融合为主线,产教融合首先是产教文化的融合,"创"文化是产业文化的重要特征,"创"文化是职业教育人才培养和服务社会的突出要求。

(四)"创"文化是东营地域文化的精髓

东营职业学院提出建设"创"文化,也是基于弘扬东营地域文化。万里黄河,奔腾入海,"创造"了黄河三角洲;东营的历史最早起源于新石器时代大汶口文化时期,东营是闻名中外的"兵圣"孙子的故里,山东地方代表戏曲吕剧的发源地;从明朝洪武年间大移民到东营,到全国各地的石油工人到胜利油田开发创业,从大开放、大招商到"全力打造山东高质量发展的增长极,黄河入海文化旅游目的地,建设富有活力的现代化湿地城市",再到以落实黄河流域生态保护和高质量发展重大国家战略为牵引,锚定"走在前列、全面开创""三个走在前",加快高水平现代化强市

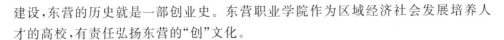

建设,东营的历史就是一部创业史。东营职业学院作为区域经济社会发展培养人才的高校,有责任弘扬东营的"创"文化。

(五)"创"文化是东营职业学院历史发展的凝练

东营职业学院的发展本身就是一部创业史。学校于 2001 年 7 月成立,全校师生发扬创新实干、事争一流的精神,深化教育教学改革,扩大办学规模,提升办学质量。在校生从最初的 6 000 多人发展到目前的 18 000 余人,建筑面积从最初的 10 万平方米增加到现在的 50 万平方米,争创并完成了国家骨干校建设、山东省优质校建设,创新创业教育走在了全国高等职业院校前列,成为学校的品牌。当前学校正加强"双高计划"建设,致力于培养具有工匠精神、精湛技艺、创新本领的技术技能人才,建设有特色、国际化、创业型高等职业名校。"创"文化是学校文化的传承,是骨干校、优质校、"双高计划"建设的重要动力。

二、"创"文化的内涵

东营职业学院所说的"创"文化,是指将"创新创业""双创"丰富为"创意、创新、创造、创业、创优、创效""六创"。

(一)"创"文化,体现了一种境界追求——创意

创意是创新意识、创造意识的简称,创——创新、创作、创造……能促进经济社会发展,意——意识、观念、智慧、思维……是人类的精神财富。创意是一种通过创新思维意识,进一步挖掘和激活资源组合方式进而提升资源价值的方法,是一种文化底蕴,是超越常规的导引,是投资未来、创造未来的起点。创意起源于人类的创造力、技能和才华,创意来源于社会又指导着社会发展。"创意"是基础,建设特色学校,需要创意;为企业进行技术服务,更需要创意;每一名师生员工,都应该人生有创意、事业有创意、成果有创意。

(二)"创"文化,体现了一种精神追求——创新

创新是指提出有别于常规或常人思路的见解,改进或创造新的事物、方法、元素、路径、环境,是人类对于发现的再创造。创新是一个民族进步的灵魂,是一个国家兴旺发达的不竭动力,是新发展理念之首,是引领改革发展的第一动力。创新是全方位、各领域、全覆盖的全面创新,贯穿一切工作。建设优质校,必须把发展基点放在创新上,加快形成以创新为主要引领和支撑的发展模式。

(三)"创"文化,体现了一种价值追求——创造、创业、创优

创造就是把以前没有的事物生产出来,是有意识地对世界进行探索性的劳动。创业是创业者对自己拥有的资源或通过努力能够拥有的资源进行优化整合,从而

创造出更大的经济或社会价值的过程。高等职业教育不是培养只会机械操作或只具备某种技能的操作人员,而是要培养在一线能够创新创造的技术技能人才。党的十七大报告提出了"以创业带动就业"的方略,大学生应成为工作岗位的创造者、全民创业的先行者。创优即创造优等的业绩,创造优等的产品。《中共中央 国务院关于开展质量提升行动的指导意见》中指出:"坚持以质量第一为价值导向,坚持优质发展、以质取胜。"建设骨干校、优质校、"双高"校,不仅要善于创意,勇于创新,还要努力创造新业绩、新水平。

(四)"创"文化,体现了一种作风追求——创效

创效就是要创造更高的效率和效益。提高效益从宏观上讲是社会发展的物质保证,从微观上讲是单位前景兴隆的标志。党的十九大报告提出建设质量强国,指出我国经济已由高速增长阶段转向高质量发展阶段,必须坚持质量第一、效益优先,把提高供给体系质量作为主攻方向,显著增强我国的经济质量优势。我们建设优质校、培养人才、开展社会服务都要贯彻科学发展理念,提高人力、物力、财力效益,既要创造经济效益,又要创造社会效益。

"创意"是前提和基础,"创新"是动力,"创造""创业"强调行动、结果,"创优"强调质量,"创效"强调重视效率和社会经济效益。"六创"的精髓,就是突出强调劳模精神、劳动精神和工匠精神。

三、"创"文化的建设途径

(一)树立"创"文化理念

1.国家、社会层面的"创"文化理念

树立国家、社会层面的"创"文化理念,例如,坚持创新在我国现代化建设全局中的核心地位,实施创新驱动发展战略;创新是"创新、协调、绿色、开放、共享"新发展理念之首,是引领发展的第一动力;贯彻尊重劳动、尊重知识、尊重人才、尊重创造的方针;推动大众创业、万众创新,培育和催生经济社会发展的新动能;弘扬爱岗敬业、争创一流、艰苦奋斗、勇于创新、淡泊名利、甘于奉献的劳模精神,崇尚劳动、热爱劳动、辛勤劳动、诚实劳动的劳动精神,执着专注、精益求精、一丝不苟、追求卓越的工匠精神;弘扬劳动光荣、技能宝贵、创造伟大的时代风尚。

2.教育层面的"创"文化理念

树立教育层面的"创"文化理念,例如,坚持产教融合、校企合作、工学结合、知行合一;以增强学生就业创业能力为核心,加强思想道德、人文素养教育和技术技能培养,全面提高人才培养质量;建立创新型、发展型、复合型技术技能人才培养体系等。

3.学校层面的"创"文化理念

树立学校层面的"创"文化理念,例如,学校在建设国家骨干高等职业院校、山东省优质高等职业院校、中国特色高水平高等职业学校和专业中形成的所有专业全面搭建"科教研创"平台,将专业建设、课程建设、教研教改、技术研发、师资培养、学生发展、创新创业贯穿产教融合这条主线;着力培养学生的工匠精神、精湛技艺、创新本领,努力造就大众创业、万众创新的生力军;形成德育渗透、创新创业贯穿、职业技能培养与职业精神养成相融合的人才培养体系;把学校建设成为有特色、国际化、创业型的高等职业名校等。

(二)完善"创"文化制度

1.宣传落实创新创业政策

认真宣传落实国家、省、市关于鼓励"大众创业,万众创新",加强创新创业教育的一系列政策,特别是在就业指导、创新创业教育中,加强政策和法律学习,引导学生充分利用政策,坚持依法创新创业,增强创新创业的自觉性和自信心。

2.完善学校创新创业教育制度

努力完善学校创新创业教育制度,例如,学校在章程中将建成有特色、国际化、创业型的高等职业名校确定为办学目标,将培养学生的工匠精神、精湛技艺、创新本领确定为人才培养目标,构建德育贯穿、创新创业教育融入、职业技能培养与职业精神养成相融合的人才培养体系,形成了鼓励师生创新创业的管理机制、激励机制和保障机制,如实行弹性学制,改革学分制管理办法,学生更高学历层次课程学习、技能竞赛、职业资格证书和公共证书、专利、自主创办注册公司、项目入驻学校大学生创业孵化基地和大学生就业创业服务中心、论文、调研报告、课题研究、技术研发等,都可以置换学分,学生可延长学习年限从事创新创业。

(三)建设"创"文化载体

"创"文化载体包括"创"文化景观、"创"文化读本、"创"文化展厅、"创"文化社团、"创"文化节、"创新创业"大赛、"创"文化课题研究、加强专业文化建设、各专业搭建"科教研创"平台等。学校重视产教文化融合进行专业文化建设,石油化工和装备专业群融入石油文化,教育学生弘扬习近平总书记提出的以爱国、创业、求实、奉献为主要内涵的铁人精神;现代信息技术专业群融入"创客"文化,培育永不止步的"创客"精神;生物生态专业群融入生态文化,培养学生树立人与自然和谐相处、建设美丽家园的理念;土木建筑专业群融入鲁班文化,弘扬尊重科学、善于研究、亲身实践、勇于创新、追求完美的鲁班精神;经贸管理专业群融入儒商文化,弘扬仁义、诚信、创新、和合、规矩、担当的儒商精神;文化教育专业群彰显师范本色,营造浓厚的"以师为师、师从师出"教师教育文化。

（四）将"创"文化融入人才培养的全过程

1. 在办学体制机制和人才培养模式上坚持产教融合

"产学研"结合是对高校办学的要求，在"产学研"结合中培育和弘扬"创"文化。例如，学校确立了打造黄河三角洲地区高素质技术技能人才培养基地、高技能和新技术培训基地、科技研发和技术服务中心、继续教育和文化传播中心的办学定位，积极探索了具有职业教育特色的办学体制机制和人才培养模式。依靠政府支持，借力行业组织，联姻龙头企业，建立了"四方合力、三级推进、'双主体'育人"办学体制机制，搭建了东营市职业教育工作联席会议、学校校企合作理事会、二级学院校企合作工作委员会三级平台，牵头成立了东营市职业教育集团、石油石化装备与技术职教集团、全国人工智能职教集团，组建了东营职业教育院校联盟、东营市图书馆联盟、山东省国家骨干校联盟、东营会计师职教联盟、东营设计师联盟等，试点了以产权为纽带的校企一体化办学，成立了中锐汽车学院、航空学院、人工智能学院等产业学院，学校与区域内 600 余家企业签订了合作协议，开设了企业"冠名班""订单班"。贯穿职业能力培养一条主线，建立学校和企业两个课堂，实现专业设置与产业需求、课程内容与职业标准、教学过程与生产过程三个对接，探索形成了"厚德强技、实境化育人"的人才培养模式。着力打造职场化学习环境，将职业道德、职业精神培养融入教学的全过程。依据职业岗位工作要求，以"公共基础课程、专业基础课程"为支撑平台，以岗位核心能力课程为重点，以拓展能力课程为补充，构建了"支撑平台＋岗位导向"的课程体系。大力推进教育教学改革，实施了能力本位、项目化和工作过程系统化课程改造。积极组织学生参加技能竞赛和"1＋X"试点，获取双证书。

2. 在课程开发中体现企业文化元素

要想跟上产业发展的形势，培养适应产业发展需要的人才，就需要校企合作开发课程，加强实践教学。学校必须根据工作过程和企业的职业岗位要求开发课程，确定学生需要掌握的专业知识、技能和职业素养。例如，学校在教学实践中，非常重视工学结合教材的开发，特别是在现代学徒制、"订单班"人才培养方案的制定和课程开发中，主要由学校专业老师和企业专业人士共同完成，把企业文化作为一门课程，并在其他专业课程目标的设计和课程内容的选择上充分考虑企业生产实际、用人标准和岗位要求，将典型工作任务、工作过程要素、职业资格证书标准融入课程体系中，突出课程的职业特色，为培养企业需要的人才做准备。

3. 在教育教学过程中渗透企业文化思想

教育教学是育人的主渠道。例如，为了使学生对企业文化有一定的了解，学校通过多种措施把企业文化贯穿渗透到教育教学的全过程。在课程设置上，开设了一些与企业文化有关的课程和讲座，如"优秀企业文化精粹""建筑民俗与文化"等；在实训课考核中引入企业员工考评机制，对学生的穿戴、行为、操作程序等提出了明确要求;在实训教学管理上,借鉴企业中的优秀管理方法,引入"6S"管理,"6S"管理即整理(Seiri)、整顿(Seiton)、清扫(Seiso)、清洁(Seiketsu)、素养(Shitsuke)、安全(Security);在学生日常行为管理中,注重借鉴企业中的团队精神,加强班级内部管理;在学生就业指导上,借鉴企业培训员工的方式,加强对学生的就业指导,调整学生的择业心态,提高学生的就业竞争意识与能力;抓住实践环节,利用学生社会实践、岗位实践的机会,引导学生践行交往礼仪、职业礼仪,增强学生的安全意识、纪律意识;深入挖掘劳动模范和先进工作者、先进人物的典型事迹,引导学生牢固树立立足岗位、增强本领、服务群众、奉献社会的职业理想,增强对职业理念、职业责任和职业使命的认识与理解,增强职业荣誉感,养成良好的职业态度和职业操守;加强专业社团建设,引导专业社团深入企业,开展专业特色鲜明的社团活动等。

4.在实训基地建设中融铸企业文化理念

实训基地是锻炼学生实际操作能力的地方,也是融入企业文化的最好场所。例如,学校在校内实训基地建设中,根据每个专业的不同特点,把校内实习实训场所建设成仿真的企业车间或虚拟工厂,注重职业训练活动,如把操作规程和生产口号等挂在车间显眼的位置、为学生设计工作服等。特别是引进企业建立"校中厂",完全按企业模式经营与管理,实训项目也与学生毕业后所从事的相关工作岗位对接。在校外实训基地建设中,加强对学生的组织纪律性教育,让学生在规定场所和时间内,注意生产安全,严格按照安全操作规程进行训练,进而为学生营造良好的企业文化氛围,增加学生对企业文化的职业认同感。学生通过入学之初的企业参观、课程学习中的见习实训实习、综合实训、岗位实习等环节,在浓厚的企业文化氛围中初步认识企业,体验岗位工作,潜移默化地接受企业文化的熏陶。

5.充分利用各种平台促进产教融合文化建设

博物馆、校史馆、校报、电视台、网站、社团、研究所等都是校园文化建设的重要平台。例如,学校建设了校史馆和东营市党史馆,在图书馆中建设了产业主题馆和产业文化墙、毕业生文化墙,通过校报、官网、电视台、广播站等媒体开设了产业文化专栏,结合各专业特点建设行知广场、鲁班公园等,成立了学生创新创业社团,开展鲁班文化节等系列活动,与政府、行业、企业合作开展内容丰富、形式新颖的实践育人活动,丰富了校园文化生活,有效发挥了文化育人的作用。

学校重视创新创业教育研究和实践,以"创"文化为引领,将"创"文化融入每一名师生的血液,渗透学校的每一个角落,贯穿学校各项工作,形成了"都来创、大家创、一起创、携手创、齐心创、共同创""师导生创、师生同创""来东职、一起创,圆梦想、赢未来"的浓郁氛围,保障了创新创业人才培养和创业型大学建设,在全国高校发挥了示范作用。

第二章

特色发展之优势

东营职业学院坚持服务黄河重大国家战略、服务东营高水平现代化强市建设、服务大学生全面发展的办学定位,瞄准建设有特色、国际化、创业型高等职业教育名校的目标,从国家骨干校、省优质校到国家"双高计划"建设学校,坚持先进理念引领,突出学校特色发展,取得了显著的办学成效,形成了六大办学优势和特色,即石油石化特色、创新创业品牌、人工智能亮点、产教融合机制、开放办学格局、"科教研创"平台。这六大办学优势和特色涵盖了专业建设、人才培养、办学模式等方面,实现了学校高质量发展,培养了大批高素质技术技能人才,是东营职业学院办学成效的凝练和结晶。

石油石化特色

东营市是全国最大的石油装备制造业基地和重要的石油化工产业基地,东营职业学院主动对接区域主导产业,将石油化工技术专业群打造成具有全国影响力的品牌专业群,形成石油石化办学特色。东营职业学院石油化工技术专业是国家骨干校中央财政支持重点建设专业,石油化工技术专业群入选国家"双高计划"高水平专业群建设项目。专业群坚持以立德树人为根本,紧密对接黄河流域生态保护和高质量发展重大国家战略,专业链与产业链紧密衔接,服务山东省新旧动能转换高端化工产业,积极融入山东省国家职业教育创新发展高地建设,推进人才模式改革,打造技术技能人才培养高地。

一、产业优势明显,专业链与产业链紧密衔接

石油化学工业是基础性产业,在国民经济中占有举足轻重的地位。据统计,化学工业通过直接、间接和诱发影响为全球国内生产总值作出了 5.7 万亿美元(占全球 GDP 的 7%)的贡献,并在全球范围内提供了 1.2 亿个工作岗位。

中国是世界石油和化工大国,占据全球市场份额的 40%,而山东省化工产业经济总量连续 29 年位居全国首位。东营是我国第二大油田——胜利油田的所在地,是山东省石化产业最为集中的城市,是国家级临港石化产业基地,建有 3 个国家级原油库。东营市与胜利油田是共兴共荣的命运共同体,拥有原油开采、储运、炼油、芳烃一体化及多元化工原料加工的完整石化产业链,石化产业占地方国民经济总产值的 35%。炼化企业的原油一次加工能力为 7 220 万吨/年,占山东省的 36%、全国的 10%,居全省第一位。

区域雄厚的石油化工产业基础蕴藏了广阔的上下游产业市场,为适应区域主导产业需求,东营职业学院相继开设了石油化工技术、应用化工技术等 5 个专业,组建了石油化工技术专业群。专业群对接石化产业,围绕石化产业链这一专业群设置的逻辑起点,契合产业链龙头行业,以石油化工技术专业为核心,与专业基础相同、专业技能相近、教学资源互为共享的应用化工技术、化工装备技术、油气储运技术、化工自动化技术 4 个专业共同发展,形成区域特色鲜明、优势互补的石油化工技术专业群。

二、适应高端化工产业需求,人才培养定位准确

专业群紧密对接区域石化产业,以石油化工技术为核心,对接化工产业关键岗位,专业群共建紧密型合作企业 35 家,用人单位用工涵盖所有专业,群内专业课程共享率 41%,校内实训基地与校外实习实训基地共建共用,专兼结合的教学团队师资共享。

(一)面向产业发展,明确专业发展方向

随着产业结构的调整和先进生产工艺、高科技产品和新型装备的应用及信息化程度的不断提高,行业企业对生产一线人员的技术能力、复合能力及综合素质提出了新的要求;企业采用了更多的先进设备和生产线,随之产生了许多与高新技术有关的职业岗位,一线技术人员和技术工人原有的知识和技能已难以满足岗位要求;自控程度较高的大型石油化工企业对人员知识技术层次的要求逐步提高,急需大批高端的具有良好理论基础和实践能力的技术技能人才。

（二）适应高端化工需求，确定人才培养目标

通过调研分析发现，企业普遍要求毕业生具有较好的职业素质和职业道德，扎实的专业知识和实践应用能力，以及良好的成长发展潜力。石化专业群将人才培养定位为：以就业为导向，以职业能力培养为目标，培养具有较强实践能力，具备必需的文化基础知识、石油化工工艺基本理论和从事石油化工相关生产操作、工艺运行、技术管理等工作的职业能力和综合素质，在生产、建设、管理、服务等一线工作的精工艺、懂管理的高素质技术技能人才。

（三）对应产业链合理规划专业群设置

石化产业链对应的化工生产过程可以概括为原料预处理、化学反应和产品分离及精制三大部分，还需要动力供给、设备维修、仪表调试、分析检验、安全环保、管理销售等辅助支撑。化工产业的关键岗位有生产现场操作岗、总控操作岗、产品检测岗、仪表管理维修岗、设备维护检修和管理岗、储运操作岗等，石油化工技术、应用化工技术、化工装备技术、油气储运技术、化工自动化等专业人才培养目标与产业岗位需求高度吻合。

三、推进人才模式改革，打造技术技能人才培养高地

以学生为中心，坚持德育为先、技艺成才为要，以"人人皆可成才，人人尽展其才"作为教育教学工作的出发点和落脚点，引入具有国际一流水平的德国化工类职业教育培养标准，在课程建设、教学资源研发、师资培养等方面提升现代学徒制、企业新型学徒制的双主体协同育人内涵和标准，将石油化工技术专业群打造为德技并修、复合型、德智体美劳全面发展的技术技能人才培养高地。

（一）坚持立德树人，培养杰出化工人才

1. 加强党的领导，把牢正确的办学方向

认真落实立德树人的根本任务，用习近平新时代中国特色社会主义思想铸魂育人，把社会主义核心价值观教育融入教育教学的全过程，构建了教学管理与学生管理、思政教育与专业教学融合的教学管理体系。

2. 坚持产教融合，推进校企双主体育人

校企基于职业岗位工作过程重构模块化课程，设置培训内容、编制培训手册、定制培训包，通过"企业新型学徒制""现代学徒制"双主体人才培养模式，服务企业技能人才梯队建设，为企业培养高素质创新型、复合型技术技能人才。石油化工技术专业国家级、省级现代学徒制试点项目以优异成绩通过了验收。近三年培养培训高等职业毕业生 1 755 人，本科实习生 259 人，培养现代学徒制学生 361 人、企业新型学徒制学员 48 人、"齐鲁工匠"后备人才 85 人。

3.加强社团建设,赛训结合培养杰出技术技能人才

组建专业社团,在实训室与生产现场针对性地组织实践训练,体验工匠精神。优化专兼教学团队结构,分工协作进行模块化教学,建立"二级学院、学校、省、国家"四级技能竞赛组织管理体系,提升全体学生的综合职业能力。学生在省级及以上各类技能竞赛中获奖450多项,3个社团被评为山东省大学生优秀科技社团,12名学生被中国工程物理研究院录用,实现了高端就业。

(二)实施模块化教学,推进教学资源建设

优化专业群建设指导委员会人员的组成结构,校企共建引领教学模式改革的核心团队,统筹协调顶层设计。将职业技能等级证书培训内容及要求有机融入人才培养方案,实施"学历证书＋若干职业技能等级证书"制度。做好课程总体设计和教学组织实施,校企"双元"合作开发专业核心模块教材及相应的教学资源,开发综合教学管理平台,实施教师分工合作的模块化教学;规范教案编写,团队成员集体备课、协同教研,开展混合式、理实一体化教学。

课程建设贴近企业现场文化及安全氛围的营造,倡导 HSE 理念宣贯、"6S"管理及责任关怀等理念。将课程进行模块化解构,推动企业典型生产项目教学化改造,结构化重组形成340个教学模块,开发教学项目、明确教学课时,提升了教学成效。

1.创新课程设计理念,重构模块化课程

主动适应区域经济发展和高端化工产业升级,优化资源配置,动态调整专业组成、专业结构和专业内涵,对接行业职业岗位对人才的要求,围绕人才培养标准、课程体系、教学内容、教学方法、教学资源等进行改革创新,结构化设计课程模块,构建模块化课程体系,探索形成一系列教学理念、标准、模式、资源,为全国高等职业化工类专业人才培养提供了指引和借鉴。

聚焦人才培养目标,构建高端化工模块化课程体系。践行绿色、高质量发展理念,服务化工产业安全生产转型升级的需要,专业群项目组基于典型工作任务分析,解构传统学科体系课程,序化和调整知识点与技能点,基于工作过程系统化设置教学模块、更新教学内容、完善课程标准,重构模块化课程。

按职业岗位能力分层重构6个一级模块、70个二级模块的专业群模块化课程体系;参与修订国家专业标准19个,完善六大功能模块实训基地,推动2个国家资源库、12门在线课程、20部模块化系列教材及配套资源统筹建设,创新"三阶六步"课堂教学流程,形成"三教"改革新范式。

有效课堂、过程考核推进了模块化教学改革。制定模块化教学(学习)任务清单,开展有效课堂建设,成员分工协作完成模块化教学。关注教与学的全过程和专业发展,完善教学质量评价标准,通过思想政治、学习状态、学习效果、职业发展4个一级指标、16个二级指标实施课程过程性考核,在教育教学实践方面起到示范

作用。

2. 统筹规划实施，开发专业群教学资源

以加入 AHK 中德双元制职业教育联盟为契机，有机整合课程资源、教师资源与实训资源，主持石油化工技术专业国家级教学资源库建设，推进"三融合"、搭建"三平台"、建设"四步走"，基于"能学辅教"的功能定位，使"互联网＋教育"在化工职业教育领域落地，助力化工产业转型升级，引领化工教育教学改革。

推进"三融合"，拓展教学资源建设途径。一是国家标准与 AHK 国际标准相融合，形成石油化工技术专业资源建设标准体系，汇聚国内外优质资源，确保每一门课程资源的先进性。二是"政行企校"跨界融合，协同建设，有效提升资源库的建设活力和竞争力，为教师、学生、行业企业和社会从业人员提供一流的学习服务。三是学历教育与职业培训相融合，一体化推进，构建职业教育课程和培训课程相结合的育训课程体系。

搭建"三平台"，深化教学资源优化整合。依托高等教育出版社的"智慧职教"系统，构建专业课程体系教学资源、开发配套教材、搭建教学环境，建设线上综合学习平台；与北京东方仿真公司等企业合作，利用 VR/AR、5G 等智能信息技术配套开发和完善半实物仿真实训装置、实训管理平台及实习仿真软件等，打造仿真实训平台；通过"职教云""MOOC"系统衍生一批优质精品在线课程，建立基于资源库应用的学习成果认证平台。

建设"四步走"，创新教学资源建设路径。一是组建一支"校企行会"融合的项目建设团队，调动职业院校、行业企业能量，主动深度参与资源库建设。二是搭建统一规划的资源素材中心，建设文本类、PPT、视频类、动画类、图片类等素材，便于课程搭建中灵活调用，满足不同用户的基本需求和个性需求。三是构建四类精准推送的学习入口，以满足教师、学生、企业员工和社会人员 4 类用户的不同需求。四是探索实现课程在资源库中心平台、职教云＋云课堂及"MOOC"学院之间的一键调用，发挥资源库的最大效用。

学校以服务国家战略和支撑行业发展的强烈使命感，开发专业教学素材资源 1 万多条，虚拟仿真资源 200 余个，开发 PX 实习仿真软件 2 套，建设标准化课程 16 门。目前，教学资源库用户分布的院校有 600 余所，覆盖全国大部分开办石化类专业的高等职业院校。服务用户超 1.6 万人，日浏览量最多超 1.5 万次。教学资源在"职教云"平台上引用的资源库课程有 243 门，惠及不同层次和类型的人群。

（三）实施"三教"改革，提升人才培养质量

加强职业教育供给侧改革和专业内涵建设，充分体现化工行业工作过程的工学结合人才培养特征，实施课程教材开发及教学项目设计；把职业岗位工作任务和能力要求有机融入课程教学内容，教学过程中"讲、学、练"有机结合；全面推进教师、教材、教法"三教"改革，提高学生的综合职业能力，提升办学质量和人才培养

质量。

1. 思政融入、行动导向,推进模块化系列教材开发

加强专业教材建设委员会建设,组织开展教材研究、教材开发、教材选用等教材管理和建设工作。重构专业群模块化课程体系,对应生产案例梳理形成政治认同、家国情怀、法治意识、职业道德、工程伦理5个模块的课程思政元素矩阵,将课程思政教育体系有机融入教材开发中。

"三阶四步",系统推动教材与配套资源建设。"政行企校"遵循"课程讲义—校本教材—正式出版"三阶段建设流程,基于组建结构化团队、重构模块化课程体系、完善课程标准、一体开发教材与配套资源4个步骤,开发基于行动导向的专业群模块化系列教材与配套教学资源,推动专业群高质量发展,形成教材建设新范式。

规范建设,高质量推进模块化教材改革。坚持学以致用、行动导向,讲义试用修改、校本立项不断完善、出版教材形成系列。根据专业教学、学徒制培养、"1+X"证书、职工培训等需求分层分类制定教材开发规划,以岗位职业能力培养为目标,按照生产过程具体任务确定教材编写提纲、设置模块和任务,思政教育融入教学任务和考核目标,与精品资源共享课、在线课程、资源库建设等同步规划,以现象描述-问题分析-理论应用-学习迁移为主线分模块完成教材内容的编写与资源建设,对接模块化课程体系,一体化规划开发《化工工艺流程认知》《化工生产过程控制》等专业群模块化系列教材25部。

模块化系列教材得到全国石油和化工职业教育教学指导委员会、全国安全职业教育教学指导委员会等相关领导的高度认可,成为国家现代学徒制试点项目、2个"1+X"证书及国家专业教学资源库的配套教材,在省内外高等职业院校及富海集团、山东国瓷功能材料股份有限公司、山东新和成控股有限公司等企业的职工培训中广泛使用,效果良好。

2. 实施信息化教学,推进课堂教学改革

开展教师分工合作的模块化教学,推行面向企业真实生产环境的任务式教学模式,广泛采用项目制、情景式教学。依托教学综合管理平台,完善信息化教学管理,不断提升教学管理质量。

开发网络课堂,建设智慧学习环境。利用智慧职教、"职教云"和"MOOC"学院等信息平台提升信息化教学水平,开展线上线下混合式教学,形成自主、泛在、个性化的学习方式,满足学生随时随地学习、沟通、答疑、解惑等各种需要。运用现代信息技术改进教学方式方法,完善化工虚拟仿真实训中心建设,对化工工艺的运行、操作、控制、典型案例等实施仿真教学,让"虚拟生产"走进课堂,推进虚拟工厂等网络学习空间建设和普遍应用。

基于职教云平台的智慧课堂教学模式,师生积极参与石油化工技术专业群教学资源的建设和使用,进一步完善模块课程和资源内容。依托国家开放大学教学

管理平台,积极承担国家开放大学化工类专业课程资源建设,为国家开放大学化工类专业提供教学资源服务,为全国同类院校师生、企业职工、社会人员提供学习平台。

(四)高质量建设实训基地,构建模块化实践教学体系

服务区域化工安全生产转型升级,对接 AHK(中国)化工专业装备教学标准,建设具备化工安全、基础技能、专项技能、虚拟仿真、综合技能、拓展技能实训 6 个功能模块的系统化实训教学条件体系,设置实训教学模块 55 个,建成既能满足日常教学需要又能满足区域企业职工培训需求的高层次技术技能人才实践基地。

1.高标准建设实验实训中心,提升情景化育人氛围

适应石化特殊工况要求,考虑未来化工企业生产趋势,新上流动化学实训平台;综合考虑功能区域、文化布置、安全环保、可视化管理,对现有实训中心进行整体布局,补充完善基础化学、分析检测、化工电气仪表、设备拆装、化工安全等实训室。对化工单元、化工过程控制等设备进行维护及维修,提升改造 PMMA 中试装置,为化工专业学生提供真实职场氛围的实践教学。依托实训基地建设参与 2 个"1+X"证书标准开发和师资培训,完成"1+X"证书考核人数 630 人次、职业技能鉴定 2 570 人次。完成新技术高技能职工培训和公益性培训 23 152 人次,对 260 名退役军人等特殊群体提供学历教育,为政府、行业企业提供技术咨询、项目评审等技术服务 27 次。

2.加大虚拟仿真技术应用,提升社会服务能力

根据模块化教学需要进行虚拟仿真网络运行平台建设,购置 3D 大型分析仪器仿真、3D 化工虚拟仿真实习工厂、石油化工自组态多工艺系统等多套仿真实训系统,打造开放共享的化工虚拟仿真实训中心。依托实训基地建设,承担省春季高考技能考试 9 次、省职业院校技能大赛 3 次、省双高引领师资培训 3 次,先后承办市、县、企业技能大赛 50 余次。

3.规范实践教学过程管理,提升人才培养质量

构建灵活多样,层次递进的模块化实践教学体系。依托教学综合管理平台,完善实践教学管理,加大过程性管理力度,确保实践教学的教学效果。充分发挥教师主导、学生主体作用,进一步培养和提高学生的职业实践技能。校企合作提升技能培训条件建设。为适应石化产业项目典型化、装置大型化、工艺复杂化、生产自动化、产品集群化的现状,新上芳烃联合炼化一体化连续式实训装置。

四、调整优化、培育培养,打造高水平教学创新团队

石油化工技术专业群对接化工产业的高端化、多元化、低碳化发展,推动团队优化、名师引领、素养提升,形成梯队化、结构化职业教育教师教学创新团队,以高

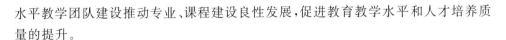

水平教学团队建设推动专业、课程建设良性发展,促进教育教学水平和人才培养质量的提升。

(一)调整优化教学团队结构,提升团队的整体战斗力

一是依据专业群结构调整重组内部构成,发挥顶层核心团队的作用,分类型构建结构化专业教学团队。二是完善人才梯队结构,引进培育一批专业带头人、骨干教师、技术技能大师,实现行业领军人才、大师名匠、博士等各类高层次人才的全覆盖,并不断优化专业教学团队的年龄、学历、职称、专兼等结构比例。

(二)完善运行机制、推动管理创新,创设良好的工作环境

一是完善校企人员双向流动机制,形成互兼、互派、互用的专兼教学团队。二是探索多样化的教学组织形态,以课程群为基础重组教学组织结构,成立 3 个教学部、1 个实训中心,按照教学需求设置课程组、项目组、工作室等分工协作、灵活弹性、适应性强的多样化教师组织形态。三是完善教师考核激励机制,将师德、师风纳入教师评价指标,全过程实施教师综合考核与教学质量评价。

(三)多元推进全员培训,推动教师综合素质的提升

一是将师德修养、工匠精神、岗位能力、信息技术等列入整体培训计划,线上与线下相结合、校本培训与校外研修相结合、理论培训与顶岗锻炼相结合,增强培训的针对性和实效性。二是搭建对外交流平台,依托 AHK 中德化工职业培训基地等开展教师技能培训,组织教师参加国境外研修、德国双元制职业培训、外资企业学习等,提升国际视野。55 名教师获德国双元制职业教育培训师资格(AEVO)、6名教师获得 AHK 考官证、16 人赴匈牙利研修学习。三是发挥教师职业技能大赛、教学能力大赛、青年教师讲课比赛等的引领作用。近 3 年,教师参加省级以上比赛获奖 19 项,指导学生参加省级以上技能大赛获奖 65 项,教师综合素养得到了极大提升。

五、技术研发与培训"双轮"驱动,打造技术服务平台

精准对接区域性国家战略山东省新旧动能转换重大工程"十强产业"——高端化工产业,校企共建技能服务平台,形成资源共享、课程共建、人才共育、技术共研、成果共享的创新型复合型技术技能人才培养机制。

(一)深化产教融合,校企共建产业学院

与山东国瓷功能材料股份有限公司联合成立国瓷新材料学院。在新型学徒制、现代学徒制、山东省新型功能材料公共实训基地、山东省高等学校应用技术优质协同创新中心等方面开展一系列战略合作,打造国内第一个新型功能材料领域

"政产教"融合技能人才培养基地,填补了我省新型功能材料行业职业教育的空白。建设国瓷新型功能材料实训基地,包括中试生产线 1 条、检测中心 1 个,企业先后投入设备价值 1 000 余万元。

(二)搭建"科教研创"平台,开展技术服务

依托山东艾特森环保科技有限公司共建的清石科技研发中心获批山东省高等学校应用技术优质协同创新中心,化工分析检测技术技能传承创新平台获批山东省职业教育技艺技能传承创新平台,校企共建消防安全培训中心,建成安全体验馆。近 3 年,通过平台建设,参与企业技术服务 27 人次,平台骨干成员主持完成省级课题 3 项、在研省级课题 3 项,荣获中国石油和化工教育教学成果一等奖 3 项,授权发明专利 1 项,入选教育部"2021 年产教融合校企合作典型案例"1 项。校企开展国家、省首批现代学徒制试点,培养省级现代学徒制专家 1 人,省级教学名师、首席技师 3 名,山东省高校"黄大年式"教师团队 1 个,累计培育学生 361 人。山东教育电视台以"现代学徒制的山东实践"为题对此进行了报道。

(三)对接产业发展需求,提升服务企业发展水平

石油化工技术专业群精准对接企业需求,主动服务、多措并举,积极开展对外服务和合作,切实提升高等职业学校服务发展、支撑发展的能力和水平。

1.搭建合作平台,深化校企合作

服务区域石化产业结构转型升级,以适应安全、绿色、智慧发展的需要,深化校企合作,高标准建设东营市化工产业实训基地、消防安全培训基地,校企共建共用清石科技研发中心省级平台和功能新材料生产实训基地,引入粉体材料连续生产性实训装置和分析检测仪器,实训功能日益完善。培训全国"1＋X"师资 130 人、企业职工 23 231 人次,成人学历教育 1 208 人。

2.合作开展技术服务,提升社会服务能力

清石科技研发中心提供的检测项目达到 5 大类 142 个,已经签订合同 228 份、完成检测报告 889 份,获山东省检验检测机构资质认定(CMA),获批山东省高等学校应用技术优质协同创新中心。4 名教师受聘应急管理安全专家,到县区提供安全技术服务。与企业开展科技攻关,获批专利 5 项。

3.打通"最后一公里",送技术服务到车间

石油化工技术专业群主动参加企业新技术高技能职工培训、公益性培训、转岗培训、再就业培训及技术技能提升培训,制订企业全流程模块化轮训方案,企业选择"模块"进行个性化培训定制,打通服务行企发展的"最后一公里"。近 3 年,开展职工培训和公益性培训 24 500 余人次、技术技能提升培训 1 440 人次,为行业企业提供技术咨询、项目评审等技术服务 27 次,参与企业技术研发并获批专利 5 项。

利华益集团股份有限公司是山东省地方石油化工重点技改企业,是山东企业

100 强、东营重点地炼企业。根据公司职工培训要求,石油化工技术专业群为其定做企业培训包 17 个,按照"优化教学团队、重构课堂结构、再造教学流程"的范式,与企业组班开展"双导师、双课堂"授课,2020 年 7—9 月,学院 20 名教师为该企业2 708 名职工提供培训模块 17 个,开展技能培训 136 学时,实现了送技术服务到车间,受到了企业领导员工的广泛好评。

六、推进国际合作交流,提高专业群的国际影响力

聚焦产业高端人才培养目标,将本土化的国际化标准校本化,制定专业教学标准,重构模块化课程体系,对外合作共建石油化工专业,不断提升国际影响力。

参与德国 AHK 职教标准开发 5 个,主编和参与编写德国 AHK 教材 8 部。借鉴 AHK 中德化工专业教学标准,系统构建包含通识教育模块、职业基础模块、职业岗位模块、职业素质与拓展模块、职业技能等级模块("1+X"证书)、毕业实践模块 6 个一级模块、70 个二级模块、285 个三级模块的模块化课程体系。借鉴德国双元制培训理念,对接高端化工典型工作岗位,适应模块化教学需要,对应化工安全、基础技能、专项技能、虚拟仿真、综合技能、拓展技能实训 6 个功能模块,开发 55 个实践教学项目模块并纳入课程标准。

创新创业品牌

东营职业学院明确建设"有特色、国际化、创业型"高等职业教育名校的办学目标,将创新创业教育作为适应国家创新驱动发展战略和区域经济社会发展需求、走内涵式发展之路,办出特色、争创一流的战略选择,建设了"三大平台",构建了"三个体系",实施了"三项融合"。"双向融合、三维互动的高等职业院校创新创业教育系统构建与实践"项目获国家级职业教育教学成果二等奖、省级职业教育教学成果特等奖;促进信息技术深度融入创新创业教育教学全过程,"大学生创新创业教育"课程获评国家精品在线开放课程,广泛应用线上与线下混合教学,促进自主、泛在、个性化学习。东营职业学院被评为"全国创新创业典型经验高校""全国高等职业院校创新创业教育工作先进单位""全国高等职业高专院校创新发明基地""全国众创空间协同创新中心"。在全国高等职业创新创业教育领域产生了重要影响,创新创业成为学校的品牌。

一、高校开展创新创业教育的重要意义

《国务院办公厅关于深化高等学校创新创业教育改革的实施意见》（国办发〔2015〕36号）提出，深化高等学校创新创业教育改革，是国家实施创新驱动发展战略、促进经济提质增效升级的迫切需要，是推进高等教育综合改革、促进高校毕业生更高质量创业就业的重要举措。创新是社会进步的灵魂，创业是推动经济社会发展、促进社会进步的动力源泉，深入推进"大众创业，万众创新"是国家实施创新驱动发展战略的重要支撑。大学生是"大众创业，万众创新"的生力军，创新创业教育是知识经济时代培养大学生创新精神和创造能力的需要，是社会和经济结构调整时期人才需求变化的要求，已经成为高等教育的重要组成部分。高等职业院校深化创新创业教育改革既是新时代赋予高等教育的崭新课题，又是国家实施创新驱动发展战略、促进经济提质增效升级的迫切需要，还是培养大学生创新精神、创业意识与创新创业能力和实践本领的重要途径，更是推进高等教育综合改革的重要举措。

在社会经济发展进入"新常态"的背景下，高校毕业生就业形势愈加严峻。在巨大的就业压力下，高等职业院校注重创新创业教育，培养学生将知识转化为创造性运用的能力，可以帮助学生改变就业思路，转变就业观念，开辟更多的就业渠道，强化创业意识，培养学生克服困难、承担风险的心理和意志，使学生从单纯的就业者成长为职业岗位的创造者，能更加自如地适应社会经济发展变化，实现创业带动就业，促进学生成长成才，从而实现毕业生高质量就业。

二、高校开展创新创业教育的理论与实践

创新创业教育越来越受到各国的重视，很多国家开设了相应的系统课程，组织了高端的研究队伍，并设立了鼓励奖项等。在国外，创业的早期概念主要有：Gartner认为创业的真谛主要体现创业者独特的个性和其创业结果这两个要素；华盛顿大学的VesPer教授则将其更精确地表述为"创业，即是商业进入，无论这种方式是通过创立新企业或是收购，无论这种类似的行为是偶然独立存在的还是蕴藏在现有企业内部结构中"；美国创业学领域的泰斗杰弗里·迪蒙斯在其著作《创业学》中将创业表述为"今天，创业已经超越了传统的创建企业的概念，而是把各种形式、各个阶段的公司和组织都包括进来，创业也能为所有的参与和利益相关者创造、提高和实现价值，或使价值再生。"他认为创业是一个创造、增长财富的动态过程，是发现和捕获机会从而创造出有新意的产品或服务进而实现其内在价值的过程。1991年1月，联合国教科文组织的亚太地区办事处在东京召开了教育革新与发展服务计划会议，较为深入地对创业教育是如何区别于创业活动这一内容进行了分析，同

时引申出广义和狭义的创业教育,它们是既相互联系又彼此独立的两个概念。

相比较而言,我国创业教育研究起步较晚,兴起于20世纪90年代末,在中国期刊全文数据库中出现的第一篇以大学生创业教育为主题的著述是杨宁公开发表于《高教探索》1999年第4期上的《创业教育:高校培养创新人才的有效途径》。

当大众将关注毕业生就业的目光投向创新创业教育时,有关大学生创新创业教育的研究取得了丰硕成果,各高校也开展了各具特色的大学生创新创业教育实践,国家也出台了众多支持大学生创新创业的政策。《国务院办公厅关于进一步支持大学生创新创业的指导意见》中明确提出,要"深化高校创新创业教育改革,健全课堂教学、自主学习、结合实践、指导帮扶、文化引领融为一体的高校创新创业教育体系,增强大学生的创新精神、创业意识和创新创业能力"。各高校不断整合校内外的丰富资源,改进教育方向,积极推动创新创业教育健康发展。越来越多的大学生投身创新创业实践,对提高高等教育质量、促进学生全面发展、推动毕业生创业就业发挥了重要作用。

对高等职业院校来说,当前创新创业教育还存在以下几个方面的问题:

(1)理念缺乏,形式单一。缺乏创新创业教育理念的正确引导,对创新创业教育的重要性、复杂性和实践性认识不足,学生的创新创业能力培养常流于形式。缺少创新创业教育质量评价评估标准,没有建立起相应的学生和教师的创业教育评价机制。绝大部分创新创业能力培养局限于辅导学生自主设计创办和经营企业等,通常以学校的创新创业大赛和创业讲座等形式进行,忽视了对学生创业意识、创新精神和创业能力的综合培养。

(2)师资不足,资源匮乏。创新创业教育是理论、实践紧密融合的教学模式,但讲授创新创业教育课程的大多是从事经济、管理教学工作或者是负责指导学生就业工作的教师,普遍没有创业的经历,缺少企业经营和管理经验,缺乏创业实践经验和创业精神。创新创业课程体系不完善,课程资源较少,教材匮乏,可利用的企业和社会资源有限,与学生对创业课程的要求相差甚远。没有完善的创新创业教育实践平台,学生缺乏创新创业的实践性锻炼机会,不能真正培养学生的创新意识、创业精神和创业能力。

(3)政策和平台支持落实不到位。基础设施薄弱,创新创业教育资金投入不够,创新创业教育平台建设严重不足。政府及相关教育部门对学生创业的优惠政策落实不到位,大部分学校靠自谋自筹,所以不能将创新创业教育全方位融入整个育人体系中。

(4)创新创业教育与专业教育融合度低。创新创业教育没有融入整个人才培养体系,学校创新创业教育与区域产业转型升级契合度低,学校创新创业教育封闭化,教学资源孤岛化,创新创业教学缺乏系统设计,教学内容单一贫乏、形式单调、评价单一等。

三、东营职业学院创新创业教育改革发展路径

东营职业学院坚持创新引领创业、创业带动就业，支持在校大学生提升创新创业能力，支持毕业生创业就业，走出了一条创新创业教育特色发展之路。学校将创新创业教育纳入教学主渠道，贯穿人才培养全过程，着力增强和提高全体学生的创新意识、创业精神和创业能力，不断推动大学生创新创业教育与大学生职业发展、与就业指导有机结合，进而促进大学生全面发展，实现大学生更加充分更高质量就业的职业教育目标。

学校高起点谋划创新创业教育工作，主动把创新创业教育纳入学校改革发展事业的全局中，将创新创业教育立项为"国家骨干校""山东省优质校"和"双高计划"建设的特色项目之一。进入"双高计划"建设新的发展阶段，学校积极探索以创新创业为导向的人才培养模式改革，形成了在全国高校可复制、可推广的创新创业教育体制机制，探索建立了通用共享的创新创业课程体系和教学资源体系，全链式创新创业教育生态系统和"创"文化育人特色进一步彰显，学生的创新精神、创业意识和创业能力明显增强，投身创新创业实践的学生明显增加，服务经济社会发展的能力显著提高，为促进区域经济社会发展提供了大量创新型技术技能人才。

（一）创新工作体制机制

（1）加强组织领导。实施创新创业教育"一把手工程"，成立由主要领导挂帅的创新创业教育领导小组，对创新创业教育进行顶层设计、指导、协调和督促检查。建立就业、创业、教学、学工、团委、二级学院等部门齐抓共管的创新创业教育联席会议制度，将创新创业教育纳入学校四级管理目标考核的重要指标。

（2）建立制度体系。制定包括创新创业教育运行制度、创新创业教学管理制度、创业孵化基地管理制度、大学生创业项目管理制度在内的规章制度 20 余项，营造了良好的创新创业教育生态系统。

（3）保障支持经费。将创新创业教育经费纳入年度预算，年均专项基础经费超过 100 万元。2014 年以来，学校作为"山东省大学生创业孵化示范基地""山东省文化产业'金种子'计划试点孵化器""山东省省级示范创业大学"，获省、市两级财政专项资金 1 000 余万元，全部用于创新创业教育工作。

（4）构建服务网络。成立创业学院，由分管教学的校领导兼任院长，全校凡涉及创新创业教育的管理职能全部由创业学院统筹。创业学院下设创业基础教研室、创业实训教研室、创业大赛教研室、创业服务教研室、创业教育研究所、创业教育资源管理中心和创业基金管理中心"四室一所两中心"，7 个机构负责人全部由骨干教师担任。各二级学院全部成立创业指导办公室，学生会设立就业创业部，每个教学班配备就业创业委员，形成全覆盖创新创业教育管理服务网络。

（二）构建全要素创新创业教育体系

建设"三大平台"，构建"三个体系"，实施"三项融合"，打造具有鲜明区域特色、高等职业特色的全要素创新创业教育特色品牌，建立起了融课堂教学、动手实践、自主探索、指导帮扶、文化引领为一体，科学规范、系统高效、与创业型高等职业名校发展相适应的具有高等职业特点、学校特色的创新创业教育体系。

1. 建设创新创业学院、就业创业服务中心、创业孵化基地"三大平台"

（1）创业基础教学平台——创新创业学院。中共东营市委机构编制委员会办公室批复学校成立独立的创新创业学院，组建专人团队，负责大学生创新创业教育教学管理、创业实训基地和孵化基地建设、创新创业项目管理等工作，高标准配套公共创业教育教学和服务设施，不断提升创新创业教育管理服务水平。创新创业学院下设创新创业教学部，二级学院成立创新创业指导办公室，学生会设立创新创业部，每个教学班配备就业创业委员，形成全覆盖的创新创业教育管理服务网络。建设了创新创业教育研究中心，负责学校创新及创业课程管理与实施、开展创新及创业理论研究、校园科技创意文化活动的组织与策划、各级科技创意赛事的参赛组织及创业大赛等活动的组织与策划。

修订出台了《创新创业学分置换实施细则》《创新创业大赛经费支持及奖励办法》《创新创业奖学金管理试行办法》《创新创业基金管理办法》《入驻孵化基地创业项目管理办法》《创新创业教育改革实施方案》等包括创新创业教育运行制度、创新创业教学管理制度、大学生创新创业项目管理制度、创业孵化基地管理制度在内的管理制度和规章21项，建立了完善的创新创业教育制度保障体系，形成了良好的创新创业工作生态系统。

（2）创业实训指导平台——就业创业服务中心。学校注重构建"实训＋技能＋研发＋生产"教学实践平台，与企业合作共同建设了 12 000 m² 的大学生创业服务中心，高标准建设国际化智能创新创业教育平台、"金种子"文化产业孵化器、虚拟仿真创业对战演练实训室、大数据创新创业孵化器、智能制造协同创新基地、新青年电商创新创业基地等创新创业教学实训平台和工业机器人、无人机、3D 打印等众创空间，有效优化了学生创新创业实训环境。围绕石油石化产业建立石化科技创新孵化器，围绕人工智能建设 AI 智能创新孵化器，围绕文化和旅游产业建设文旅创新孵化器，与阿里巴巴等知名企业合作，建设了全国大学生电子商务创业示范基地。

创新创业需要的专业知识领域较广、技能综合性较强，创业服务中心的建设使学校将各方实践资源进一步整合，更加合理地利用与调配资源，使教育教学更加贴近实践，学生在实践中拓展专业领域，在实践中培养兴趣，在实践中萌发创意，在具体的工作流程中培养创新精神和实践创新能力。

（3）创业行动支持平台——创业孵化基地。丰富完善 3 500 m² 的大学生创业孵化基地服务能力,配套了公共创业教育教学和服务设施,依托一流高水平专业群建设,积极推动各类研究基地、实验室、仪器设备等教学资源向创新创业学生开放,建设兼具科技攻关、智库咨询、英才培养、创新创业功能的综合性"科教研创"平台。建立健全创新创业指导服务机构和信息服务平台,在融资、工商注册、税务登记、风险评估、法律保护、创业基金审批等方面为师生提供政策咨询和指导等服务。

认真落实《东营职业学院大学生创业基金管理办法》《东营职业学院科技成果转移转化管理办法》《东营职业学院学生技能竞赛经费支持及奖励办法》《东营职业学院校长奖学金管理试行办法》,对参与创新创业教育及活动的师生予以政策及经费支持。

2.构建创业教育课程体系、创业教育评价体系、创业项目输出体系"三个体系"

(1)创业教育课程体系。创新创业教育以培养学生的创新精神和创业能力为目标,必须贯穿教学的始终,学校结合职业教育及高等职业学生的特点,构建了以创业为导向、以能力为中心的创新创业课程体系。创新创业教育按照从易到难、循序渐进的育人规律设置课程,将课程安排为"创业通识类""专业创业类""创业深化类"3个层次,将其贯穿新生入学阶段、职业生涯规划阶段、毕业指导与服务阶段等整个学习过程中,实现了创新创业教育的普及性。

建设"点线面"融合递进的"导引课程+成长课程+项目课程"三步课程,设计自选式学习菜单,学生跨专业、年级、班级选学,实现了梯次化培养、个性化学习。面向所有学生开设"大学生创业基础""大学生创业实训"2门导引课程,4个学分、64学时,列入必修课和指定选修课;面向所有专业开设"创新方法""创业文化""创业实战""精益创业""网络创业""创业机会识别""中小企业创业实务""创业项目运作与管理""创业资本与企业成长""创业融资与风险投资"等创新创业成长课程,列入公共选修课;把创新创业教育融入各专业人才培养方案,开发创新创业项目课程,所有课程植入创新创业元素,建立起3个年级、6个学期、全学程创新创业课程体系,真正实现创新创业教育与专业教育的深度融合与对接。

构建链式拓展的"专业学训+项目学做+企业学创"三阶课堂。一是利用自主开发的"创业总动员"3D仿真模拟系统和各专业建设的"众创空间"平台,学训一体,开展创新创业推演式教学,唤醒创新意识、激发创业精神,营造浓厚的"创"文化氛围。二是利用大学生创业孵化基地创业路演室、创业沙龙等项目学做平台,广泛开展"创业项目路演季""创客大智汇"等项目化教学活动,集合学生创意,形成创新创业项目资源库。三是依托校企共建的东营青年科技创业苗圃、东营西郊青年创业产业园等系列企业学创平台,开展实践性教学、实境化育人,引导学生在创业企业的真实环境中投身实践,提升创业实战能力。一、二、三阶课堂贯通,采用头脑风暴、小组讨论、案例分析、角色扮演、项目模拟等参与式教学法,深受学生欢迎,产生了创新创业课特有的下课前学生要求"再上十分钟"的现象。

（2）创业教育评价体系。推进成长激励导向的"课堂绩效＋素质拓展＋实践成果"三元评价，态度、过程、结果多向度耦合。课堂绩效评价利用信息化教学软件，在课堂投入度、课堂参与度等方面随时生成即时性评价，学生借助扫码进入学习系统随时随地开展在线学习，授课教师关注在线作业完成、课堂互动记录等情况，通过数据分析跟踪督导学生的学习进度及学习状况，实现评价记录随堂化、动态化；素质拓展评价打破时空限制，通过对学生参与大赛、社团、创业沙龙等第二课堂活动的贡献度、活力值等进行评价，提升学生的创业素养，激发学生的内在创造潜力；实践成果评价通过引入"行企校"多元评价主体，将学生专利获取、大赛成绩、自主创业、创业项目的成长性等实践成果折算成学分，提升学生的创新创业学习兴趣和学习自信心。学生可以边学习边创业，学校鼓励在校生注册公司，支持学生保留学籍休学创业，并以新媒体技术为支撑，建立了泛在式、全要素激励机制。

（3）创业项目输出体系。学校加强创新创业教育师资队伍建设，选拔理论素养高、实践能力强且有创新意识的教师参与创新创业教育。鼓励有创新创业潜质的教师积极参与创新创业教育的各种学术交流活动，开阔视野，增长见识，进一步提升师资队伍的创新创业教育水平。积极吸纳各行各业的成功人士，如有创业经验的发明家创业者、企业家、科技专家及相关领域的政府官员等参与学校的创新创业教育，聘请他们兼职承担创新创业教育任务，丰富充实创新创业教育师资队伍。实施"双百"导师队伍建设工程，校内培育创新创业教师团队100人，校外聘请创新创业导师团队100人。通过师资培训、企业挂职锻炼等方式不断提高教师素质，创新创业教学团队获评山东省"黄大年式"教师团队、省级职业教育名师工作室。实施"1＋1对1"工程，即1名校内导师和1名校外导师共同培育指导1个创新创业团队，孵化大学生创意创业项目70个。

注重教学研究，开发了"创新创业""创业人生"等尔雅课程，编辑出版了《创新与创业概论》等20余部创新创业类专著与教材，立项多项省级以上课题，"双向融合、三维互动的高等职业院校创新创业教育系统构建与实践"项目获国家级职业教育教学成果二等奖、省级职业教育教学成果特等奖；促进信息技术深度融入创新创业教育教学全过程，"大学生创新创业教育"课程获评国家精品在线开放课程，广泛应用线上与线下混合教学，促进自主、泛在、个性化学习。

强化"学训赛创"，教学与赛场紧密对接，赛课结合，以赛促学，以赛促创。认真组织中国"互联网＋"大学生创新创业大赛等国内外高校知名赛事和创新创业大赛精英训练营活动——"青年红色筑梦之旅"，着力培养学生的创新意识、实践能力和奋斗精神，促进创新创业教育与思想政治教育深度融合。近3年，组织大赛训练营11期，建立了大赛种子项目库，入库项目70余个。创新创业大赛成绩斐然，2019年国家级赛事获奖8项、省级赛事获奖14项，2020年国家级赛事获奖20项、省级赛事获奖27项，2021年省级赛事获奖37项。

典型案例 一

东营裕登生物科技有限公司为"师生共创"项目,2019 年 10 月注册成立公司,11 月注册"米芽康"商标。经过 3 年的不懈努力,成功研发出臻米机和发芽米机,这两项技术填补了国内空白,并衍生出发芽米系列产品,如发芽米、发芽米馒头、发芽米面条等,让发芽米不再是高端保健食品,而是成为可以普及推广的主食。在东营职业学院创新创业学院及各部门的大力帮扶及精心培育下,公司业务得到了拓展,迅速成长并步入正轨。2020 年 3 月在垦利区高盖村建立加工厂,4 月家用发芽米机测试成功,6 月量产型臻米机设计成功、"米芽康"商标公示、发芽米机专利获批,同时发芽米馒头配方研发成功。2020 年 7 月,发芽米产品在微信商城上线,并在线下与 10 家合作门店团购站点签订协议,开始探索运行。2021 年 5 月,与本市中心医院食堂建立合作,推广产品。目前,公司致力于打通原材料、加工厂、技术持有者、渠道商四者之间的融通渠道,通过大学生创新创业解决高校农业类科技成果转化及乡村精准帮扶问题。

典型案例 二

探寻新农(山东)农业开发有限公司由"全国大学生返乡创业 10 强"之一的王俊达创办,成立于 2019 年 11 月 27 日,注册地位于东营职业学院大学生创业孵化基地。新农人社区(东营区史口镇)项目总占地面积 330 亩,规划建设了农业云生态大数据调控平台、新农人示范基地、新农人孵化中心、新农人服务中心四大载体,联合农业农村部规划院、高校、专业机构共同管理运营,服务辐射 60 平方千米东营市市级美丽乡村示范片区区域。已成功孵化新农人创业主体 15 个,服务 121 个新农人团队,吸纳 300～500 人就业,年拉动区域收入 5 000 万元以上,带动农户就业 1 500～2 000 人,承担中青年干部研修班 26 次,开展乡村营造活动 47 次,为村集体与农场主引流 2 800 人次。通过东营职业学院创新创业学院及各部门的大力帮扶及精心培育,已经成长为区域农业整合服务载体,总体定位为区域资源交互中心、项目孵化平台、文化振兴阵地、人才培养基地、产业培育载体、城乡交流中枢,可以进行专项化和定制化的输出服务。

典型案例 三

"本草留香"是以东营职业学院研发的耐盐中草药核心技术为支撑的大学生创业项目,致力于中草药产品研发、技术推广,成功探索了林药间作中草药综合开发复合型经济增收新模式,研发了耐盐中草药优良品种筛选、盐碱地栽培管理、产品加工等一系列核心技术。依托山东省中草药产业技术体系东营试验站等"科教研创"载体,打造"专业教育＋劳动教育"创新创业型技术技能人才培养模式,培养创新型人才 800 余人。立足省教育厅科技扶贫项目,创建"科研＋基地＋农户＋专业社"科技精准扶贫新模式,建立了"中草药公益扶贫网"平台,建成线上与线下相融合的精准扶贫网格化布局和科技扶贫新模式。项目面向药农举办中草药种植技术培训 30 余期,培训 2 623 人次,到药田诊断及指导 131 场次。培养扶持农业合作企业 30 家,培育新型职业药农 560 人;辐射周边 9 个县区 2 000 多户药农。2020 年中草药广域化种植 18 万亩,产值超过 4 亿元。2020 年 6 月项目成果登上了"学习强国"和"今日头条"。

3. 实施创新创业教育与专业教育相融合、与学生社团活动相融合、与"创"文化品牌构建相融合"三项融合"

(1) 创新创业教育与专业教育相融合。学校明确提出了"工匠精神与创客精神相结合""精湛技艺与创新本领相结合"的创新创业型技术技能人才培养理念,将"双创"教育纳入全校各专业人才培养整体方案,实现了创新创业教育与专业教育的全维度融合与无缝对接。校企合作共建校外创新创业实践教学基地 22 个,依托专业建设大学生创新创业团队,创新企业教育与专业教育相融合的深度与广度不断发展。结合"1＋X"证书制度试点工作,建立创新创业能力评价标准,鼓励学生积极取得创新创业能力证书,拓展就业创业本领。

(2) 创新创业教育与学生社团活动相融合。成立创新创业学院团总支,加强团组织对大学生创新创业的领导,大学生创新创业联盟每年组织创新创业项目路演、创业沙龙活动等近百场次,大学生孵化基地团支部获评"全国五四红旗团支部""全国活力团支部","大学生创新创业联盟"被评为"全国百优社团"。学校加强对大学生创业骨干的培养,组织大学生创业骨干赴江苏、天津、北京、济南、青岛等地考察学习、拓展素质,同时组织夏令营、创业沙龙、创新创业大讲堂等活动,参与学生 3 000 余人,有效提升了广大学生的创业精神和创业能力。

(3) 创新创业教育与"创"文化品牌构建相融合。以"创"文化统领学校整体文化建设,充分利用媒体融合技术,加强创新创业网络信息文化建设和传播,加强创新创业成果交流,实现教学创新、管理创效、服务创优,全面提高学生的人文素养、团队意识和以"工匠精神"为核心的职业精神,培育"创意、创新、创造、创业、创优、创效"的"创"文化品牌,形成了"来东职,一起创""圆梦想,创未来"的文化氛围。

学校面向区域创新创业青年群体和联盟学校建立起了共同行动机制,构建创新创业学生骨干的服务性联盟机构。联盟成员协同开展创业导师选育、创业政策和信息咨询服务、项目指导、创业孵化等,拉长了大学生创新创业服务支持链条。

(三) 创新创业教育成效显著

学校是联合国教科文组织中国创业教育联盟理事单位、全国高等职业院校创新创业教育联盟副理事长单位,被评为"全国创新创业典型经验高校""全国众创空间协同创新中心"。全国 23 个省区 520 所院校到校参观考察,大学生创新创业工作经验在"全国校联会年会""教育部创新创业教指委案例展""献礼建党100周年——全国高校创新创业成果展""全国职业教育活动周""全国高等学校毕业就业创业研讨会"等会议、展览上推广18次。中央电视台、中国教育电视台、中国青年报等主流媒体对学校进行了宣传报道,在全国高校创新创业教育领域产生了重要影响。

广大学生的创新意识、创业精神、创造能力显著提高,学生的职业竞争力显著增强,在校生的创新创业活动参与率在30％以上。近3年,毕业生就业率保持在96％以上,10多名毕业生被中国工程物理研究院录用,毕业生创办注册企业150余家。参加各级各类"双创"大赛获省级以上奖项近百项。创业先锋王海亮、董传盟、李肖肖、高深圳、李开创等获评"山东省十大创业之星""山东省优秀创业者",带动百余名大学生就业。优秀创业者王俊达被评为"全国大学生返乡创业10强"。对2020届毕业生就业质量跟踪调查分析发现,毕业生对母校的总体满意度达97.1％,2021年供需见面会对用人单位的调查显示,用人单位对学校人才培养的满意度达97％。

人工智能亮点

东营职业学院将人工智能专业建设与人工智能人才培养、人工智能赋能传统专业、人工智能服务区域和产业发展结合,努力打造电子信息技术技能人才培养高地和技术技能创新服务平台。引进全国最大的职业教育集团达内时代科技集团优质资源作为依托,校企共建东营职业学院人工智能学院,同时成立黄河三角洲人工智能创新研究院,成立全国人工智能职业教育集团,打造人工智能职教新高地。学校与京东集团联合打造了京东教育研究院华东分院暨京东(东营)国际产教融合创新中心,共建"一院一中心",打造校企命运共同体。学校是教育部确定的"AI＋智慧学习"共建人工智能学院项目试点学校,建设技术传承创新平台2个,联合攻关"智能物联网关键技术",完成国家重点研发计划子课题1项,入选ARM(中国)嵌入式人工智能应用技术示范基地。

一、人工智能学院成立背景

(一)国家、地方支持人工智能发展的相关政策

1.国家高度重视以人工智能为代表的战略新兴产业的发展

国务院发布的《"十三五"国家战略性新兴产业发展规划》中指出,发展人工智

能,推动基础理论研究和核心技术开发,实现类人神经计算芯片、智能机器人和智能应用系统的产业化,将人工智能新技术嵌入各领域。构建人工智能公共服务平台和向社会开放的骨干企业研发服务平台。建立健全人工智能"双创"支撑服务体系。

国务院发布的《新一代人工智能发展规划》中提到,到 2025 年,人工智能基础理论实现重大突破,部分技术与应用达到世界领先水平,人工智能成为我国产业升级和经济转型的主要动力,智能社会建设取得积极进展;到 2030 年,人工智能理论、技术与应用总体达到世界领先水平,成为世界主要的人工智能创新中心。

2.山东大力推进"现代优势产业集群＋人工智能"

以提高人工智能产业有效供给能力为根本支撑,以现代优势产业集群与人工智能良性互动、融合创新、协同发展为主攻方向,在质量变革、效率变革、动力变革中发挥人工智能作用,推动新兴产业集群快成长、上规模,促进传统产业集群提层次、强实力,为实现经济高质量发展注入新动能、贡献新智慧。

到 2022 年,全省初步建成人工智能产业生态链,部分关键技术达到国内领先水平,培育形成一批拳头产品、特色创新型企业和标志性产业集群,成为全国重要的人工智能产业集聚地;人工智能与"十强"现代优势产业集群加快融合,形成一批应用解决方案,打造一批创新平台,人工智能对现代优势产业集群发展的支撑渗透能力显著增强;基于人工智能与产业融合的新业态、新模式加快发展,智能化生产、网络化协同、个性化定制、服务化延伸等得到更加广泛的应用,智能经济成为新的重要经济增长点。

到 2025 年,全省人工智能产业发展水平进入全国先进行列,部分技术达到国际先进水平;人工智能与"十强"现代优势产业集群更加紧密,新业态、新模式大规模推广应用,"十强"现代优势产业集群发展质量和效益大幅提升,成为全国一流乃至世界有重要影响的产业集群。

（二）人工智能行业人才供求现状

据《中国新一代人工智能科技产业发展报告（2019）》统计,中国的人工智能企业主要分布在北京市、广东省、上海市和浙江省,2018 年全球人工智能领域专利申请量达到 13 万余件。中国是人工智能专利布局最多的国家。中国、美国、日本相关专利累计占比超过全球的 80%。美国在基础层拥有专利控制力,技术层则呈现中美双寡头竞争格局,应用层中国专利占比领先。从专利布局的技术领域看,技术研发的热点领域为基础层的智能芯片和智能传感器、技术层的语音识别和机器视觉、应用层的智能驾驶;从人工智能企业的核心技术分布看,大数据和云计算占比最高,其次是机器学习和推荐、语音识别和自然语言处理、人脸和步态及表情识别。同时,排在前列的还有硬件、服务机器人、工业机器人和图形图像识别技术。

2019 年 4 月,人力资源和社会保障部、市场监督管理总局、统计局正式向社会发布了人工智能工程技术人员、物联网工程技术人员、大数据工程技术人员、云计算工程技术人员、数字化管理师、建筑信息模型技术员、电子竞技运营师、电子竞技员、无人机驾驶员、农业经理人、物联网安装调试员、工业机器人系统操作员、工业机器人系统运维员 13 个新职业的信息。这是自《中华人民共和国职业分类大典》2015 年版颁布以来发布的首批新职业。人力资源和社会保障部组织职业分类专家,严格按照新职业评审标准和程序,从有关申报单位提交的新职业建议中评选出新职业,经公示广泛征求社会各界意见后确定。

在新一轮的人才竞争中,人工智能产业人才的流动趋势反映了当前各方的吸引力及未来的发展趋势。从人工智能产业人才迁徙的角度分析当前人才的流动,主要有两种趋势:一种是行业间的人才迁徙,另一种是区域间的人才迁徙。两种人才流动模式共同构成了当前我国人工智能产业的竞争格局。受薪酬待遇、平台晋升等因素影响,行业间人才迁徙尤为明显:一方面是传统信息技术人才快速向人工智能领域迁徙,这些传统信息技术人才拥有基础能力,但仍然需要不断学习相关技能才能达到人工智能岗位的要求;另一方面是人工智能与传统行业之间的相互迁徙,人工智能企业缺乏产业经验,而传统企业缺乏技术积淀,这导致人工智能与传统行业间的人才出现了明显的双向交流趋势。

受产业集聚程度、政策吸引力度、城市生活环境等因素影响,区域间的人工智能产业人才流动明显。尽管目前北京、上海、杭州、深圳和广州仍然是人工智能产业的人才高地,但随着人工智能行业应用的不断下沉,人工智能产业人才间的区域流动性仍会不断加强。

从需求端来看,在数字化、智能化的转型压力之下,对人工智能产业人才的需求已经发展到高关注、高需求阶段:一是作为技术提供方的新兴的人工智能企业,亟须人才提升自身的技术竞争力;二是作为产业需求方的传统行业的各类企业,需要"拥抱人工智能浪潮"以应对产业升级转型。国家统计局的数据显示,2018 年从事信息传输、软件和信息技术服务相关工作的约有 430.5 万人,该数据仅显示了从事信息服务基础产业的就业人员,如果将在传统产业从事数字化、智能化的人员考虑进来,该需求将达到千万级别。

从人才供给端来看,当前供给来源主要有两类:一类是院校人才培养,现阶段人工智能领域涉及的专业包括计算机科学与技术、智能科学与技术、自动化、软件工程、电子信息工程、通信工程、统计学与应用数学等;另一类行业人才存量积累,主要是传统电子信息、软件服务、移动互联网等领域的技术人员通过学习与积累逐渐向人工智能领域转换。尽管我国拥有世界上规模最大的工程教育,但真正开设人工智能专业的院校不足 2%,行业内部自发的人才培养还没有成体系发展,可以判断现阶段我国院校端和产业端的高质量人才供给水平仍然很低。

综上,当前我国人工智能产业的人才供需现状主要呈现三大特点:一是人工智

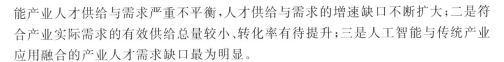

能产业人才供给与需求严重不平衡,人才供给与需求的增速缺口不断扩大;二是符合产业实际需求的有效供给总量较小、转化率有待提升;三是人工智能与传统产业应用融合的产业人才需求缺口最为明显。

（三）人工智能发展对职业教育的影响

人工智能的发展必将对职业产生极大影响。在人工智能时代,原有的大量职业与岗位会借助人工智能进行升级、细分与改造。BBC新闻报道,研究表明,英国现有35％的职业在未来20年内将被机器人取代。为满足人工智能发展对职业人才的新要求,在进行职业人才培养时要将职业教育和未来职业发展趋势相结合,加强创新创业教育,重点培养学生的实践能力和创新能力,除了要培养学生的相关技能外,还要拓展学生的视野,提高学生的综合能力。要培养学生的综合能力就要求学校改变传统的教学观念,在教学内容、教学形式、教学评估等方面进行改革。

1.人工智能发展拉高等职业教育人才培养规格

人工智能的发展促进了社会生产、生活的变化,也拉高了职业教育人才培养的规格。在人工智能时代,人才规格的提高主要体现在以下3个方面:

第一,传统职业教育的知识容量和知识体系要做出一系列调整。这种调整主要从两方面切入:一是传统上给学生讲解、传授的知识要与时俱进,不断更新,适应现代化和人工智能发展的需求;二是接受职业教育的学生最好要掌握一点与人工智能相关的知识,比如最基本的编程、脚本语言等。今后人工智能必将深度参与我们的生产生活中,学会人工智能基本的编程就能将一些工作交给自己的智能助手去完成。

第二,人工智能时代对工业时代的替代。这种替代对职业技能的需求也相应地发生新旧交替。未来传统的制造业、服务业必将被人工智能改造升级,与之相适应的职业会被保留、整合、改造。人工智能的发展也将促进新兴产业的出现和发展,比如大数据、智慧城市、物联网等,与之相适应的职业技能将被嵌入职业技能系统框架中。

第三,人工智能时代要求从业者比以往更具创新精神、合作精神。首先是人工智能时代生产方式的变化,新的生产方式在生产流程再造、价值链重组等方面将与以往有较大差别,将来的产业必定是以知识密集型产业为核心的,这就要求从业者不仅要掌握与之相关的科学文化知识,还要不断学习,不断创新。

2.人工智能发展改变职业教育人才培养模式

现代世界主流的教育模式来源于普鲁士的班级授课制。这种教育模式产生的时代背景是第一次工业革命在欧洲的兴起和发展。班级授课制人才培养模式的优点有:一是可以在较短时间内大量培养人才,效率较高;二是降低了教育成本,使普通人也有机会接受教育,提高了教育普及率。但是这种教育模式有一个非常显著的弊端,就是忽视了个体的发展,无法平衡个性与共性之间的关系。人工智能的发展能够改变传统职业教育人才培养模式轻个性、重共性的问题。首先，人工智能能够提高教学质量，通过数据分析决定该职业课程的教学内容和评估方法；其次，人工智能促进了"教师"向"导师"身份的转变，人工智能能够实现对学生的贴身服务，打破了传统职业教育模式的时间和空间限制。

在未来的职业教育模式下，工业领域中实践教学的内容和比例将发生变化。未来社会工业领域将实现完全自动化，机械臂会得到更加广泛的应用而实践教学也由之前的自身实践变成机械臂的操作实践教学，因此关于人工智能的相关知识将会成为未来职业技能课程的重点。

3. 人工智能发展变革职业教育人才培养体系

为了适应未来人工智能时代的发展要求，需要对现有的职业教育人才体系做出相应的变革，主要包括以下方面：

（1）教学内容。人工智能时代机械、简单、重复的工作都由机器人或机械手臂完成。人们如果没有创新精神和创新能力就很难得到工作机会，所以在教学过程中要减少死记硬背的内容，着重训练学生创造性解决问题的能力。关于人工智能的相关课程要成为学生的必修课，使学生掌握最基本的与人工智能相关的知识。

（2）教学形式和教学组织。在传统教学活动中，一般都是教师在讲台上一板一眼地讲课，学生趴在桌子上一页一页地做笔记。新兴的教学形式要摒弃这种"说教式"的上课，倡导平等的师生关系。学生与教师之间、学生与学生之间多交流、多沟通。运用人工智能这一教学手段可以更好地指导学生的学习。当然，将智能设备引入教学活动中可能会导致学生成为"低头族"，和机器交流多了，和同学、教师交流就少了。所以在教学组织方面要鼓励学生多发言、多讨论、多协作，培养学生的多元独立思考能力、多元价值观念、同理心等。

（3）教学评估。传统的教学评估主要是通过考试手段完成的，考试有固定的试卷、固定的答案，这种教学评估虽然有效率，但是比较刻板。不能客观显示出学生的真实水平，尤其是对于接受职业教育的学生来说，传统的考试并不是最好的选择。在人工智能时代，我们可以借助人工智能通过分析每个学生的数据综合考察学生的学习情况。教学评价不仅仅是在学期期末进行，而是伴随着整个教学过程。

（四）全国高校人工智能专业建设情况

2017 年 7 月国务院发布《新一代人工智能发展规划》之前为个别尝试，仅有 3 所高校进行了探索，北京、上海、广州各 1 所，在机构命名上存在"智能工程"或"人工智能技术"的差异。2018 年 4 月，教育部出台《高等学校人工智能创新行动计划》之前，为继续探索阶段，拓展到陕西、重庆、江苏等地的 8 所高校，新建机构的名称统一为"人工智能"学院或研究院。2018 年 7 月，伴随着 28 所地方本科与高等职业院校入选教育部"'AI＋智慧学习'共建人工智能学院项目试点学校名单"，人工智能专业进入批量建设阶段。2019 年 7 月，全国又有 11 所高校入选教育部"'AI

＋智慧学习'共建人工智能学院项目试点学校名单",8月教育部专家在湖南长沙对首批人工智能学院项目建设高校进行了中期巡检和指导。截至2019年9月中旬,我国已有43所高校宣布成立人工智能学院或研究院。自此,人工智能教育在我国高校蓬勃发展。从契机来看,长周期的科研投入与跨学科的专家合作意味着高校在人工智能领域的引擎作用不可替代。与其他国家相比,我国的政策推进更为系统,从国务院的宏观战略到教育部的行动计划,再到批量建设的入选名单,层层落实把关。国内高校的主动性与行动力更是惊人,短时间内已初具规模,覆盖多个省市及各种类型的高校,并带来了高校内部新建学院或研究院这样涉及经费预算、人员编制、招生计划、校园基建等的实质变化。

从挑战来看,目前的布局存在地区差异,交叉学科建设相对薄弱,企业与地方参与共建的积极性也未充分调动。把人工智能相关的科研投入与人才培养落到实处还较弱。

(五)东营职业学院人工智能学院建设情况

东营职业学院人工智能学院围绕国家新一代人工智能发展规划总体部署和山东省新旧动能转换"十强"产业需求,结合东营市区域产业特色,以学校电子信息与传媒学院师资引进全国最大的职业教育集团——达内时代科技集团优质资源为依托,以新一代人工智能应用基础理论与核心算法创新作为驱动力,于2018年7月申报教育部学校规划建设发展中心"AI＋智慧学习"共建人工智能学院项目。

2019年5月6日,我校与达内集团共建人工智能学院揭牌成立。东营职业学院引进达内时代科技集团优质资源,合作成立产业学院,并且通过了教育部学校规划建设发展中心组织的专家远程视频论证,获得了文件批复。达内时代科技集团是目前中国最大的高端软件人才培训机构,美国纳斯达克上市企业,具有雄厚的技术资源和人才资源。东营职业学院发起成立黄河三角洲人工智能创新研究院,是学校服务区域产业发展、服务新旧动能转换的重要举措,是招才引智、合作办学、机制创新、服务产业的重要成果。学校制定了人工智能学院的"三大任务",即"专业建设人工智能人才培养、人工智能赋能传统专业、人工智能服务区域发展和产业结合",为实现"三大任务",学校积极统筹教学,协调人力,划拨专门的建设场地。人工智能学院以软件技术专业、物联网应用技术专业为主体,围绕教育教学、教材研发、技术创新,赋能传统专业开展各项活动。

二、人工智能教育成效显著

东营职业学院在人工智能专业建设方面已经走在了全国前列,致力于服务国家战略、融入区域发展、促进产业升级,聚焦"中国特色"和"高水平"两大定位,努力打造电子信息技术技能人才培养高地和技术技能创新服务平台。

（一）校企共建产业学院，培育人工智能新亮点

东营职业学院成立至今，以党建为引领，坚持立德树人，面向黄蓝经济区新一代信息技术产业，服务山东新旧动能转换取得成效。牵头成立了全国人工智能职业教育集团，新增人工智能技术应用专业，建成京东（东营）国际产教融合创新中心、石油装备工业互联网应用技术传承创新平台，举办人工智能师资培训班、增材制造培训班，推动"智能＋"赋能区域产业转型升级。建设在线精品课程，开发新形态教材，实施了混合式教学模式改革，构建了教师教学创新团队，推动肯尼亚合作办学项目，挂牌成立鲁班工坊和中肯职业技术教育培训中心，形成了人工智能品牌。

人工智能学院立足于服务地方产业发展、转型升级，与胜利油田、黄河三角洲农业高新技术产业示范区等联合开展课题研究、项目开发，积极参与东营市智慧城市建设，利用"智能＋"，赋能传统专业改造升级，提升人才培养质量。

（二）成立全国人工智能职业教育集团，打造人工智能职教新高地

为贯彻《国务院关于大力发展职业教育的决定》及全国职业教育工作会议精神，落实《国家职业教育改革实施方案》《国务院办公厅关于深化产教融合的若干意见》（国办发〔2017〕95 号）和《教育部　山东省人民政府关于整省推进提质培优建设职业教育创新发展高地的意见》（鲁政发〔2020〕3 号）的相关要求，我校联合中国商业股份制企业经济联合会与全国部分职业院校、行业企业和科研机构共同组建了全国人工智能职业教育集团（以下简称集团）。集团成员单位 162 家，覆盖全国 20 个省、2 个自治区、4 个直辖市，成立了课程思政等 4 个工作委员会、工业 4.0 等 38 个专业委员，集团已在山东省教育厅、全国职业教育集团化办学统计平台注册备案。

1. 启动"提质培优"提升服务贡献度，以学术活动搭建沟通交流平台

集团成立之后，召开了全国人工智能职业教育集团二级委员会第一次工作会议，举办了"世界青年技能日"系列活动，召开了"选一校、择一业、荣一生"工业 4.0＋新商业开创数字经济新时代的学术活动，主办了"2020 年第一届全国工业 4.0 产教融合提质培优高峰论坛"，联合主办了"全球物联网职业教育大会暨中国物联网产教融合联盟成立大会"等活动，举办"提质培优"系列活动 40 余次，累计参加人数达 30 余万人，培养了先进的人工智能技术服务人才队伍，打造了人工智能技术服务人才培养高地。

2. 针对 AI 人才培养痛点，打造产教融合升级版

数字经济来临，"人工智能赋能"成为当今最大的技术红利，人工智能已成为数字经济时代的核心生产力，有关研究显示，我国人工智能产业发展已经从"AI 赋能百业的发展期"向"工业化生产的成熟期"过渡，正处于"发展期"向"成熟期"的跨越

阶段。在《中华人民共和国职业分类大典（公示稿）》2022版中新增了一个小类，即"数字技术工程技术人员"，人工智能、大数据、云计算、工业互联网等职业都属于这一小类，这也充分说明，人工智能相关职业和岗位已逐步成熟，这个阶段对技术技能人才即产业人才的需求会大量增加。

在这一大背景下，集团积极落实《职业教育提质培优行动计划（2020—2023年）》，聚焦人工智能技术技能人才培养的突出问题，比如人工智能领域知识、技术门槛较高，跨界难度大，人工智能师资储备不足，实验实训条件缺乏，教学资源不能满足教学需求。种种现状表明：单一的高校培养和单一的企业培训已难以满足未来人工智能人才的需求，校企合作、产教融合已成为各类高校和主要人工智能领先企业的战略抉择。集团发挥平台优势，牵线搭桥，做好供需对接，破解发展中的痛点及难点，举办了系列"提质培优"活动，推动人工智能职业技能等级认证，推进人工智能专业高质量发展，联合百度、华为、头歌等企业策划了几个专题项目，为集团成员及人工智能职教事业增值赋能。

与百度集团联合发起了《大学合作项目资助计划》，立项25个"百度松果人才培养（AI）工坊"，立项4个课程建设项目，每个项目资助10万元；立项12个师资培训项目，每个项目资助4万元。与百度合作的"全国高等职业院校人工智能程序设计师资培训班"已经举办了5期，近1 500人报名参加了学习，但考核合格率仅为30％多一点，究其原因是我们考核比较严格，但也反映了人工智能师资基础弱的现状。"百度松果'大国智匠'优秀案例激励金"项目也在按计划实施中。

集团与华为集团发起的"华为数字机器人（RPA＋AI）人才培养"项目，立项了63个华为数字机器人工坊，16个课程建设项目，每个项目资助8万元；立项了20个师资培训项目，每个项目资助1～2万元。

3. 聚焦课堂教学，应对疫情带来的挑战

从"千禧一代"到"疫情一代"，这是一届艰难的毕业生。疫情给教育，尤其是给职业教育带来了更多挑战，联合国教科文组织发布的《全球教育检测报告》显示，80％以上的技术培训课程侧重于实践教学，职业技术教育与培训受疫情影响较大。同时全球各大行业和职业教育组织纷纷号召，职业教育、培训和技能再培训等应顺应时代的发展、紧跟科技前沿，如进行线上实践教学平台建设、虚拟仿真实训基地建设等。

在头歌、西门子、华为、瑞亚等的支持下，集团先后举办了产教融合创新与应用发展研讨会、人工智能与大数据专业建设研讨会、云计算技术应用专业建设研讨会、世界青年技能日——人才培养模式改革学术研讨会等多次学术交流活动。围绕线上实践教学组织了系列在线实践教学研讨会，包括计算机类专业、智能制造类专业研讨会，以及实践教学能力提升研讨会、智慧教育助力高等职业"提质培优、改革攻坚"学术研讨会等。此外，还举办了"互联网＋"大学生创新创业大赛产业命题解读说明会,联合发起了"码蹄杯"全国职业院校程序设计大赛,开将大赛的"在线判题系统"引入职业院校,助力教育教学改革。

4.深化产教融合,促进协同育人

集团成立以来,积极发挥产教融合、校企合作、集团化办学的作用,推动师资队伍建设,专业实训基地建设,就业、技能大赛、教学资源共享,教科研合作等。集团成员从自身需求出发,在专业建设、实验室建设、人才培养模式改革与创新、人才培养方案优化等方面与兄弟院校和企业展开合作,积极邀请兄弟单位的专业技术人员开展调研、研讨、群策群力,为专业建设和发展掌舵护航。特别是在三年行动计划、高水平专业群建设、虚拟仿真实训基地建设等项目与专业发展前沿和企业需求对接方面发挥了积极作用,确保专业建设与改革有的放矢,少走弯路。

发挥不同高等职业院校的优势,安排专职教师赴兄弟院校交流学习或委托培训;发挥企业的实践能力优势,委托企业对青年教师进行实践能力锻炼,聘用企业技术人员和专家作为兼职专业带头人或兼职教师,指导专业建设,参与实践教学环节和顶岗实习的授课过程,真正实现了人力资源的共享和交流,取得了良好效果。多位教师分赴多家企业参加实践锻炼;聘请企业专家和技术人员担任兼职教师,参与课程建设和日常教学。

充分利用集团院校、企业的资源和技术力量,统筹规划、集约管理,优化资源配置,依据企业对人才的需求和院校对人才培养的教学要求,建立校外实训基地、生产性实训基地等共享性实训基地,落实学生的生产性实训和岗位实习,共同培养高素质人工智能技术技能人才。

(三)共建"一院一中心",打造校企命运共同体

东营职业学院与京东集团联合打造了京东教育研究院华东分院暨京东(东营)国际产教融合创新中心(以下简称中心)。中心以学校和京东为双主体,联合相应的生态链企业、行业组织等打造产教融合高地,实现行业优势资源共享,以基于京东核心技术和产业链生态技术培养创新人才的培养模式为主要职能,推动人工智能、大数据、云计算、跨境电商等课程开发、标准制定、学科创建、师资培养、创新创业,积极推动实现资格认证、技能培训、国际合作与交流,培育和建设国家级产教融合试点工程(实验项目),实现教育链和产业链的有机融合,为职业教育发展贡献东营标准和中国方案。

中心引入京东跨境电商、人工智能、无界零售、大数据等领域的前瞻性技术、关键技术和数据资源,把握以人工智能为核心的新一轮科技革命和产业变革给职业教育带来的机遇,大力推动"人工智能+传统产业"发展,实现专业改造升级,厚植人工智能的创新性研究土壤,推动京东技术及业务场景在职业教育领域的推广与应用。联合学校科研团队开展研究及其落地转化,加速人工智能等技术在本地特色产业的应用,加速人工智能、无界零售技术在本地服务业的应用。针对京东人工

智能、无界零售、大数据、物流等技术及业务场景在职业教育领域的实际应用,依托学校教学团队,进行充分的探索、实践和成果转换,实现教研成果的市场化输出,打造全省人工智能、无界零售职业教育的新高地。

（四）共建鲁班工坊,开启"技术创新+人文交流"的育人模式

东营职业学院与肯尼亚泰塔塔维塔大学深入探索"中外院校+知名企业"的跨国、跨校、跨界产学研合作模式,基于人工智能技术+石油化工等产业升级,与京东集团、科瑞集团、联想集团等深度合作,共建鲁班工坊,搭建"互联网+"教育教学平台,为服务国际产能合作培养本土化人才。同时,建设中肯职业技术教育培训中心,用于肯尼亚来华留学生的教育教学、产业技术人才培训等,开展人文交流,在促进知识和技能转换的同时促进文化交流和实践。积极开展职业教育国际交流研究,加快推动职业资格证书、技能等级证书和学分互通互认,促进技术技能人才国际流动,提升技能证书的国际化水平,为"一带一路"国家、企业间的投资和贸易培养国际化人才。

（五）赋能优势产业,打造技术技能人才培养高地

东营职业学院与国家增材制造创新中心等共建增材制造创新中心,山东省高等学校增减材复合制造新技术研发中心、山东省高等学校黄河三角洲盐碱地综合应用新技术研发中心获批,它们将紧紧围绕我省新旧动能转换重大工程,对接"十强"现代优势产业集群需求,发挥各自的优势特色,聚焦新技术的研发和推广,汇聚创新要素、激发创新活力,不断增强科技供给能力,为区域经济社会绿色低碳高质量发展提供更多科技供给和智力支撑。

产教融合机制

产教融合是职业教育的生命线,校企合作是职业教育办学的基本模式,产教融合、校企合作是新时代职业教育高质量发展的关键。依靠政府和园区"面上推动"、加入行业组织"线上融合"、对接重点企业"点上突破","点线面"三维度发力,形成产教融合的推进机制。校企协同,通过"冠名班""订单班""现代学徒制"等模式为特定企业培养定制岗位人才,形成产教融合的协同育人机制。校企共建专业、共建产业学院,形成产教融合共建专业机制。所有专业建立"科教研创"平台,打造产教融合、科教融汇落地的载体,形成产教融合的平台合作机制。

一、产学研合作是国际高等教育的发展趋势

产学研合作是指行业企业与科研院所、高等学校之间的合作，通过合作能够为行业企业提供技术需求，也促进了学校的人才培养和科研机构的科学研究。1906年，美国辛辛那提大学工程学院教务长赫尔曼·施奈德首次提出合作教育模式，在辛辛那提大学推行了第一个合作教育计划。世界合作教育协会于1983年成立，标志着合作教育成为世界性的教育改革趋势。实践证明，合作教育是国际公认的培养创新人才的最佳途径。特别是以信息技术为标志的第三次科技革命对产学研合作起到了助推作用，如围绕斯坦福大学创建的"硅谷"就创造了经济奇迹。

1986年，我国首次提出"产学研合作"的思想，1991年4月在上海成立全国产学研合作教育协会，1997年10月教育部下发了《关于开展产学研合作教育"九·五"试点工作的通知》，从此，产学研合作在我国高校逐步开展起来。

二、国家高度重视职业院校产教融合工作

2022年4月，新修订的《中华人民共和国职业教育法》规定，职业教育必须坚持中国共产党的领导，坚持社会主义办学方向，贯彻国家的教育方针，坚持立德树人、德技并修，坚持产教融合、校企合作，坚持面向市场、促进就业，坚持面向实践、强化能力，坚持面向人人、因材施教。其中对产教融合、校企合作的相关事项做了法律规定。

2022年10月，党的二十大报告中对于职业教育强调："统筹职业教育、高等教育、继续教育协同创新，推进职普融通、产教融合、科教融汇，优化职业教育类型定位。"

2022年12月，中共中央办公厅、国务院办公厅印发的《关于深化现代职业教育体系建设改革的意见》中多次强调产教融合，例如，"以提升职业学校关键能力为基础，以深化产教融合为重点，以推动职普融通为关键，以科教融汇为新方向……""坚持以教促产、以产助教、产教融合、产学合作，延伸教育链、服务产业链、支撑供应链、打造人才链、提升价值链，推动形成同市场需求相适应、同产业结构相匹配的现代职业教育结构和区域布局。""构建央地互动、区域联动，政府、行业、企业、学校协同的发展机制，鼓励支持省（自治区、直辖市）和重点行业结合自身特点和优势，在现代职业教育体系建设改革上先行先试、率先突破、示范引领，形成制度供给充分、条件保障有力、产教深度融合的良好生态。""建立现代职业教育体系建设部省协同推进机制，在职业学校关键能力建设、产教融合、职普融通、投入机制、制度创新、国际交流合作等方面改革突破……""打造市域产教联合体""打造行业产教融合共同体""建设开放型区域产教融合实践中心""教随产出、产教同行，建设一批高

水平国际化职业学校,推出一批具有国际影响力的专业标准、课程标准,开发一批教学资源、教学设备。"等等。

为落实国家有关文件要求,教育部等调整重组行业指导委员会,发布了包括专业目录、专业教学标准、公共基础课程标准、顶岗实习标准、教学仪器设备装备规范等在内的职业教育国家教学标准,开展产教对话活动,组建职教集团和职业教育校企一体化办学联盟等协作组织,开展现代学徒制试点和"1+X"证书制度试点,与行业组织共同举办职业院校技能大赛,推动校企联合实施教育教学改革,共同制订培养计划,共同开发课程教材,共享教师资源,共建实训基地,共担学生就业。各省、自治区、市也制定了配套办法和措施。产教融合、校企合作在职业院校得以普遍实施。

三、东营职业学院产教融合机制的探索

东营职业学院坚持"根植区域、服务发展、促进就业"的办学宗旨,着力加强特色品牌建设,着力加强制度机制建设,积极探索产教融合的规律和机制,努力建设有特色、国际化、创业型的全国高等职业名校,培养具有工匠精神、精湛技艺、创新本领的技术技能人才,全面提高产教融合契合度、人才培养满意度和区域经济贡献度,被评为"山东省校企一体化合作办学示范院校"。

国家骨干校建设期间,学校联合区域内重点企业,成立了东营职业学院理事会,并制定理事会章程,定期召开理事会会议,共同研究学校办学和人才培养事宜。在理事会的推动下,学校认真落实《国务院办公厅关于深化产教融合的若干意见》,积极开展企业生产需求和人才需求调研,促进教育链、人才链与产业链、创新链有机衔接,促进人才培养供给侧和产业需求侧结构要素全方位融合,使企业通过多种方式参与学校专业规划、教材开发、教学设计、课程设置、实习实训,促进企业需求融入人才培养环节,切实解决了企业需求与人才培养"两张皮"的问题。学校适应办学需求,适应企业需求,适应产业需求,适应社会需求,形成了产教融合的推进机制、协同育人机制、共建专业机制和平台合作机制。

(一)产教融合的推进机制

1.依靠政府和园区"面上推动"

依托县区政府,国家农高区,国家级、省级经济开发区面上推动,紧贴产业发展,把握人才需求,系统推进产教融合。推动东营市政府制定《关于深化产教融合促进职业教育高质量发展的实施意见》,自己制定《东营职业学院服务东营市新旧动能转换重大工程行动方案》等,提升学校服务区域新旧动能转换重大工程的能力和水平。学校领导定期带队到县区、开发区调研区域内的产业发展和人才需求,洽谈合作项目。学校与广饶县、东营区、黄河三角洲农业高新技术产业示范区等区域内的3区2县、3个开发区分别建立联席会议制度,签订合作协议,取得了县区政府和开发区对学校开展产教融合的大力支持。

2.加入行业组织"线上融合"

通过加入行业组织,把握行业发展趋势,引入行业先进标准,推进学校专业与行业深度融合。学校加入国家、省、市48家行业协会,在22个行业协会中担任副理事长以上职务,与中国化工教育协会、山东省职工教育协会等建立了长期稳定的合作关系,充分发挥行业组织在平台搭建、产业人才需求预测、专业课程改革、师资队伍建设、行业领军人物培养、教学评价、职业技能鉴定等方面的作用。经中国化工教育协会等单位批准,联合68家大型企事业单位,牵头组建石油石化装备与技术职业教育集团、全国人工智能职业教育集团、山东软科学研究会产教融合文化专委会、东营市物流协会、东营市会计职教联盟、东营市建筑信息模型(BIM)技术应用联盟、东营市设计师联盟等。

3.对接重点企业"点上突破"

通过对接重点企业,推进校企合作育人。抓住省、市新旧动能转换的契机,结合学校实际,引进优质教育资源,经教育部批准,与达内科技集团合作成立东营职业学院人工智能学院;与区域内科瑞控股集团合作共建东营职业学院国际学院;与京东集团合作建设京东教育研究院华东分院和京东(东营)国际产教融合创新中心;与山东亨圆铜业有限公司合作共建省级校外实习实训基地;与成都云华教育集团合作共建混合所有制二级学院航空学院;与中锐教育集团、达内时代科技集团、东软睿道教育信息技术有限公司共建专业;与区域内行业或知名企业共建应用技术协同创新中心、技术研发中心、生产性实训基地、大师(名师)工作室等;与中国万达集团、富海集团、蓝海集团、东软集团等成立万达学院、蓝海学院,开展国家级、省级现代学徒制试点,开设企业"冠名班""订单班"等。

(二)产教融合的协同育人机制

1."订单班""冠名班"协同育人

学校为中国万达集团、万华化学集团、山东金宇杭萧装配建筑有限公司、东营天华实业集团有限公司、业之峰装饰公司等设置"订单班""冠名班"50余个,与企业共同研究岗位标准要求、人才培养目标规格、人才培养方案、课程设置、教材编写、教学考核、实习就业、师资培养等。

2.现代学徒制协同育人

石油化工技术专业与富海集团积极开展国家级、省级现代学徒制试点。校企深化双主体育人改革,共同形成工作标准规范,共同建立教学运行与质量监控体系,实施多方参与的考核评价机制。企业和学生双向选择组班,校企共同实施双导师培养、双课堂教学、双班主任管理,合作推进课程教学项目开发及资源建设。通过"厂校融合、分段实施、岗位成才",培养具有岗位胜任能力的技术技能人才。合作企业为优秀学生颁发奖学金,20 名学生成为省级"齐鲁工匠后备人才",省教育电视台对现代学徒制试点工作进行了专题报道。现代学徒制试点工作顺利通过省部两级验收,被教育部评为优秀等级。物联网应用技术专业与海信集团有限公司、东软集团股份有限公司合作省级现代学徒制项目,机电一体化技术专业与中国万达集团合作省级现代学徒制项目。学校在国家级、省级现代学徒制试点的基础上,在各专业全面推行现代学徒制,并与山东国瓷功能材料股份有限公司积极开展企业新型学徒制试点。

3.建立基地(中心)协同育人

学校成为 ARM(中国)嵌入式人工智能应用技术示范基地、德国 AHK 中德(东营)职业教育培训中心、"锐捷-中锐"全国网络技能训练基地、阿里巴巴集团淘宝大学首批产教融合合作院校等。

(三)产教融合的共建专业机制

1.共建专业

为服务区域经济社会发展,围绕新旧动能转换和东营市主导产业体系,充分利用行业企业优质资源,校企合作共办专业,解决学校办学专业师资实践经验不足、课程建设滞后产业发展、学生实习就业单位不稳定等问题。与上海中锐教育投资股份有限公司共办新能源汽车技术、汽车检测与维修技术、汽车营销与服务技术 3 个专业,与达内时代科技集团共办会计、市场营销、软件技术 3 个专业,与东软睿道教育信息技术有限公司共办物联网应用技术专业,与成都云华教育集团共办空中乘务、民航安全技术管理、民航空中安全保卫、飞机机电设备维修、旅游管理、物流管理 6 个专业。

2.共建产业学院

产业学院是行业企业深度参与高校专业建设和人才培养的新机制,既是合作企业的人才培训中心、(区域)营销中心及研究中心,也是合作高校的产业研究基地、学生实践实习基地及大学生创新创业基地。

(1)共建航空学院。2016 年 1 月,中国商飞民用飞机试飞中心东营基地正式揭牌启用,作为中国商业大型飞机第二试飞基地。学校契合山东省国家新旧动能转换综合试验区建设,紧跟"东营市布局航空航天服务等未来产业"的人才需求,与成都云华教育集团共建混合所有制二级学院航空学院,共同培养航空类人才。双方本着"整合资源、突出特色、服务社会、互惠共赢"的原则,以资本、知识、技术、管理等要素参与办学,共同探索校企全面深度合作办学的新模式。企业购置波音737-500 型退役飞机、空客 A330-300 型模拟机舱及机场环境模拟运行系统和高铁服务模拟舱等设备,设有空中乘务、民航安全技术管理、民航空中安全保卫等 6 个专业,并定期举办"乘务技能大赛",丰富了校园文化。

(2)共建国际学院。科瑞集团在新加坡、休斯敦、卡尔加里等地区设立 16 个技术研发中心,在 57 个国家设立分公司、技术服务站,是集高端石油装备研发制造、油田一体化工程技术服务、油田 EPC 工程总承包三位一体的综合性产业集团。2019 年 6 月,学校与科瑞集团共建国际学院,发挥科瑞集团和纬科学院的国际化实力、高效服务能力,校企双方资源共享、优势互补、互动双赢、协同发展,共同推进人才培养、高端培训、成果孵化及国际化人才交流,提升高素质应用技术型国际人才的培养,建立开放办学新型校企协同育人新模式,为"一带一路"注入强劲的人才活力。

(3)共建人工智能学院。依托教育部学校规划建设发展中心"AI＋智慧学习"共建人工智能学院项目,契合区域产业链需求,跨专业跨界组建产业学院——人工智能学院,设立联席会议制度,校企双方共同组建学院领导班子,成立"四部一中心",提升与产业的契合度,建立组织扁平化、资源集聚化的"跨界"组织架构,探索"共设专业、共建基地、共培团队、共享资源、共研项目、共育人才"的运行机制。

(4)共建知识产权学院。东营知识产权学院和东营知识产权数字信息中心由东营职业学院、东营市知识产权保护中心、东营经济技术开发区管理委员会三方共建,是深入贯彻实施国家知识产权强国战略、山东省知识产权强省战略及东营市知识产权强市的具体举措,也是进一步推动东营经济技术开发区国家知识产权示范园区建设,培养知识产权专业化人才,建设知识产权职业化队伍的有力支撑。东营知识产权学院的成立也契合创新驱动发展和供给侧结构性改革的需要,对培育创新型人才、凝聚核心创新要素、打造知识产权人才高地具有重要的意义。东营经济技术开发区每年安排一定的专项资金支持学院的相关科学研究、教学实践、社会服务等科技创新活动,选派优秀专业人员参与东营知识产权学院建设,协助东营职业学院开展培训、合作交流、专利托管、信息服务等市场化服务业务。通过"政产学研"相结合,东营知识产权学院围绕打造具有示范带动效应的知识产权服务平台,培养培训知识产权专业化人才,加快专利、商标、版权等知识产权的产出,促进高"含金量"的专利技术成果转化为生产力,不断提升东营市企业的核心竞争力。

(5)共建国瓷新材料学院。学校与山东国瓷功能材料股份有限公司共建国瓷新材料学院,坚持育人为本、产业为要、产教融合、创新发展的原则,致力于将其打造成融人才培养、科学研究、技术创新、企业服务、学生创业等功能于一体的一流人才培养实体,为东营市新材料产业培养高素质技能人才,助力东营市新材料产业蓬勃发展。东营职业学院国瓷新材料学院是目前东营市唯一一家新材料行业集生产、教学、实训、培训、研发、创新创业功能于一体的校企"产学研用"实习实训基地。东营职业学院国瓷新材料学院的成立有利于充分发挥东营职业学院和山东国瓷功能材料股份有限公司校企双方的优势,深化产教融合,加强对高素质创新人才和技术技能人才的培养。学院将按照新材料"产业链＋人才链"的培养模式,为新材料产业输出和培养技能人才,打造国内第一个新型功能材料领域"政产教"融合的技能人才培养基地。

学校还与行业企业共建健康管理学院、文旅商学院、家庭教育学院等产业学院,筹建消防学院、无人机学院、智能建造学院等产业学院。

(四)产教融合的平台合作机制

"科教研创"平台是科技赋能、教育教学、研究研发、创新创业相结合的平台,是产教融合、科教融汇落地的载体。产教对话、校企合作,所有专业(群)构建"科教研创"平台,每名教师加入"科教研创"平台,发挥"科教研创"平台在专业建设、技术研发、师资培养、学生发展、创新创业等方面的作用。学校建设了国家协同创新中心、众创空间协同创新中心等一批"科教研创"平台。

学校产教融合机制建设产生了广泛的社会影响,发挥了示范引领作用。学校承办山东省科协年会职业院校产教融合高峰论坛、泰山科技论坛,参与组织了中国物联网产教融合联盟成立大会,并在会议上作了关于产教融合机制建设为主旨的报告。牵头组织山东产教融合智库专家遴选、山东产教融合典型案例评选、山东软科学研究会"产教融合"课题立项,成立山东产教融合智库中心。

开放办学格局

实施开放办学是职业教育服务国家战略的需要,是职业院校自身发展的需要,是提高人才培养质量的需要。国家支持高校打造教育对外开放新高地,为全球教育治理贡献中国方案。东营职业学院致力于建设有特色、国际化、创业型高等职业教育名校,创新体制机制,与企业共建国际学院,与国(境)外40所高校建立友好合作关系,探索形成了"三进三出"开放办学路径,提升了国际化办学理念,积累了国际化办学经验,引进了国(境)外的优质教育资源,丰富了人才培养模式,教师的国际化视野、职教水平和国际学术交流与科研合作能力及学生的国际化素养得到明显提升。

一、新时代教育对外开放的新要求

习近平总书记在"一带一路"国际合作高峰论坛、中国国际进口博览会、博鳌亚洲论坛等重大场合,多次向世界宣示中国将扩大教育开放。全国教育大会为新时代教育对外开放擘画了宏伟蓝图,作出了顶层设计。我国在教育对外开放方面取得了突出成绩,在引进来方面,经教育部批准和备案的各层次中外合作办学机构和项目近2 300个,其中本科以上机构和项目近1 200个;在走出去方面,我国高校在近 50 个国家设置了 100 多个不同类型和层次的境外办学机构和项目。

2020 年 6 月,教育部等 8 部门深入学习贯彻习近平新时代中国特色社会主义思想和全国教育大会精神,在总结近年来教育对外开放制度创新和实践经验的基础上,立足新时代、顺应新形势、落实新要求,研究制定了《关于加快和扩大新时代教育对外开放的意见》(以下简称《意见》),充分阐述了教育对外开放在我国教育事业和全面开放新格局中的重要地位和作用。《意见》着眼加快推进我国教育现代化和培养更具全球竞争力的人才,对各级各类教育的对外开放做出了相应安排。在高等教育领域,将支持高校加强与世界一流大学和学术机构的合作,引导高校加快培养具有全球视野的高层次国际化人才,完善高校对外开放评价指标。进一步落实"放管服"要求,授予"双一流"建设高校一定的外事审批权,探索高校国际会议分类审批的管理办法。在职业教育领域,将在借鉴"双元制"等办学模式、引进国外优质职业教育资源方面取得政策突破,鼓励有条件的国内职业院校与企业携手参与国际产能合作。同时,着手打造"一带一路"国际技能大赛等品牌赛事,扩大国内有关技能赛事的国际影响力。实施职业院校教师教学创新团队境外培训计划。

2022 年 12 月,中共中央办公厅、国务院办公厅印发的《关于深化现代职业教育体系建设改革的意见》将"创新国际交流与合作机制"确定为重点工作之一,并强调:持续办好世界职业技术教育发展大会和世界职业院校技能大赛,推动成立世界职业技术教育发展联盟。立足区域优势、发展战略、支柱产业和人才需求,打造职业教育国际合作平台。教随产出、产教同行,建设一批高水平国际化的职业学校,推出一批具有国际影响力的专业标准、课程标准,开发一批教学资源、教学设备。打造职业教育国际品牌,推进专业化、模块化发展,健全标准规范、创新运维机制;推广"中文＋职业技能"项目,服务国际产能合作和中国企业走出去,培养国际化人才和中资企业急需的本土技术技能人才,提升中国职业教育的国际影响力。

二、东营职业学院"三进三出"开放办学实践

(一)"三进",把国际先进职教模式引进来、把优质职教资源引进来、把留学生引进来

1.把国际先进职教模式引进来

聘请美国、德国、韩国等国家和台湾地区的 16 名专家为特聘教授,邀请专家到校讲学 50 余次。组织 400 余名骨干教师参加澳大利亚 TAFE、德国"双元制"职业教育专题培训。与台湾大仁科技大学健康管理专业、台湾黎明技术学院旅游管理专业进行深度合作,共同培养学生 53 名。与台湾辅英科技大学共建"辅英早教中

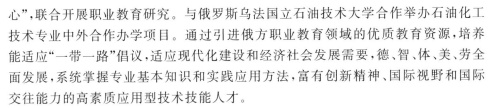

心",联合开展职业教育研究。与俄罗斯乌法国立石油技术大学合作举办石油化工技术专业中外合作办学项目。通过引进俄方职业教育领域的优质教育资源,培养能适应"一带一路"倡议,适应现代化建设和经济社会发展需要,德、智、体、美、劳全面发展,系统掌握专业基本知识和实践应用方法,富有创新精神、国际视野和国际交往能力的高素质应用型技术技能人才。

2. 把优质职教资源引进来

优质教育资源是培养具有全球视野和知识、具备国际竞争力人才的载体,教学内容、资源、方法、手段的国际化是学生获取跨文化能力的保证。引进德国 AHK 化工工艺员专业教学、人才培养、课程标准,引进国(境)外优质教材 23 部。开发与国际标准对接的计算机网络技术、软件技术、计算机应用技术专业标准 3 项。加入德国 AHK 化工职教联盟,成立 AHK 中德(东营)职业培训中心。目前已形成以德国 AHK 化工职教联盟为合作渠道,以 AHK 中德化工职业教育委员会为对话平台,以石油化工技术专业群建设为承接载体,以"三教"改革为主要抓手的中德职业教育合作模式;完成德国 AHK 化工工艺员专业教学、课程、实训装备等标准的本土化落地开发;开发 AHK 教材 8 部,联合 4 家 AHK 联盟单位成员共同承担石油化工技术专业国家职业教育教学资源库建设任务,"化工仪表""化工设备使用与维护"等 12 门课程已上线使用。

3. 把留学生引进来

学校坚持出国留学和来华留学并重、规模和质量并重、管理和服务并重、人才培养和发挥作用并重,统筹推进学校留学事业发展。学校充分利用政府奖学金,积极争取国家、东营市各项政策支持和资金资助,同时自筹资金,并通过增设奖学金,争取吸引更多国家的优秀学生来校留学。目前,招收韩国、马来西亚等国家和台湾地区留学生、交流生等 281 人。自 2012 年以来,承办了 6 届两岸青少年"情牵黄河口"交流活动,接待来访师生 153 人,撰写了《两岸青少年"情牵黄河口"交流活动情况报告》等 4 篇报告。"泰山呼唤阿里山,黄河牵手日月潭,两岸情牵黄河口"文化教育交流活动很好地推动了两岸人员的友好往来,促进了两岸青少年的文化认同,收到良好反响,被山东省人民政府台港澳事务办公室评为优秀对台项目。

(二)"三出",学校走出去办学,教师走出去提升职教能力,学生、学员走出去实习就业

1. 学校走出去办学

在马来西亚林登大学设立名师工作坊,在澳大利亚墨尔本设立孔子学堂,在俄罗斯阿尔梅季耶夫斯克国立石油学院成立中文教育中心,在肯尼亚泰塔塔维塔大学设立鲁班工坊。目前,经省教育厅审批,我校正与山东商业职业技术学院等省内其他 4 所高等职业院校联合五矿集团在大洋洲建设中国-巴布亚新几内亚海外职业技术学院。选派教学名师、首席技师到国外开展教育教学培训,助力发展中国家培养技能型人才,累计完成境外员工培训573人次。其中,刘建玲老师被国家汉办录取为2018年孔子学院公派出国教师,赴柬埔寨皇家科学院孔子学院进行为期2年的任教。

2.教师走出去提升职教能力

加强学校自身师资队伍的国际化建设,为教师出国(境)交流和访学提供平台,争取项目。支持教师出国(境)参加高规格国际学术会议和开展高水平国际学术活动;资助教师赴国(境)外开展讲学和合作科研等学术活动,引导其开展国别化研究和区域性问题研究。依托东营职业学院海外教学基地,学校派出22批217名教师赴基地研修,每年发布东营职业学院《教师能力提升境外培训情况报告》《境外培训基地运行情况报告》。71名教师赴美国、英国、德国、匈牙利、肯尼亚等国家交流访问,76名教师到国内中德职业教育培训基地研修,46名教师获得德国"双元制"职业教育培训师资格(AEVO)。学校在学习国(境)外职教模式、理念的同时,增强了国际化交流能力,促进了友好往来,传播了中国职教声音。

3.学生、学员走出去实习就业

学校实施"走出去"战略,积极为学生搭建实习实训平台,创造就业机会。通过校长奖学金项目先后派出8批142名学生赴台湾黎明技术学院、龙华科技大学、辅英科技大学等进行为期一学期的学习和实践,派出3批54名学生赴韩国、马来西亚高校和企业参观实习,考取国际证照149个。多名学生、学员随"走出去"企业一起到巴基斯坦、肯尼亚、新加坡等国家实习就业,提升了个人能力的同时,满足了"走出去"企业国(境)外的人力资源需求。

三、开放办学成效显著

(一)建设鲁班工坊,服务"走出去"企业

2018年,习近平总书记在中非合作论坛北京峰会上提出,要在非洲建设10所鲁班工坊,向非洲的青年提供职业技能培训等要求。东营职业学院贯彻落实习近平总书记在中非合作论坛上提出的"八大行动"号召,积极参与"一带一路"共同行动,推进鲁班工坊建设。2019年,校长李延成随团到南非、坦桑尼亚、肯尼亚等国家交流考察境外办学事宜。2020年,在肯尼亚大使馆的协助下,学校与肯尼亚泰塔塔维塔大学就建设鲁班工坊及开展石油领域人才培养、产业技术标准输出等合作进行了交流对接,并形成合作备忘录。历经近一年的需求对接调研和团队融合,2021年8月6日,在中国教育部中外人文交流中心、山东省教育厅、东营市政府,以及肯尼亚驻华大使馆、肯尼亚教育部、泰塔塔维塔县政府等的支持和见证下,学校与肯尼亚泰塔塔维塔大学以视频连线的方式举行了"共建鲁班工坊暨中肯职业技术教育培训中心"签约启动仪式。学校在泰塔塔维塔大学设立鲁班工坊,两校共建

中肯职业技术教育培训中心,合作开展职业教育研究,学校面向肯尼亚当地青年提供"中文＋职业技能"培训,吸纳肯尼亚学生来华留学,为科瑞集团等"走出去"企业提供人力资源服务。2022 年 4 月,学校为肯尼亚泰塔塔维塔大学开设的国际汉语培训课程一期班通过网络云课堂形式开课,来自泰塔塔维塔大学的 29 名教师参加了为期 1 年的培训。此外,鲁班工坊为"走出去"企业提供人力资源服务,在其在肯尼亚雇佣的当地青年和员工提供技术技能培训,协助其建设石油化工、新一代信息技术等专业。联合京东集团搭建跨境电商平台,支持肯尼亚学生在华创业,通过跨境电商平台销售推广肯尼亚产品。

(二)举办合作办学项目,联合培养国际化人才

2020 年,《教育部　山东省人民政府关于整省推进提质培优建设职业教育创新发展高地的意见》及教育部等九部门印发的《职业教育提质培优行动计划(2020—2023 年)》中提出"加强职业教育中外合作办学,引进优质职业教育资源"。在山东省 2020 年度职业院校办学质量考核中,将中外合作办学项目数、在校生总数列为考核项目。中外合作办学项目不仅在引进国外优质教育资源,吸纳和借鉴国外先进教学理念、课程设置、教学内容和教学方法,开拓视野、更新观念等方面取得了一些实实在在的成果,成为中外教育交流的桥梁,更为广大师生打通了出国深造的新途径,为服务经济社会发展、促进我国职业教育事业的整体办学水平提升作出了独特的贡献。

东营职业学院积极探索通过与国外院校的互利合作,创新境外合作办学模式。经多方考察学习,学校决定与俄罗斯乌法国立石油技术大学合作举办石油化工技术、建筑工程技术专业专科教育项目。自 2020 年以来,学校与俄罗斯乌法国立石油技术大学,就合作开办石油化工技术、建筑工程技术专业 2 个中外合作办学项目进行了多次沟通、论证和筹划,并签订框架合作协议。2021 年 9 月,向省教育厅提交了申办请示,并于 12 月通过答辩获批开办石油化工技术专业专科项目。2022 年 7 月,东营职业学院中外合作办学石油化工技术专业专科项目正式面向社会招生。通过引进俄方职业教育领域的优质教育资源和职教模式,更好地培养了富有创新精神、国际视野和国际交往能力的高素质应用型技术技能人才。

(三)推动中文和职业教育深度融合,开展"中文＋职业技能"培训

2021 年 9 月,中共中央办公厅、国务院办公厅印发了《关于推动现代职业教育高质量发展的意见》,明确要求"推动职业教育走出去,探索'中文＋职业技能'的国际化发展模式。服务国际产能合作,推动职业学校跟随中国企业走出去"。

为实现教育国际化的目标,学校努力推进校内语言教育中心的开设,加强汉语教师和汉语教学志愿者队伍建设,为开展与世界各国的人文交流,讲好中国故事,

传递中国声音培养储备人才。2020年，经俄罗斯大使馆推荐，在山东省人民政府外事办公室和东营市人民政府外事办公室的积极推动下，东营职业学院和俄罗斯阿尔梅季耶夫斯克国立石油学院在网络教育、语言教育、联合科研、师生交流等方面达成了一系列合作意向。2020年7月23日，东营市与俄罗斯阿尔梅季耶夫斯克市合作交流会暨友好合作城市关系线上签约仪式举行，同时举行东营职业学院与俄罗斯阿尔梅季耶夫斯克国立石油学院合作签约及语言教育中心揭牌仪式，积极开展"中文＋职业技能"培训。10月，阿尔梅季耶夫斯克国立石油学院为东营职业学院55名俄语学生开设线上俄语培训课程。2022年3月，由东营职业学院开设的国际汉语课程线上开课，为阿尔梅季耶夫斯克国立石油学院的师生开展"中文＋职业技能"培训。5月，双方围绕"鞑靼斯坦和山东省""我们的校园""青年文化与生活"3个主题在线举办了文化交流论坛活动。以"中文＋职业技能"培训合作为平台，更好地助推国际化发展和高质量育人，为促进两市经济社会发展和两国友好交流作出了新的贡献。

为进一步做好国际中文教育发展和中外人文交流工作，加强中外文化交流，突出中国文化特色，使海外青少年通过学习中文，了解中国文化，喜爱中国，学校积极申报2022年"汉语桥"线上团组项目，不断推进"中文＋职业技能"深度融合发展。

坚持扩大对外开放，推进学校国际化进程，是东营职业学院加快自身发展的战略举措。学校坚持"三进三出"开放办学路径，有序与各国扩大合作交流，整合自身优质资源走出去，选择优质资源引进来，兼容并包，互学互鉴，通过在海外建立鲁班工坊、中文教育中心等开展"中文＋职业技能"培训，较好地满足了国外本土人员的汉语培训与中华文化知识的普及需要，服务了发展中国家技术技能人才培养和我国企业"走出去"，扩大了汉语及中国文化的影响，提升了职业教育国际援助的有效性，服务了国家"一带一路"倡议。采用中外合作办学等形式，探索国际化人才培养的新模式，学校初步形成了国际化办学格局。

"科教研创"平台

党的二十大提出："实施科教兴国战略，强化现代化建设人才支撑。"在实现社会主义现代化的新征程上，科技是关键，教育是基础，人才是根本。科技和教育是国家强大、民族兴旺的双翼。"科教融汇"是新时代教育、科技、人才协同发展对职业教育提出的新要求，东营职业学院探索打造"科""教""研""创"融为一体的平台，发挥"科教研创"平台的科技赋能、教育教学、研究研发、创新创业等多种功能。

一、科教融合的发展与意义

国外"科教融合"概念的发展经历了 3 个阶段：第一阶段，柏林洪堡大学的创始者、德国教育家威廉·冯·洪堡于 19 世纪初提出的建设柏林大学的理念——"教学与科研相统一"。第二阶段，约翰·霍普金斯大学第一任校长、美国研究生教育的奠基人丹尼尔·吉尔曼将科学研究的理念引入研究型大学，使研究型大学成为培养学术研究精英人才的机构。第三阶段，美国当代著名教育家欧内斯特·L·博耶提出教学学术理论体系，认为教学与科研不是二元对立的，二者是具有同等重要地位的学术事业，通过强调大学教学的学术价值可以实现教学与科学的协调发展。

改革开放以来，我国学者也开展了科教融合研究，产生了一批科研成果，指导了高等教育改革实践。2010 年，学者龚克首次提出大学文化应有"科教融合"之特色，并认为科教融合是科研与教学的融合，科教融合是整体，不能拆分理解。2012 年 2 月出版的期刊《中国高校科技》首设"科教融合"专栏，开启了科教融合大讨论的时代。

党的二十大报告在部署职业教育时，首次提出"职普融通、产教融合、科教融汇"，这是建设现代职业教育体系的需要，也是促进职业教育高质量发展、更好地服务于经济社会发展的需要。将科学技术与职业教育相结合，符合党的二十大提出的"实施科教兴国战略，强化现代化建设人才支撑"的精神，充分说明了科技在职业教育中的重要意义，明确了职业教育高质量发展的手段和方向。

职业教育强调科教融汇，意义重大。一是职业教育人才培养目标的需要。科教融汇的根本目的是人才培养，职业教育培养的是高素质技术技能人才，技术技能人才本身就强调科技教育，即强调科技知识、科技方法、科技习惯、科技态度、科技精神、科技能力等科技素质的培养。二是职业教育提高教育教学质量的需要。科技赋能职业教育，现代职业教育更强调通过科技手段开展教育教学，提高教育教学质量，包括提供信息化设备、网络化平台、数字化资源、仿真教学等。三是职业教育为产业企业发展服务的需要。产业企业的发展也是建立在科技之上的，职业教育为产业企业的发展培养人才、开展职工培训和技术服务，要求所学内容要处在产业发展的前沿，为此，更应重视产业发展的科学技术研究。四是科技发展的需要。高等职业教育是高等教育的重要组成部分，科学研究是高等教育的重要功能之一。高等职业教育的科学研究更强调面向产业企业的技术研发，为区域经济社会发展服务。教育促进科技，科技引领教育，科教协同发展。高等职业院校开展科学技术研究丰富了高等职业院校的职能，体现了其价值，也为高等职业院校的人才培养提供了教育教学项目和资源。

二、"科教研创"平台的特点和任务

在创建优质校期间,我校探索"产教融合、校企合作"的有效载体,创新性提出搭建"产教研创"平台改革思路。所有专业构建"产教研创"平台,将专业建设、课程建设、教研教改、技术研发、师资培养、学生发展、创新创业、文化传承贯穿其中。"产"是源头,"教"是主题,"研"是引领,"创"是动力,通过"研",连通"产、教、创"。"产教研创"平台是联结学校和行业企业的纽带、高质量实践育人的载体、企业项目与教学项目的转换器、教学与科研的结合体、教师提高实践能力和学生提升技术技能的平台、各类实践教学资源的加工中心与集散中枢、教学研究的试验田、促进企业技术进步的推动器、创新创业的孵化器。鼓励教师主动走向市场,与行业企业合作,承担项目,以项目为载体实施实践教学,运作方式符合市场规律,教学方式符合教育规律,教学内容与行业企业需求对接、与岗位对接。

进入国家"双高计划"项目建设以来,我校围绕服务国家战略、服务区域经济社会发展、服务学生成长,更加重视科学研究,特别是党的二十大之后,我校提出了打造"科教研创"平台的新举措。从"产教研创"平台到"科教研创"平台,一脉相承,"科教研创"平台是"产教研创"平台的新发展。"科教研创"平台将专业建设、课程建设、教研教改、研究研发、师资培养、学生发展、创新创业贯穿其中,在体制机制创新中强调治理体系契合科教融合,目标管理对接"科教研创"项目,教师和学生评价衔接"科教研创"成果,工资制度体现"科教研创"绩效。

"科教研创"平台有如下特点:一是教育教学平台,在这个平台上可以进行真实的项目化教学。二是科研平台,在这个平台上,师生组成的团队积极参与课题与项目的科学研究。三是专业建设平台,通过科学研究,可以促进专业方向调整、完善课程体系、更新教学内容、提高实验实训条件的先进性。四是专兼结合教学团队建设平台,团队中既有校外科研人员,又有校内专任教师,校外科研人员可以担任兼职教师,校内外人员相互学习、共同成长。五是创新创业平台,团队中的师生,在真实项目中提高创新创业能力,可以从项目实践中发展出创业项目。六是市场经济活动运作平台,这个平台不管如何注册、认定,必须首先遵循教育规律,达到育人的目的;必须遵循科学规律,强调学术诚信,完成科研项目;必须遵循市场规律,遵守国家的法律法规和行业要求。

"科教研创"平台有如下任务:提高人才培养水平,促进科研成果积累,丰富教育教学资源,提升专兼结合的"双师"型教师队伍水平,完善实验实训室建设,为建设一流专业、多出成果提供保障。

三、东营职业学院"科教研创"平台建设实践与成效

（一）建设"黄河下游森林培育国家林业和草原局重点实验室"分中心，主持"东营市耐盐碱树种省级林木种质资源库"项目，纳入国家重大建设项目库

东营职业学院与东营市黄河口盐生植物研究所合作建设"黄河三角洲耐盐碱树种种质资源圃"项目。该项目被山东省自然资源厅评定为"东营市耐盐碱树种省级林木种质资源库（异地库）"，每年给予省级专项资金支持，并获得2021年度山东省林业优秀设计奖一等奖。项目已纳入国家重大建设项目库。

项目位于垦利区胜坨镇天宁寺生态林场内，总面积1 036亩，建设期内收集30个种质资源共2 558份，目前已收集15个树种517份且均建档保存，收集耐盐碱树种种质4万余棵。

项目研发聚焦黄河入海口发展需求。因地制宜地开发利用盐碱地，保护开发耐盐植物种质资源，深度挖掘盐碱地的潜力。开展抢救性保护耐盐碱树种种质资源，避免遗传基因丢失，建立耐盐碱树种种质资源基因库。规范耐盐碱树种种质资源管理体系，开展研究，选育更多耐盐碱的造林树种，促进盐碱地区快速绿化，改善生态环境。探索种质资源保护路径，确保耐盐碱树种遗传多样性的特点，最大限度地保护树种遗传的多样性。

项目建设加强合作发展。项目引领方面，着眼于关键核心技术和重要创新领域，建设"黄河下游森林培育国家林业和草原局重点实验室"分中心、"山东省黄河三角洲生态环境重点实验室"东营工程建设中心，由"泰山学者青年专家"夏江宝教授团队主持2022年山东省黄河三角洲生态环境重点实验室开放基金项目，着力实现重大创新与可持续利用。项目合作方面，与省林科院、东营市黄河口盐生植物研究所签订科技战略合作协议，项目被确定为省林科院科研基地、山东农业大学教学科研实习基地，深度开展校地合作、校企合作、校校合作、校所合作，形成研究攻关的"集团军"。项目示范方面，汇集全国有利用价值的盐生、耐盐碱种质资源，进行集中研究，形成可复制、可推广的独特林种，在全国盐碱地开发利用工作中起到带头和示范作用，实现良好的生态效益和社会效益。

（二）建成山东省中草药东营综合试验站，指导中草药广域化种植，获评"山东省乡村振兴示范性职业院校"

依托山东省中草药产业技术体系东营试验站等载体，东营职业学院成立了以赵春博士为技术带头人的项目团队，研发耐盐中草药优良品种筛选、盐碱地栽培管理等一系列核心技术，开展科技示范和技术培训，实现专家、教师、农户、企业之间无缝衔接，成功探索了林药间作中草药综合开发复合型经济增收方式。

技术研发引领,创新转化模式。借助学校创建的食品药品工程技术研发中心和众创空间两个国家级协同创新平台,研发了盐碱地林下中草药种植技术(发明专利 ZL201610189949.X,软著 2017SR737191)、粮药间作生态种植技术(发明专利 201910480668.3)等核心技术 10 余项,参与制定山东省地方标准 4 项、发表论文 30 余篇、获批专利 20 余项。培育适宜黄河三角洲盐碱地区种植的优良中草药品种 20 种(野生品系驯化有益母草、罗布麻、洋地黄等,当地品种筛选有薄荷、决明子、丹参、金银花、板蓝根等,引进品种选育有金丝皇菊、红花、紫苏等)。立足于中国第二个国家农高区——黄河三角洲农业高新技术产业示范区,通过新农合组织、高新技术企业等媒介实现了科技成果的成功转化,成为区域行业技术研发推广的引领者。

聚焦"三农"服务,助力乡村振兴。推动学校与地方政府签订技术精准服务合作协议,创建"科研+基地+农户+专业社"科技精准服务新模式。采用中草药耐盐碱技术和金银花林下种植高效生产技术,助力滨州无棣县打造耐盐碱中草药种植示范基地,在 1 500 亩枣树、皂角树等幼龄树种植河滩地上,指导农民种植薄荷 300 亩、金银花 500 亩,实现农民每亩增收 2 000 元;在东营市利津县助力规划省级田园综合体,走出一条"林下中草药"带动村镇增收的新路子。培养扶持农业合作企业 30 家,培育新型职业药农 560 人,辐射周边 9 个县区药农 2 000 多户。中草药种植不断增加,连年药材喜获丰收,2021 年项目成果登上"学习强国"和人民网。2022 年,学校获评"山东省乡村振兴示范性职业院校"。

(三)牵头成立黄河流域产教联盟生态环境专业委员会,与沿黄城市职业院校共同打造服务黄河流域生态保护和高质量发展重大国家战略的"科教研创"平台

2022 年 12 月 24 日,由高校毕业生就业协会、黄河流域产教联盟主办,高校毕业生就业协会信息化工作办公室和东营职业学院承办的"2022 年高校教育数字化转型与数字人才培养学术交流会暨黄河流域产教联盟生态环境专业委员会成立大会"于线上举办。

成立黄河流域产教联盟生态环境专业委员会(以下简称专委会)是践行习近平生态文明思想,贯彻落实新发展理念,共同抓好大保护、协同推进大治理,让黄河成为造福人民的幸福河。专委会旨在构建生态文明建设交流平台、服务国家战略创新平台、铸造生态保护和高质量发展改革成果展示和资源开发平台,共同推动沿黄城市职业院校在服务黄河流域生态保护和高质量发展重大国家战略中创新发展。依托专委会,东营职业学院携手沿黄城市职业院校,按照共同修订的《黄河流域产教联盟生态环境专业委员会条例》,卓有成效地开展专委会的各项工作,助推黄河流域生态保护和高质量发展系列项目落地、生根、开花、结果,展现了服务国家战略的职教担当。

第三章

创新发展之设计

党的二十大为全面推进中华民族伟大复兴指明了方向，开启了中国式现代化建设的新征程。党的二十大对"实施科教兴国战略，强化现代化建设人才支撑"进行了详细丰富、深刻完整的论述，特别是提出"统筹职业教育、高等教育、继续教育协同创新，推进职普融通、产教融合、科教融汇，优化职业教育类型定位"，为新时代职业教育高质量发展明确了方向。2022年12月，中共中央办公厅、国务院办公厅印发了《关于深化现代职业教育体系建设改革的意见》，这是党的二十大后，党中央、国务院部署教育改革工作的首个指导性文件，集中体现了党中央、国务院部署职业教育改革的新主张、新举措、新机制。东营职业学院认真学习贯彻党的二十大精神和习近平总书记关于职业教育的一系列重要论述，明确提出以国家"双高计划"建设为引领，锚定"中国特色""高水平"两大目标定位，全面贯彻党的教育方针，坚定落实立德树人的根本任务，全力建设有特色、国际化、创业型高等职业名校，坚持"高标准谋划、高质量育人、大规模培训、深层次融合、"双师"型队伍、高水平服务"，为党育人、为国育才，全面提升服务区域发展和国家战略能力。东营职业学院脚踏实地的办学定位，目标高远的发展愿景，明确的工作导向，科学的发展路径，持续推进学校内涵发展、特色发展、创新发展，为中国特色职业教育创新发展贡献"东职智慧"、输出"东职方案"、彰显"东职担当"。

高标准谋划

职业教育是培养高素质技术技能人才的主阵地，在新时代，需要高标准谋划，承担起新的历史使命。东营职业学院以习近平新时代中国特色社会主义思想为指导,坚持新发展理念,统筹落实"双高计划""职教创新发展高地""提质培优三年行动计划"等任务,高标准谋划,高质量育人,办学规模进一步扩大,基础设施更加完善,教育教学水平显著提高,社会服务能力更加有力,办学治校能力、水平和办学声誉持续提升。

一、国外先进职业教育发展模式

1999 年 4 月 26—30 日,联合国教科文组织在韩国首尔召开了第二届国际技术和职业教育大会,大会通过了《技术和职业教育与培训:21 世纪展望——致联合国教科文组织总干事的建议书》,呼吁各国改革职业教育,职业教育在新时代蓬勃发展,形成了典型经验及先进发展模式。

(一)新加坡"教学工厂"

"教学工厂"是将现代工厂的经营、管理观念引入学校,将现代工厂的生产、经营环境模拟到学校的教学活动之中,甚至将现代企业的某一个生产、经营环节引入学校。学校直接或间接参与企业的生产、经营过程中,将学校教学与企业经营有机结合,使学生在一个真实的生产、经营环境中学习各种必需的技能。这是一种以学校为本位,融学校教学、企业实习与项目开发于一体的新型职业教育模式。

(二)德国"双元制"办学体系

"双元制"办学体系是德国职业教育的"秘密武器",是一种国家立法支持、校企合作共建的办学制度,是由培训企业和职业学校双方在国家法律制度的保障下,分工培养技术工人的职业培训体系。"双元制"办学体系中的"一元"是指职业学校,其主要职能是传授与职业有关的专业知识;"另一元"是企业或公共事业单位等校外实训场所,其主要职能是让学生在企业里接受职业技能方面的专业培训,为企业培养具有实践经验的高级专门人才及中高级管理人才,以满足当地经济、社会和企业的直接需要。

(三)英国"三明治"合作教学模式

"三明治"合作教学模式,即实施三阶段人才培养模式:先在企业工作一年,对工作有一个初步的体验和认识,再回到学校完成 2~3 年课程,使实践联系理论,然后再到企业工作实践 1 年,把理论应用到实践,即所谓的"1+2+1""1+3+1"教学模式。此外,英国职业教育普遍推行"现代学徒制"计划,政府通过国家职业资格证书 GNVQ 倡导能力本位教育,着重强调综合职业能力的培养。

(四)美国 STC 理念

"学校到生涯(STC)"理念是当今美国职业教育的主导思想。STW 教育理念以杜威的实用主义教育思想为基础,强调学校本位学习与工作本位学习的整合、职业学习与学术学习的整合、中等教育与中等后教育的整合。STC 的目标是帮助各个年龄段的学生、劳动者和终身学习者发挥工作潜能,致力于增强职业技术教育的社会认同度,扩大职业教育的生源范围,强调职业技术教育应该为学生提供多样化的发展道路。

(五)澳大利亚 TAFE 教育模式

TAFE 是澳大利亚政府直接领导下的技术和继续教育的简称。它是澳大利亚政府为了解决学校人才培养与就业市场之间的接口问题而建立的一个教育体系,是建立在终身教育理念基础上的具有鲜明特色的职业教育制度,旨在为各企业培养具有很强实践能力的人才。TAFE 的很多课程是与工业团体共同开办的,课程设置根据工业集团的需要开设,以确保提供最切合实际的训练和最新的专业信息。澳大利亚职业教育的师资队伍主要由专职和兼职两部分组成。政府对职业教育教师要求相当严格,规定职业教育教师要有广泛的生产、生活阅历,合适的学术资格,尤其重要的是要有教师资格。

虽然国外的职业教育办学模式特色各异,但是核心价值观趋同。那就是全社会尊重"职业教育",全社会尊敬"职教学生",全社会崇尚"工匠精神"。绝对保障学历、学位、地位与普通中高等院校资历待遇对等,职业教育与普通教育人才流动互通,培植"学中用、用中学"的终身教育理念,并紧紧围绕"以人为本",兼顾产业发展战略的人才储备设计,个人、学校、企业三方无缝对接的校企紧密融合,对我国职业教育的发展具有借鉴意义。

二、国内先进职业教育发展模式

进入 21 世纪以来,党中央、国务院把职业教育作为经济社会发展的重要基础和教育工作的战略重点,不断加快建立中国特色职业教育体系的探索。在借鉴国外先进职教模式与总结我国经验的基础上,探索形成了适应我国区域经济发展不均衡的国情,有效推动经济社会发展的职业教育模式。

(一)"技能+"职业教育发展新模式

我国高等职业院校将"CBE"模式中国化,改变过去以学科教学为基础的教育格局,逐渐形成了以职业能力为基础的高等职业教育模式。政府出台政策,要求提高技术技能人才的社会地位和待遇,用人单位不得设置妨碍职业学校毕业生平等就业的报考、录用、聘用条件;机关、事业单位、国有企业在招录、招聘技术技能岗位人员时,应当明确技术技能要求,将技术技能水平作为录用、聘用的重要条件;在事业单位公开招聘中,有职业技能等级要求的岗位可以适当降低学历要求。各地职业院校对接我国行业门类齐全、产业形态不同、技术技能迭代的产业发展和需求特征,以当地产业需求为导向,按照综合职业能力构建课程体系,设计教学计划,通过提高学生的基本素质、岗位能力、应变能力,确保培养目标的实现。

(二)多元化发展模式

政府主导办学,政府在发展高等职业教育中发挥主导作用,进行总体规划,统筹协调,赋予高等职业院校充分的办学自主权,激发办学活力;依托行业办学,行业向学校提供机器设备等实习实训资源,派出专业教师教授课程、指导实训,学生了解行业的发展前沿,为行业发展服务;依靠企业办学,企业可以利用自身优势,为学校的实践性教学提供实习教师、实践场所和设备,高等职业院校与企业开展"订单式"培养,校企之间开展全方位、深层次交流与合作;社会力量办学,鼓励和支持民办高等职业教育的发展,充分调动民间力量办学的积极性,整体规划,统筹管理,使其成为促进高等职业教育发展的主要组成部分;中外合作办学,积极引进国(境)外优质职业教育资源,借鉴国外有益的教学和管理经验,加大高等职业教育对外开放的力度。

(三)职业教育与普通教育融合贯通

职业教育是为了培养高素质技术技能人才,使受教育者具备从事某种职业或者实现职业发展所需要的职业道德、科学文化与专业知识、技术技能等职业综合素质和行动能力而实施的教育,包括职业学校教育和职业培训,是与普通教育具有同等重要地位的教育类型。"中职—专科—本科"相互衔接,形成普通教育与职业教育双轨并行的学历上升体系,同时横向也能融合,打通职业教育轨道上的学历上升空间,使中职学生可以升专科,也可以通过考核选拔直接升入职教本科。

三、"双高计划"办学模式及典型经验

2019 年 1 月,国务院印发的《国家职业教育改革实施方案》提出,启动实施中国特色高水平高等职业学校和专业建设计划,由教育部和财政部共同研究制定并联合实施,"双高计划"正式启动。同年 4 月,教育部、财政部发布《关于实施中国特色高水平高等职业学校和专业建设计划的意见》,在全国 1 400 余所高等职业院校中,遴选 197 所"双高计划"建设单位,力求到 2035 年使职业教育高质量发展的政策、制度、标准体系更加成熟、完善,形成中国特色职业教育发展模式。在建设期内,不少"双高计划"院校逐渐探索出了独特的办学模式。

(一)探索校企合作新模式

由于我国高等职业教育处于改革发展高峰期,各高等职业院校抓住"双元制"的精髓,大胆探索校企合作的新途径、新方式。天津职业技术大学探索形成"校内

培养1.5＋岗位培养1.5"模式,其中"岗位培养1.5"是由"岗位学习0.5"＋"岗位实习1"组成的校企分段式培养模式;共同开展党建活动,共同建设高水平专业,共同开发课程标准,共同建设师资队伍,共同建立研发中心,共同开发高端认证证书,共同开展创新创业教育等"九个共同"校企双主体育人模式;许多高等职业院校牵头成立全国性职教集团(联盟)、区域性职教集团(联盟),以集团(联盟)为纽带,建立起与全国性行业协会、行业指导委员会的长效合作机制,发挥高校和社会组织的优势,实现校企双方互利共赢的校企合作模式。

(二)"产教"融合服务区域发展

立足区域,服务地方经济社会发展是高等职业学校赖以生存的根本。北京电子科技职业学院通过成立由经开区、学校、行业及企业组成的理事会,成立北京现代制造业职业教育集团,形成多元主体参与、内外协同的治理体制;专业对接产业,专业设置紧跟现代产业体系动态调整;建立"北京市中小企业公共服务平台""经开区中试基地",树立了高等职业服务技能社会新标杆,创建了开发区内办高等职业的全国示范样板。江苏农林职业技术学院通过"一棵小草富农民""一粒种子强农业""一片叶子美农村"三张名片引领地方农业特色产业转型升级。常州机电职业技术学院聚焦区域产业分布,设置校企合作"区域工作站",校企共同提供实践教学、创新创业、技术研发等定制服务的"技术超市＋区域工作站"运行模式。

(三)创新人才培养模式

黄河水利职业技术学院构建"横向三融通、纵向三聚焦""1＋X"岗课赛证融合人才培养模式。横向把"X"证书标准融入专业标准、教师培养标准和学生竞赛标准,推进"学历证书"和"职业技能等级证书"的有机衔接。纵向以"X"证书为引导,构建专业建设、课程建设、课堂教学质量的体系化评价激励机制,形成三维立体化育人体系。宁夏职业技术学院形成以"三进""三全育人""思政课程＋课程思政＋网络思政""三教改革""现代学徒制""企业新型学徒制"等综合改革项目为抓手,形成"一线双元三体系"的人才培养模式。深圳信息职业技术学院深入研究产业地图与人才地图的精准匹配、学校教育与科技创新的双向赋能、知识谱系与技能谱系的分工协作、专业能力与职业素养的有机融合等重大命题,深化人才培养改革,打造了教育链、人才链、产业链、创新链的"四链融合"育人新范式。

(四)探索国际合作新模式

北京财贸职业学院探索国际可交流的中国特色职业教育发展路径,通过对标英国和欧洲资历框架,以学习成果为核心构建课程体系,完善学校内部质量保障制度体系,实现了专业的国际可交流、可衔接,被 UKNARIC 拟定为下一步"一带一路"桥梁推广计划。哈尔滨职业技术学院通过建立海外分院,建设国际认证专业,拓展海外服务项目,开展"一带一路"丝路联盟海外中文培训等方式,探索形成国际合作办学模式。

四、职业院校高标准谋划路径

(一)职教改革政策基础

1.国家职教改革政策基础

党的十八大以来,党中央国务院高度重视职业教育,加大力度推动职业教育改革发展,不断增强职业教育对经济社会发展需求的适应性。2022 年 5 月,新的《中华人民共和国职业教育法》施行,明确职业教育是与普通教育具有同等重要地位的教育类型,着力提升职业教育的认可度,深化产教融合、校企合作,完善职业教育保障制度和措施。国家在职业教育方面出台的政策机制,为职业教育的高标准谋划、高质量发展指明了方向。2022 年 10 月,党的二十大强调:"统筹职业教育、高等教育、继续教育协同创新,推进职普融通、产教融合、科教融汇,优化职业教育类型定位。"2022 年 12 月,中共中央办公厅、国务院办公厅印发的《关于深化现代职业教育体系建设改革的意见》进一步明确了新时代我国职业教育改革发展的方向和目标。

2.山东省职教改革政策基础

山东省坚持整体设计、协同推进,在全国率先以省为单位建立起支持职业教育改革发展的政策体系,走在全国前列。2012 年以来,山东省围绕现代职业教育体系建设,以破解制约职业教育改革发展的突出问题为切入点,先后出台了 65 项政策文件,涵盖招生考试、人才培养模式、校企合作、师资队伍建设、财政保障机制、职业教育管理体制及办学机制等,在省级层面基本形成了全方位支持职业教育改革发展的政策体系,有效推进了全省现代职业教育体系与现代产业体系、公共服务体系和终身教育体系的融合发展。2020 年,教育部和山东省联合发布《教育部 山东省人民政府关于整省推进提质培优建设职业教育创新发展高地的意见》(以下简称《高地意见》),率先探索建立"职教高考"制度,全面构建从中职、专科、职业教育本科、应用型本科到专业学位研究生的应用型人才培养体系,打破了夏季高考独木桥的格局,形成职教、普教并行的双车道。为贯彻落实《高地意见》中关于"2020年,出台指导意见,深化职业院校混合所有制改革"的要求,山东省教育厅等 14 部门联合印发了《关于推进职业院校混合所有制办学的指导意见(试行)》,从总体要求、办学形式、设立要求、办学管理、支持政策 5 个部分对职业院校混合所有制办学做出要求,这是全国首个职业院校混合所有制办学文件。

（二）全面服务国家战略、区域发展

1. 服务国家战略

（1）服务乡村振兴战略。

职业教育服务乡村振兴战略首先应当加快发展面向农村和贫困地区的职业教育。

2011 年，教育部等 9 部门印发了《关于加快发展面向农村的职业教育的意见》，整体推动农村职业教育改革发展。研究并制订培养新型职业农民的国家制度和政策。广泛开展面向新生代农民工、新型农业经营主体、下岗失业工人、退役军人等特定群体的技能培训和农村劳动力转移培训，探索实施订单培养，提高其科技素质、职业技能、经营能力。深入开展农村实用技术培训、农村劳动力转移培训和农民学历继续教育，提升农村主要劳动年龄人口的就业创业能力。参与乡村振兴战略，培养"学历＋技能"专科以上新型职业农民。拓宽农村＋社区职业教育方式，搭建立体化人才培养通道。建设开放大学，扩大学历教育规模，构建特色化社会培训课程、教材体系，形成"互联网＋职业培训"模式，提升服务质效。加大对民族地区、贫困地区职业教育的帮扶力度。按照中央实施集中连片特困地区扶贫工程的要求，以职业教育为重点加大教育扶贫力度。鼓励学校的优秀教师前往偏远贫困地区支教，传送优质教学资源。

党的十九大提出实施乡村振兴战略，是以习近平同志为核心的党中央着眼党和国家事业全局，深刻把握现代化建设规律和城乡关系变化特征，顺应亿万农民对美好生活的向往，对"三农"工作作出的重大决策部署，是决胜全面建成小康社会、全面建设社会主义现代化国家的重大历史任务，是新时代做好"三农"工作的总抓手。党的二十大对全面推进乡村振兴作出了战略部署。

（2）服务科教兴国战略、人才强国战略、创新驱动发展战略。

职业教育是区域创新发展的"助推器"，要通过人才培养改革、创新平台建设、管理机制创新，实现创新型人才培养与市场需求对接、创新科技成果与产业化对接、创新型管理与可持续发展机制对接，从而切实提升职业教育服务创新驱动战略的能力。

以专业调整和课程改革促进创新型人才与市场需求对接。职业教育要立足区域产业升级和创新发展的实际需求，对接区域产业发展变革和调整专业设置，对应市场人力资源需求，改革课程及教育教学方法，培养适应时代需求的创新型、发展型、复合型技术技能人才。完善教材建设机制，校企合作编写和开发符合生产实际和行业最新趋势的教材，将新技术、新工艺、新规范纳入教材，及时更新教育教学内容；所有教材原则上每 3 年大修改调整 1 次、每年小修改调整 1 次。加强国际交流合作，与德国、瑞士、日本、新加坡等国（境）外职业院校深度合作，共同开发具有国际水准的教材。

以协同创新平台建设促进创新科研成果与产业化对接。产、学、研结合是职业院校面向市场,促进区域创新驱动发展的重要体现。紧密结合区域等主导产业搭建技术技能平台,切实为行业企业解决现实技术问题提供载体。重视科技成果的转化和推广应用,搭建、利用成果转化信息平台,密切跟踪成果从研究到技术到产品的全链条发展过程,实现成果转化利用的最大化。

以管理机制改革促进创新型管理与可持续发展机制对接。政府行业、企业、学校共同参与,加强顶层设计,围绕区域创新发展,加强在政策、资金方面的支持,研究制定创新驱动发展战略。与行业领先企业建立长期、稳定、紧密的战略合作关系,企业深度参与教育教学改革过程,形成"你中有我、我中有你"的校企命运共同体。政府、行业、企业、学校多方协同,为培养创新型人才提供可持续保障。

(3)服务黄河流域生态保护和高质量发展战略。

2020年,《黄河流域生态保护和高质量发展规划纲要》的制定,为黄河流域9省区的生态保护和高质量发展擘画了蓝图,也为黄河流域高等职业教育的发展指明了方向。

契合黄河流域生态保护和高质量发展重大国家战略目标,学校发起成立了黄河流域城市职业院校校长联席会(联盟),打造服务区域发展经验分享平台,举办论坛、研讨会等活动,及时分享各成员学校服务区域发展经验,建立合作交流对话机制。打造服务国家战略协同创新平台,各单位开展资源共享、项目对接,实现互联互通、优势互补,深化人才培养、创业创新和产教融合等领域的合作,提升人才培养水平,服务黄河流域生态保护和高质量发展。打造"三教"改革成果展示和资源开发平台,通过互联网、职业技能竞赛、现场观摩等形式,展示教师、教材、教法"三教"改革成果。通过课题立项、联合申报项目、深化国(境)外合作等形式引入优势资源,促进"三教"资源的开发,助力新时代技术技能人才培养。

服务黄河三角洲国家农业高新技术产业高质量发展。2021年10月21日,习近平总书记到黄河三角洲农业高新技术产业示范区考察调研时强调,黄河三角洲无论是生态保护还是农业开发,都具有战略意义。土地资源是很宝贵的,抗盐碱作物发展起来对提高土地增量很有意义,对"中国粮仓""中国饭碗"也能起到积极的保障作用。东营职业学院积极响应国家战略,充分研究地域地理特质,与东营市黄河口盐生植物研究所合作建设"黄河三角洲耐盐碱树种种质资源圃"项目,抢救性保护耐盐碱树种种质资源,规范耐盐碱树种种质资源管理体系,促进盐碱地区快速绿化,改善生态环境。

(4)大力发展职教本科。

2021年,中共中央办公厅、国务院办公厅印发的《关于推动现代职业教育高质量发展的意见》中,提出:"稳步发展职业本科教育,高标准建设职业本科学校和专业。职业本科教育正处在起步的关键阶段,必须坚持稳步发展。按照'高起点、高

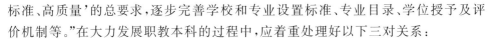

标准、高质量'的总要求,逐步完善学校和专业设置标准、专业目录、学位授予及评价机制等。"在大力发展职教本科的过程中,应着重处理好以下三对关系:

一是把握好速度与质量的关系。强化顶层设计,将职业本科教育纳入学校教育事业整体规划,明确定位、清晰路径、有序发展;落实职业本科学校和专业设置标准,提升职业本科办学质量。

二是把握好规模与效益的关系。要避免低水平重复建设,摆脱传统的靠规模上效益的思维定式和路径依赖。职业本科学校和专业优先在高端产业亟须领域、新技术革命领域布局,优化学校人才供给和产业人才需求匹配度。

三是把握好"守正"与"创新"的关系。"守正"就是要坚持职业教育类型定位,遵循职业教育办学规律;"创新"就是要率先推进育人方式、办学模式、管理体制、保障机制改革,发挥引领作用。一方面,坚持产教融合、校企合作、工学结合、知行合一的职业教育办学模式和育人模式不动摇,并不断强化职业教育类型特色。另一方面,坚持以人才培养质量为核心,带动专业、课程、师资、条件和文化建设,推动形成高水平技术技能人才培养体系。

2.服务地方经济社会发展

东营市是与胜利油田共生共赢的石油之城,绿色化工、新一代信息技术等是山东省新旧动能转换的"十强"产业,是东营市的特色产业。东营市是国家级临港产业基地、国家级石油石化装备制造基地、绿色循环高端石化产业示范基地和石油资源型城市转型发展试验区,东营职业学院则担负着为区域经济社会发展培养培训技术技能人才的重任。

(1)成立职教集团,发挥示范辐射作用。

在职教集团内建设共享机制。校内共享,包括职业学校内部各二级学院或者各职能部门针对学科、教学设施、基础设施、师资队伍、财力等资源的共享。城校共享在城市各实体与职业教育学校之间进行,包括学校与企事业单位的共享、学校与党政机关的共享、学校与行业的共享、学校与社区之间的共享及学校与个人的共享。职教集团的建立有利于统一规划与集中管理,便于政府统筹各级各类职业教育的发展规划、发展规模及专业结构,从而更好地适应劳动力市场的需要,满足社会对合格劳动力的需求,便于从区域发展的整体上将职业教育规划与产业规划相互融合、互相支持。

(2)搭建"科教研创"平台,培养技术技能人才。

与区域内行业或知名企业共建应用技术协同创新中心、技术研发中心、生产性实训基地、大师(名师)工作室等集人才培养、团队建设、技术服务于一体的"科教研创"平台。依托"科教研创"平台,瞄准新技术发展,校企共选项目,共建项目团队。以项目为载体,教师与企业工程技术人员共同研发新技术、新产品,解决企业生产经营的技术难题,促进校企合作,形成良性循环,助推区域内企业特别是中小微企业的产品研发和转型升级。

（3）服务产业发展，打造高水平专业群。

对接山东省新旧动能转换"十强"产业和东营市产业体系，打造"专业基础相通、技术领域相近、职业岗位相关、教学资源共享"的专业群，支撑产业发展和区域经济转型升级。在积极建设与东营市主导产业高端化工对接的石油化工国家级高水平专业群的基础上，面向黄蓝经济区新一代信息技术产业，以云计算等新一代信息技术产业发展为契机，组建具有示范引领作用的国内领先、国际接轨的计算机网络技术专业群；依托东营市作为全国最大石油装备制造产业基地的优势，将机械制造与自动化（石油装备方向）群打造成全国一流的中国石油装备制造技术技能人才培养基地；立足黄蓝经济区现代服务业，建设国内一流、国际接轨的物流管理专业群；立足区域文化教育产业，建设全国具有示范引领作用的学前教育专业群。对接传统产业升级改造和未来大健康产业发展，打造建筑工程技术、健康管理等专业群。主动适应区域经济发展和高端化工产业升级，优化资源配置，动态调整专业组成、专业结构和专业内涵，以专业群的校本数据平台建设为支撑，建立专业群预警和动态调整机制，提高专业与产业的契合度。

高质量育人

坚持立德树人的根本，深化产教融合，健全德技并修、工学结合的育人机制。将社会主义核心价值观教育贯穿技术技能人才培养的全过程，形成劳动教育常态化的制度体系和工作机制。深化高等职业人才培养模式改革，实施人才分类培养，培育和传承工匠精神，打造培养学生认知能力、合作能力、创新能力和职业能力的有效模式。全面推行"1＋X"证书制度，强化书证融通，将职业技能等级证书引入教学；实施学分制，建立学分银行，拓宽人才成长通道。以"产教研创"平台为支撑，培养大批杰出的技术技能人才。打造满足行业需求、支撑区域产业转型升级和创新发展的高素质技术技能人才培养高地。

一、德技并修、工学结合，打造技术技能人才培养高地

（一）立德树人，社会主义核心价值观教育融入人才培养全过程

坚持立德树人，完善德育体系。完善思想政治理论课主导、专业课程渗透、校园文化熏陶和实践活动感悟的德育体系。发挥思想政治理论课的主阵地和主渠道作用，改革思想政治课教学模式，创新思想政治教育方式方法和载体，开设马克思

主义大讲堂,将富有时代性、教育性和创新性的德育内容融入教育教学。挖掘专业课程中的德育要素,将产业文化与专业文化融合、专业技能培养与价值观教育融合。以"创"文化为统领,增强文化育人功能,加强创新创业文化建设与传播,开展好劳模进校园、能工巧匠进校园、青年学子进企业等系列活动,形成系统完善的文化熏陶育人环境;将实习实训、技能大赛、假期社会实践、课外活动、第二课堂、项目开发、社会服务等实践环节与思想教育有机融合,在实践育人中贯穿社会主义核心价值观教育。

实施德育学分,完善评价标准。完善德育学分实施办法,教务处、学生工作处、团委、马克思主义学院等部门共同参与,将学生的道德行为和日常表现等纳入德育评价体系,使德育工作常态化、系统化。

(二)工学结合,打造全面提升学生素质与能力的有效模式

构建系统化人才培养体系,开发个性化培养路径。建立面向不同学习者群体的新型学习制度与培养模式,实施人才分类培养,针对不同生源,分类编制方案,助推各类学生成长成才。强化高层次技术技能人才贯通培养,积极试办本科层次的职业教育专业,形成中高等职业、高等职业本科贯通培养的典型经验。针对普通高中、中职、退役军人、农民工、下岗职工、新型职业农民等多样化生源,分类制定人才培养培训方案和学业考评制度。采取弹性学制和灵活多元的教学模式,通过"订单式"和现代学徒制等方式,单独编班,分类教学。

注重成果转化,推行任务式培养模式。各专业依托"产教研创"平台,将企业项目、研发成果转化为高质量教学项目,推行企业真实生产环境的任务式培养模式。及时将新技术、新工艺、新规范纳入教学标准和教学内容,学校教师与企业技术人员带领学生完成项目任务,学生通过参与项目掌握知识,提升认知能力、合作能力、创新能力和职业能力,培育职业精神;企业、学校、教师、学生等多方互动、共生共赢,形成工学结合、知行合一的良性运行机制。

深化学分制改革,建立"学分银行",拓宽人才培养通道。实施具有高等职业特点的学分制管理和弹性学制,建立利于学生成才创业的制度环境。实现学生学习成果可追溯、可查询、可转换。增设各类选修课程,将学生的创新实验、技术研发、专利、技能竞赛和自主创业等折算为创新创业学分;校际实现学分互认,学生国(境)外交流学习的学分可以互换。学生"选专业""选课程""选项目"实现个性化培养和个性化发展,激发学生学习和创新创业的活力,促进具有特殊才能的学生脱颖而出。有序开展学历证书和职业技能等级证书所体现的学习成果的认定、积累和转换,拓宽技术技能人才持续成长通道。

整合优质资源,丰富学习形式。运用现代信息技术改进教学方式方法,持续推进课堂形态改革创新。校企合作共建工学结合课程,修订开发具有地方特色的课程标准,对接最新职业标准、行业标准和岗位规范,紧贴岗位实际工作过程,调整课

程结构,更新课程内容,打造"金课"。加强职业教育教学改革研究,培育高水平教学成果;推进精品资源共享课程、在线开放课程建设;校企"双元"合作开发新型活页式、工作手册式教材,专业教材随信息技术发展和产业升级情况及时动态更新。各类教学资源开放共享,以满足不同生源类型学生的学习需求。探索通过水平测试等方式对退役军人、下岗职工、农民工和新型职业农民等已积累的学习成果(含技术技能)进行学分认定,针对知识、技能缺陷进行培养培训,着力提升综合素质和技术技能水平。

(三)劳动教育,形成培育和传承工匠精神的新常态

加强劳动教育,形成常态机制。劳动教育与德育融合,与专业课程相结合,纳入人才培养方案,持续培养学生养成良好的劳动习惯。劳动教育与校园文化建设结合,以劳动教育打造校园文化的真善美,以校园文化推动劳动教育常态化发展。劳动教育贯穿社团活动、第二课堂、志愿服务活动等,积极服务经济社会发展,培养学生对劳动的情感。劳动与日常生活融合,提升学生的生活技能,引导学生自我服务,为集体服务,为社会服务,培养关心集体、热爱社会的思想品德。

突出职业素养,培育工匠精神。弘扬严谨专注、敬业专业、精益求精、追求卓越的"工匠精神"。引入行业企业标准,按照真实的工作要求,让学生在实习实训中传承工匠精神,培养大学生以国为重的主人翁意识、以苦为荣的奉献精神、严谨求实的科学态度,苦练技能,创新创业,奉献社会。

(四)书证融通,培育复合型技术技能人才

积极参与试点,融入教育教学。率先实行"1+X"证书制度,将证书培训内容及要求有机融入专业人才培养方案,优化课程设置和教学内容;主动与有关培训评价组织进行沟通,逐步扩大证书覆盖面;"1+X"证书制度覆盖所有专业(群)。鼓励学生积极取得多类职业技能等级证书,拓展就业创业本领。

统筹专业(群)资源,推进书证融通。研究职业技能等级标准和有关专业教学标准,推进"1"和"X"的有机衔接,加强专业教学团队建设,选派教师参加有关培训。对专业课程未涵盖的内容或者需要特别强化的实训,组织开展专门培训,提高培训质量。坚持育训结合、内外结合、长短结合,促进书证融通,以人才评价模式改革带动复合型技术技能人才培养质量的提升。

(五)"产教研创"平台支撑,培养杰出的技术技能人才

与区域内行业或知名企业共建应用技术协同创新中心、技术研发中心、生产性实训基地、大师(名师)工作室等集人才培养、团队建设、技术服务于一体的"产教研创"平台。依托"产教研创"平台,瞄准新技术发展,校企选项目,共建项目团队。以项目为载体,教师与企业工程技术人员共同研发新技术、新产品,解决企业生产

经营的技术难题,促进校企合作,形成良性循环,助推区域内企业,特别是中小微企业的产品研发和转型升级。将企业项目转化为教学资源,学校教师与企业技术人员共同施教,学生在真实工作环境的任务式培养中掌握知识和技能,培养其团队合作能力和创新能力,从而培养杰出的技术技能人才。

二、服务产业发展,打造高水平专业群

立足区域优势、特色产业,围绕区域经济转型升级和新旧动能转换需要,打造专业群。石油化工技术专业群是国家级高水平专业群,现代信息技术专业群、装备制造专业群、智慧商贸专业群是省级高水平专业群。高水平专业群带动全校专业群建设,服务山东省"十强"产业和东营市主导产业体系,支撑产业发展和区域经济转型升级。

(一)服务发展,健全专业群建设发展机制

产业链衔接人才链,实现人才培养与产业需求融合。精准对接区域产业人才需求,专业群内各专业共享合作企业、共享用人单位、共享专业课程、共享校内外实习实训基地、共享专兼职教师,按专业(群)开发专业课程,打通学生专业壁垒,延长专业人才培养链,实现高素质技术技能人才培养和产业需求全方位融合。

(二)标准引领,建设共享型教学资源和实践基地

与国际标准对接,研究先进的教学标准。将教学标准建设摆在更加突出的位置,成立专门的教学标准开发委员会,以教学标准引领专业建设。参照《悉尼协议》中的专业建设范式,引入"学生中心、成果导向、持续改进"理念,校企共同研究制定科学规范的人才培养模式。石化专业群引入具有国际一流水平的德国化工类职业教育培养标准开发专业教学标准,引领其他专业群与合作企业共同开发或独立开发与国际标准接轨的专业教学标准。把行业企业国际标准融入课程标准,持续将行业企业新技术、新工艺、新规范纳入教学标准和教学内容,实现学校人才培养目标与企业用人标准的有机衔接。修订完善一大批具有地方特色的专业教学标准、课程标准、顶岗实习标准、实训基地建设标准等,发挥标准在教学质量提升中的基础作用。

引入产业先进元素,开发共享型教学资源。创新校内、校际课程共享与应用模式,共享共建国家级教学资源库,以在线开放课程建设和应用为主要着力点,推动信息技术与教育教学深度融合,促进优质教育资源的应用与共享。牵头做好石油化工技术专业国家和省级职业教育教学资源库建设,完成国家开放大学"化学基础"课程教学资源开发。引入富海、腾讯等企业的技术和培训资源库,以职业素养、职业能力、创新精神与创业能力要求为出发点,选取企业真实项目,参照行业企业

技术标准,由专业教师、企业工程师与行业专家共同进行二次开发,形成教学案例,建设和优化专业群案例项目库、实训资源库、考核资源库。以云端虚拟仿真平台为基础,通过功能多样的虚拟仿真设备和虚拟仿真软件打造技术先进、实时交互、资源共享、安全可靠、协同管理的现代化虚拟仿真教学基地,拓展学生的实践领域,丰富教学内容。建立科学长效的共享机制,打破校际、专业之间的壁垒,"政行企校"多方参与,统一规划,构建教学资源建设"共生、互动、融合、双赢"的新格局。

创新运营管理模式,建设开放型实践教学基地。积极探索学校与企业联动的技术技能人才培养模式,建设集教学实训、技能培训、技能鉴定与竞赛、创新创业孵化于一体的技术技能人才培训基地。采取市场化运行与管理模式,引入行业、企业标准,实现实践教学的企业化。按专业群分类组建校内外实践教学基地,适应特殊工况要求,校企共同建设实际生产装置与仿真操作结合、手动操作与集散控制操作兼顾的实训车间。

(三)多方协同,健全专业群可持续发展保障机制

深入开展教学诊断与改进,形成专业群自主管理、自我约束的机制。围绕产业需求,搭建校企命运共同体,为专业、专业群与工作过程、职业岗位、岗位群对接和可持续发展提供保障。完善市场需求调研、就业市场分析、毕业生跟踪调查、用人单位满意度调查、学生能力测评情况分析等工作制度体系,利用大数据平台,实时采集专业运行状态数据,统计、分析、检测专业建设状态,及时反馈与改进。编制学校专业质量年度报告,并接受社会各界监督。建立一流专业建设评价指标体系,定期进行专业建设绩效评价,对建设绩效明显的专业加大持续投入和项目激励,引导和支持各二级学院凝练专业发展方向,突出专业建设重点,打造一流专业群,办出特色,形成专业群周期性、常态化、网络化、全覆盖的自主管理、自我约束机制。

多方协同,健全专业群可持续发展保障机制。坚持党的领导,争取各级政府支持,创新"点线面"三维度校企合作推进机制,与行业领先企业建立长期、稳定、紧密的战略合作关系,企业深度参与教育教学改革过程,形成"你中有我、我中有你"的校企命运共同体。政府、行业、企业、学校多方协同,为专业群的可持续发展提供保障。

三、"三教"改革,构建教学新形态

(一)创新教师管理模式,建设高水平师资队伍

建立健全专业群教师专业标准,与产教融合型企业深度合作,共同组建高水平、结构化教师教学创新团队,教师根据专长分工协作进行模块化教学。对接"1+X"证书制度试点,开展教师全员培训。引进具有企业一线生产经验的硕、博士,聘请一批行业领军人才、大国工匠、齐鲁工匠、技术能手等企业经营管理和技术人员

到学校担任兼职教师。推动兼职教师参加"名师工作室"建设,与专任教师联合开展科研课题和技术攻关,提高兼职教师的教育教学和科学研究能力。基于新一代人工智能技术和教育教学改革发展的需要,定期聘请具有国际影响力的知名专家到校培训教师;鼓励广大教师走出去,到德国、日本、瑞士等发达国家研修,提升教师的教学研究能力和教师对信息技术的应用能力。深化"一师一优课"工作,积极参加国家教学能力大赛、青年教师技能大赛等,不断提升实践创新能力。聘用院士、"泰山学者"等高端人才,培养和汇聚一批具有国内影响力的带头人,带领具有创新能力和发展潜力的青年学术带头人和学术骨干建成高水平师资队伍。

(二)加强教材建设,开发优质立体化教材

完善教材建设机制,校企合作编写和开发符合生产实际和行业最新趋势的教材;适应化工专业课和实践课混合式教学、在线学习等泛在教学模式的需要,开发新型活页式、工作手册式教材,配套开发信息化资源、案例和教学项目,建立动态化、立体化的教材和教学资源体系;将新技术、新工艺、新规范纳入教材,及时更新教育教学内容;所有教材原则上每 3 年大修改调整 1 次、每年小修改调整 1 次。

(三)改进教学方式方法,形成课堂教学新形态

推进"课堂革命",实施"理实一体化"教学,通过做中学、做中教,在完成工作任务和解决工作难题的过程中,获得分析和解决问题的实践能力;大力开发网络课堂,建设智慧学习环境。实施分层分类人才培养,接受退役军人、下岗失业人员、农民工和新型职业农民等群体学习,培养大规模化工类蓝领工匠;完善学校教学数据中心,畅通共享平台功能,大力开发优质教学资源,共享各专业教学资源,扩大优质资源覆盖面。打破学习时间、学习地点、学习内容、学习方式和专业班级组织结构的界限,建成线上线下一体、课内课外打通、校内校外结合的无界化课堂,实现学生泛在学习、个性学习,从而推动课堂革命。

(四)创新"产教研创"平台,高质量实践育人

项目化教学,推进平台实践育人。依托"产教研创"平台,遴选企业项目,教师、学生与企业技术人员共建项目团队。企业项目转化为教学项目,融入课程教学和实践环节,学生在教师和企业技术人员的指导下参与各类项目,以项目成果评价学习效果。一年级完成基础性项目,夯实基本技能,培植兴趣,挖掘特长;二年级完成典型性项目,熟练专业技能,强化特长;三年级通过完成创新性、挑战性项目,提升研究能力和创新创业能力,形成发展优势,成为用人单位急需的人才,实现高质量就业创业。通过项目教学促进产教文化融合,弘扬工匠精神。

大规模培训

培训是职业院校的法定职责,职业院校要学历教育与培训并举,把培训作为服务区域经济社会发展的重要内容,做大做强社会培训,构筑社会培训高地,增强服务经济转型升级高质量发展的主动性和自觉性。东营职业学院立足专业、教师、设备等资源优势,积极争取职业技能提升行动计划任务,开拓培训市场,拓展培训领域,扩大培训规模,提高社会培训服务能力。

一、落实职业院校育训并举的法定职责

(一)培训的内涵

培训是指通过培养加训练使受训者掌握某些知识和技能的方式。为了达到统一的科学技术规范、标准化作业,通过目标规划设定、知识和信息传递、技能熟练演练、作业达成评测、结果交流公告等现代信息化流程,让受训者通过一定的教育训练技术手段达到预期的目标,从而提升个人工作能力、团队战斗力的训练都称为培训。

培训可从不同的角度分为社会培训、职业培训等。社会培训是对培训对象而言的,是指面向社会成员,包括行业部门、企业职工、社区居民、职业农民等受众,开展的技术技能培训、素质提升培训、职业技能培训、专项业务培训等。

新的《中华人民共和国职业教育法》指出,职业培训包括就业前培训、在职培训、再就业培训及其他职业性培训,可以根据实际情况分级分类实施。职业培训可以由相应的职业培训机构、职业学校实施,其他学校或者教育机构及企业、社会组织可以根据办学能力、社会需求,依法开展面向社会的、多种形式的职业培训。

(二)培训的时代发展

知识经济时代,以信息和知识的大量生产和传播为主要特征。培训是学习知识的重要途径,现代培训只有在观念、方法、内容等方面进行变革,才能适应时代发展的需要。

培训者由"知识传播者"向"知识生产者"转变。由于大部分的知识传播或转移将由现代数字化媒体系统完成,因而使教育培训者有时间进行知识更新、教学创新。一是将原始信息或知识进行加工、处理和包装,使之成为人们容易和乐于接受的"产品"形式;二是在综合分析原有知识的基础上,提出新观点、新理论和新方法,

创建新的知识体系。因此,教育培训工作者将由"知识传播者"转变为"知识生产者"。

培训内容由"补缺型"向"挖潜型"转变。受传统思维方式的影响,培训遵循的一直是"缺什么、补什么"的原则,但面对知识经济的挑战和日益激烈的市场竞争,培训仅为"补缺"是远远不够的,应把挖掘潜力作为培训的重点,把思维变革、观念更新、潜能开发纳入培训的内容,使受训者能够从培训中学会思考、学会创新,实现个人潜能的有效释放。

培训方式由"线下培训"向"线上线下培训结合"转变。移动互联网时代,学习的方式和路径也发生了很大的变化,原本培训需要现场讲授,学习者需要专门的时间来参加学习,现在随着各种学习技术和应用的发展,把传统的线下课程碎片化、结构化成线上课程,搭建线上学习平台,员工可以通过线上学习平台进行自主学习或完成组织的学习分配任务。

(三) 培训是职业院校的法定职责

2019年1月,国务院印发的《国家职业教育改革实施方案》(简称"职教20条")指出:"开展高质量职业培训。落实职业院校实施学历教育与培训并举的法定职责,按照育训结合、长短结合、内外结合的要求,面向在校学生和全体社会成员开展职业培训。自2019年开始,围绕现代农业、先进制造业、现代服务业、战略性新兴产业,推动职业院校在10个左右技术技能人才紧缺领域大力开展职业培训。引导行业企业深度参与技术技能人才培养培训,促进职业院校加强专业建设、深化课程改革、增强实训内容、提高师资水平,全面提升教育教学质量。"

2020年1月,教育部、山东省人民政府印发的《关于整省推进提质培优建设职业教育创新发展高地的意见》指出:"指导职业院校落实学历教育与职业培训并举并重的法定职责,承担更多职业技能提升行动计划任务,年培训量达400万人次以上,助力培养'百万工匠'后备人才。面向退役军人、下岗职工、农民工、残疾人等开展职业教育和培训。"

2022年5月施行的《中华人民共和国职业教育法》规定:"职业培训可以由相应的职业培训机构、职业学校实施。"可见,职业培训成为职业院校的法定职责。

二、培训路径和模式

高等职业院校要积极开拓培训市场、开发培训资源、开展培训合作,探索社会培训工作的新路径、新模式。积极探索行校、企校、政校结合的培训模式,不断拓展社会服务领域。加强培训基地建设和资源建设,积极探索培训合作模式,广泛开展面向企业员工、职业农民、行业组织、城市社区的社会培训,不断扩大社会培训的领域和规模。

（一）开拓培训市场

立足学校专业、教师等资源优势，积极争取职业技能提升行动计划任务；开拓培训空间，积极组织面向行业部门、企业职工、城市居民、职业农民的社会培训，面向退役军人、下岗职工、农民工、残疾人等群体开展培训，围绕东营主导产业体系及安全生产、生态环境、知识产权、旅游、医养健康等领域开展培训；开展在校大学生的职业技能、就业能力、创业能力培训，面向社会青年和小微企业主开展就业创业培训。

依托自身资源优势，拓展培训领域，扩大培训规模，提高社会培训服务能力。积极与东营市人力资源和社会保障局、退役军人事务局沟通对接，入围2021年度东营市新型学徒制培训机构和东营市自主就业退役士兵适应性培训定点培训机构。积极协调东营市人力资源和社会保障局推进东营市专项职业能力培训机构的申报工作。成为东营区人社局、东营经济开发区相应管理部门的定点培训机构。开拓证书类考试领域，通过与山东省国家信息安全水平考试认证管理中心、山东省开放大学NISP项目办积极合作，组织在校学生通过国家信息安全水平（NISP一级）培训与考试，取得中国信息安全测评中心颁发的证书。

（二）开发培训资源

面向产业转型升级和经济社会发展需求，建设培训教师资源库和培训人才库，各个专业群积极开发培训课程，开发培训包，推出培训产品。不断提升专业服务产业、教师服务社会的能力，提高社会培训服务水平。

积极与人社、财政等相关部门对接，发挥学校的人才资源和专业资源优势，整合校内外各方资源，推进培训资源开发。组织东营市专项职业能力考点申报，获批东营市专项职业能力培训机构，婴幼儿照护、AutoCAD、工业废水测定等25个专项职业能力培训考核专业。建设专项职业能力培训考核考点题库，完成东营市专项职业能力考评卷库84套。加强考评员队伍建设，学校教师100余人被确定为专项职业能力专业考评员。

开发培训包。依托学校的专业资源优势，设计开发了化学检验工、职业核心能力、焊接、数控车床、造价员、虚拟商业社会环境VBSE-ERP沙盘模拟、仓储管理、快递业务员、物流信息、推销实务领导力、网络设备安装与调试、网页设计与制作、园林绿化工、花卉园艺工、公共营养师、育婴师等专业培训包。

（三）开展培训合作

立足社会需求，深度推进产教融合、校企合作，通过整合校内外资源，实现师资共建、资源共享。充分利用学校资产、资源优势，开展培训合作，加大培训对象的组织力度，充分利用行业组织、社会机构的力量，开展合作，扩大生源。

加强专业建设和师资队伍建设,通过产教融合、校企合作,与专业、师资、设备、技术有机结合,提升技术技能积累和社会服务能力,实现培训路径的多元化发展。根据实际,因地制宜地推进订单、菜单、定向、委托等培训新模式,适应新需求,探究新方法。

三、培训体系建设

(一)培训体系的构成

培训架构和体系,包括培训商业模式、培训模块与体系、培训管理团队。

培训制度体系,包括培训管理制度、讲师管理制度、培训合作方管理制度、课程开发管理制度、培训网络营销管理制度、培训实施操作管理制度。

培训资源体系,包括讲师库、培训合作方库、培训课程库、培训班库。

培训运营体系,包括需求策划、计划组织、实施方案、评估流程、项目管理。

(二)培训体系的建设过程

第一阶段:制定并完善培训管理制度,建设培训管理团队,组建内部培训师团队。

第二阶段:(1)完善培训课程体系。重点开发一线员工的业务技能与服务意识培训课程和中层以上员工职业素质培训课程。(2)大力开展新员工培训、系统专业培训、营销培训、管理培训、储备人才培训等相关培训。(3)做好培训项目的策划和宣传工作。任何一个培训项目的开展,将通过精心的培训项目策划和宣传工作营造良好的培训氛围,提高培训的有效性。

第三阶段:做好培训效果评估改进工作。为保证培训工作的效果,将通过满意度、知识层、行为层、业绩层4个层次的培训效果评估,及时改进教材内容、讲师与授课方式、培训组织、培训跟进等方面的工作,以改善培训效果,使培训体系更符合业务发展及员工个人发展的需要。

四、培训能力建设

加强培训基地建设、培训师资队伍建设,提升培训项目设计开发能力,不断提高社会培训服务水平。

(一)培训基地

依托校企合作设立的"产业学院"和"科教研创"平台,加强社会培训平台和资源建设。完善社会培训平台,依托国际学术交流中心、实验实训中心加大社会培训统筹推进力度。依托东营市社区教育指导服务中心、社区老年大学和有关城市社区建立社区教学点,建立全民终身学习培训体系。依托市新型农民学校的工作体系,搭建职业农民教育培训平台。

加强技能培训基地建设。以学校实训中心为依托,统筹办学资源,建立与培训项目相适应的配套的技能实训基地,完善社会服务平台,保障各类培训的顺利实施。目前,学校已建成的培训基地主要有:山东省职业院校教师素质提高计划项目承担机构,山东省"双高计划"引领"双师"型教师队伍建设工程教师培训机构,东营市新型学徒制培训机构,东营市自主就业退役士兵适应性定点培训机构,东营市专项职业能力定点培训机构,东营区、东营经济开发区专项职业能力定点培训机构,东营市就业创业培训定点机构,东营市财政干部培训中心,东营市税务系统教育培训基地,东营市教育系统培训基地,东营市知识产权培训基地,东营市建设系统培训基地,东营市邮政系统培训基地,东营市消防救援支队人才培养基地等。积极推进建设省级、国家级高技能人才培训基地,校企合作共建示范性职工培训基地。

(二) 培训师资

加强培训师资队伍建设。统筹校内外教师资源,建设一支数量满足需要,专业结构合理,专业理论扎实,操作技能熟练,现场经验丰富,教学基本功过硬,教学水平较高的精通培训教学要求的专兼职教师队伍;充实培训管理队伍,将懂专业、会管理、善经营、年富力强的教师纳入学校培训管理队伍,形成一支精干的培训管理队伍。

对培训教师的基本要求:

1. 优良的理论体系和框架

培训教师要具备完整的理论框架,以这些框架为基础,把课程构建起来,使课程结构与理论知识相符合。在构建课程时,旁征博引,以增加信息量,拓展知识面。

2. 培训教师要有实践经验

培训教师在开发课程时,要有针对性,把自己的经验发掘出来,引导学员产生共鸣,或给学员一些参考,让学员觉得:"这个老师从事过这方面的工作,我要认真听,或许能给我启发,或解决我遇到的一些问题。"否则只是进行理论宣讲,学员学习懈怠、积极性不高,培训容易陷入被动。

3. 培训教师对课程有独立思考

学员参加培训,一方面是大家参与的学习气氛,有利于学习,可以与别的学员一起学习;另一方面是因为有培训教师,学员可以从教师身上学到知识。所以独立思考是培训教师最核心的特点。

4. 培训教师要有专业授课技巧

授课技巧和课程内容同样重要。作为培训教师,要用专业的授课技巧,引导学员参与课程,而不是教师独自演讲。对于大多数技能和态度类课程来说,引导学员参与是最好的选择。让学员自己练习和体会,教师跟踪观察点评,再总结和强调,直到学员学会为止。学员只有练习,对课程的理解才会深刻,才可能真正学会。因此,教师要有引导学员的授课技巧。

总体来讲,培训教师要用理论来构造体系,用经验来引起共鸣,用思考来超越感受,用案例来模拟场景,用技巧来引导学员参与。

(三)培训项目设计

提升培训项目设计开发能力。开发分级分类的培训课程资源包、数字化培训资源;开展碎片化、灵活性、实时性培训,把培训送到车间和群众家门口;加大校企双元开发优质实训教材的力度,引入企业真实项目和案例,探索推行"互联网+培训"模式,扩大培训覆盖面。

进行培训项目设计开发要以提升培训效果为着眼点。以企业员工培训为例,提升培训效果的途径主要有:

1.明确培训目的

培训目的是指导培训工作的基础,也是衡量培训效果的标准。培训的直接目的是提升员工的知识、提高员工的技能、改变员工的态度;培训的间接目的是使企业与员工形成共同目标,以维持企业的持续发展。

(1)优化人岗匹配。以岗择人、人岗相适是企业发挥员工积极性的重要途径,通过培训使员工更好地胜任自己的本职工作,以在自己的岗位上发挥更大的作用。

(2)提高员工的能力和技术水平。企业的发展对员工的能力和技术水平提出了新的要求,只有通过培训才能使员工能力和技术水平的提高与企业的发展同步。

(3)提高员工的综合素质。员工的综合素质直接关系到公司的发展,通过培训提高员工的综合素质是培训的重要手段。

(4)有效沟通、团结协作。通过培训使得企业各部门之间及员工之间能够有效地进行思想、观念、信息、情感的交流,以促进彼此间的了解,形成企业内部和谐的人际关系、高效的工作团队,团结协作完成企业的目标。

2.确定培训原则

培训原则是指导培训的纲领性文件。培训的主要原则有:

(1)前瞻性原则。应根据企业的战略及同行业发展的趋势安排员工的培训工作,从企业的实际出发,因人而异、因岗而异、因部门而异地进行培训。

(2)长期性原则。对企业员工的培训应具有长期性,只有长期性的培训才能使员工的综合素质得到提高。

(3)系统性原则。对企业员工应进行有系统、有计划、有步骤的培训。

(4)实用性原则。对企业员工的培训应强调针对性、实践性,企业发展需要什么,员工缺少什么理论和技术,就应及时安排培训。

(5)效益性原则。对员工的培训不但能提高企业的经济效益,而且能够形成良好的学习氛围,为企业建设形成学习型组织打下良好的基础。

3.加强培训组织

良好的培训组织是增强培训效果的关键,也是实施培训工作的保证。加强培训组织的主要措施:

(1)组成培训领导小组,负责整个培训的组织领导工作,负责制订长、中、短期培训计划。

(2)保证培训经费。做好培训经费的预算,培训资金应专款专用。

(3)规定培训时间。应保证企业每位员工每年参加培训的时间。

(4)加强培训的监督与管理。对培训经费的划拨和使用、培训计划的编制及实施进行监督与管理。

4.制订培训计划

培训计划是为实现培训目的,确定的具体途径、步骤、方法等。培训计划应由培训领导小组根据培训的目的在进行培训需求调查分析的基础上制订。其内容主要包括:

(1)培训需求分析。培训需求分析主要包括组织分析、任务分析和人员分析。

(2)制订员工培训计划。计划内容主要包括培训目的、培训对象、培训内容、培训时间、培训地点、培训方法、培训费用等。

5.设计培训内容

企业内不同层次、不同部门的员工需要接受的培训内容各不相同。即使是同层次、同部门、同一名员工在不同的时间、不同的工作性质,其所需接受的培训也不相同,因此针对企业的实际情况及员工的具体需求设计培训内容是十分重要的。培训最好能分层次、分部门进行,这样有助于培训内容的设计。培训的内容是否有针对性直接影响到培训的效果。

6.组织培训实施

企业员工的培训实施工作主要包括:

(1)培训内容设计。根据对培训需求的分析,设计培训内容,培训内容要具有针对性、实用性。

(2)选聘培训教师。培训教师的选聘可根据培训的内容和培训教师的特长确定,而培训教师的选聘直接影响到培训的效果。

(3)培训课程描述。培训课程描述是有关培训项目的总体信息,主要包括课程名称、目标学员、目的陈述、课程目标、地点、时间、培训设备及培训教师名单。

(4)培训时间安排。每个培训项目都要制定一个课程时间安排表,包括培训项目的主要内容、相应的时间安排及时间间隔的计划。

(5)培训场所安排。培训场地舒适、安静、独立,不受干扰且有足够大的空间,能够在培训中使用范例(如录像、产品样品、图表、幻灯片),且应根据培训的要求安排座位。

（6）准备培训资料、器材及保存培训资料。

（四）培训方法

培训方法主要有讲授法、演示法、研讨法、视听法、角色扮演法和案例研究法、模拟与游戏法等。不同的教育培训方法有其自身的优、缺点，为了提高培训质量，往往需要将各种方法配合运用。

（五）评估培训效果

为了增强培训效果，需要对培训项目参训人员进行评估，通过评估可以反馈信息、诊断问题、改进工作。评估可作为控制培训的手段，贯穿培训的始终，使培训达到预期的目的。

培训评估主要包括以下几部分：

培训过程中——评估培训项目包括哪些内容？参训人员对此是否感兴趣？

培训后——评估参训人员学到了什么？评估参训人员对经营管理是否有促进？

参训人员回到岗位后——评估培训的内容是否在工作中有用？

培训效果的评估可采用问卷调查、访谈、对比分析等方式。

五、培训保障机制

（一）强化组织领导

学校成立了以校长为组长、分管副校长为副组长、各有关处室和二级学院负责人为成员的社会培训工作领导小组。培训主管部门代表学校统筹管理全校社会的培训工作。各职能部门按照职责分工，全力支持配合开展社会培训，做好教师调配、教学场地、食宿安排等工作。各二级学院设立社会培训工作机构，明确分管领导，配备工作人员，全方位开展社会培训。形成学校主导、学院主体、部门联动、全员参与的社会培训工作格局和运行机制。

制定《东营职业学院社会培训工作管理办法》，社会培训工作实行主管部门统筹管理与服务、各二级学院为培训主体的管理体制。在学校领导下，主管职能部门加强对全校社会培训工作的指导、协调和服务。各二级学院作为社会培训工作的主体，利用专业资源优势，加强对社会培训项目的联系洽谈、组织实施。

建立社会培训周例会、月调度、季通报制度，定期听取二级学院培训工作汇报。建立培训项目方案评审制度，科学评价培训绩效。

（二）加强培训保障服务

加强培训的软、硬件建设，增强培训服务保障能力。建设了"东营市高技能人才公共实训基地"和现代制造加工、石油工程技术等实训中心。学校与东营市农业高新技术产业示范区、万达集团等企业共建校外实习实训基地。

（三）完善培训经费管理

培训费用由项目举办单位与培训委托单位协商一致，签订协议书，向委托单位或个人收取。合作培训项目，明确学校与合作单位的经费分成比例，由项目举办单位签订合作协议书，合作协议实行统一报备制度。社会培训收入全额纳入学校财务，实施分项核算管理。培训收入支出必要的培训成本后，学校按一定比例统筹提取，剩余的全部用于培训主办单位发放绩效工资。

（四）激发培训内生动力

建立规范、协调、高效、可考核问责的长效评价考核机制。各二级学院的社会培训开展情况作为二级单位目标管理考核的重要内容。

社会培训工作量，按一定比例折算成全日制学生培养工作量。培训授课教师按实际授课时数的1/3计算全日制学生培养工作量；培训管理人员按培训项目总课时数的1/5计算全日制学生培养工作量。将培训服务课时量和培训成效等作为教职工工作绩效考核的重要内容，以及职称评聘、职级晋升、评先树优的依据。

深层次融合

中共中央办公厅、国务院办公厅印发的《关于深化现代职业教育体系建设改革的意见》提出："以提升职业学校关键能力为基础，以深化产教融合为重点，以推动职普融通为关键，以科教融汇为新方向，充分调动各方面积极性……"产教融合、校企合作是职业教育的基本办学模式，也是职业教育最突出的办学优势，是推动职业教育高质量发展，增强职业教育适应性的关键。科教融汇是党的二十大对职业教育提出的新要求。深层次融合既是对产教融合的要求，也是对科教融汇的要求。

党的十八大以来，国家、各地陆续出台并实施了一系列政策，建立健全政府主导、行业指导、企业参与的办学机制，鼓励行业企业全面参与教育教学的各个环节，推进产教融合、校企一体办学，促进专业与产业、企业、岗位对接。全国组建了1 500多个职业教育集团（联盟），涵盖了企业、学校、行业、科研机构在内的4.5万余家成员单位，形成了资源共享、责任共担、合作发展的具有中国特色的职业教育办学模式。在全国培育了3 000多家产教融合型企业、试点建设了21个产教融合型城市，构建起以城市为节点、行业为支点、企业为重点的产教融合新模式。在"土地＋财政＋税收"政策的激励下，职业学校与企业共建实习实训基地2.49万个，

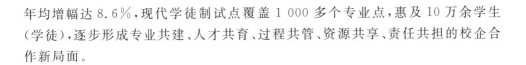

年均增幅达 8.6％,现代学徒制试点覆盖 1 000 多个专业点,惠及 10 万余学生(学徒),逐步形成专业共建、人才共育、过程共管、资源共享、责任共担的校企合作新局面。

一、深化体制机制改革,搭建合作平台

(一)搭建"科教研创"平台

"科教研创"平台是学校与行业企业、科研机构、创新创业团队等合作的重要载体,是教学、科研、育人同生产、研发、创新相结合的有效方式,要利用平台积极开展教育教学、研究研发、社会服务、文化传承、创新创业、队伍建设等活动。平台建设以专业为基础,原则上每个专业至少搭建一个,鼓励学校职能部门结合部门特点积极搭建平台。平台建设参与主体应包括专业教师、行业企业(或科研机构)技术人员、优秀学生等。通过与行业企业共建生产性实训基地、技术研发中心等,整合资源,拓展功能,打造融技术研发、实践教学、创新创业和社会服务等功能为一体的"科教研创"平台。

东营职业学院以现有的 2 个国家生产性实训基地、2 个国家协同创新中心和 5 个技艺技能传承创新平台等为引领,每个专业建设集教学、研发、服务和创新创业教育于一体的"科教研创"平台,发挥平台作用,带动专业发展、教师发展、学生发展和技术技能积累。建设大师工作室、创业孵化器等科技创新平台,开展技术攻关、社会服务和人才培养,打造一批高质量创新创业项目。建设成果转化平台,密切跟踪成果从研究到技术到产品的全链条发展过程,畅通科技成果转移转化渠道,鼓励师生创造发明,对发明者给予资金和政策支持。学校各专业以平台为载体,在项目研发、成果转换、技术推广、社会服务、专业与课程建设、教材开发、订单培养、技能大赛、实训基地建设、教师顶岗、兼职教师聘任、学生实习、校企文化融合等方面开展全方位合作。

(二)推动职教集团建设

集团化办学是深化产教融合、校企合作,激发职业教育办学活力,促进优质资源开放共享的重大举措;是提升治理能力,完善职业院校治理结构,健全政府职业教育科学决策机制的有效途径;是推进现代职业教育体系建设,系统培养技术技能人才,完善职业教育人才多样化成长渠道的重要载体;是服务经济发展方式转变,促进技术技能积累与创新,同步推进职业教育与经济社会发展的有力支撑。

2020 年,学校牵头成立了全国人工智能职教集团。积极发挥产教融合、校企合作、集团化办学的作用,推动师资队伍建设、专业实训基地建设、就业、技能大赛、教学资源共享、"教科研"合作等。集团成员从自身需求出发,在专业建设、实验室

建设、人才培养模式改革与创新、人才培养方案优化等方面与兄弟院校和企业展开合作，积极邀请兄弟单位专业技术人员开展调研、研讨，为专业建设和发展献计献策。发挥不同高等职业院校的优势，安排专职教师赴兄弟院校交流学习或委托培训；发挥企业的实践优势，委托企业对青年教师进行实践能力锻炼，聘用企业技术人员和专家作为兼职专业带头人或兼职教师，指导专业建设，参与实践教学环节和顶岗实习的授课过程，真正实现了人力资源的共享和交流；学校教师到企业参加实践锻炼，聘任企业专家和技术人员担任兼职教师，参与课程建设和日常教学。充分利用集团院校、企业的资源和技术力量，统筹规划、集约管理，优化资源配置，依据企业对人才的需求和院校对人才培养的教学要求，建立校外实训基地、生产性实训基地等共享性实训基地，落实学生生产性实训和岗位实习，共同培养高素质人工智能技术技能人才。

（三）完善产业学院模式

产业学院是学校推进校企合作的新模式，是培养应用型人才的重要方式，是提高学校办学实力的重要途径。它有利于主动对接地方经济社会发展的需要和行业企业技术创新要求，把握行业企业的人才需求方向，充分利用地方资源，发挥自身优势，凝练办学特色，深化产教融合、校企合作、协同育人，增强学生的就业创业能力。

产业学院以行业企业需求为目标，以为行业企业服务为指导思想，着力打造共商、共建、共享的责任共同体，深入推进产学合作、产教融合、科教协同。通过校企联合制定培养目标和培养方案、共同建设课程与开发教程、共建实验室和实训实习基地、合作培养培训师资、合作开展研究等，鼓励行业企业参与教育教学的各个环节，促进人才培养与产业需求紧密结合。

通过"专业学院＋产业学院"的多元化办学模式，主动对接地方支柱产业、新兴产业和特色产业链，服务地方产业结构调整和转型升级。构建提高专业人才培养质量的协同育人机制，助推区域产业转型升级，培养具有较强行业背景知识、工程实践能力、胜任行业发展需求的应用型技术技能人才。

二、融入区域经济社会发展，服务地方产业新旧动能转换

（一）提升智力支撑水平

精准对接东营市"5＋2＋2"主导产业体系，结合我校专业建设的实际，实施名师名家引进培育工程。用好"一事一议""齐鲁之约"海外引才、"泰山人才"工程、事业单位特设岗位等人才政策，实施"双百引才计划"项目，积极开展招才引智活动，引进一批高端人才，为东营市经济社会的高质量发展和学校的专业发展提供人才

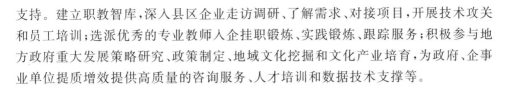

支持。建立职教智库,深入县区企业走访调研、了解需求、对接项目,开展技术攻关和员工培训;选派优秀的专业教师入企挂职锻炼、实践锻炼、跟踪服务;积极参与地方政府重大发展策略研究、政策制定、地域文化挖掘和文化产业培育,为政府、企事业单位提质增效提供高质量的咨询服务、人才培训和数据技术支撑等。

(二)做大做强培训和继续教育

完善以二级学院为主体的培训激励机制,鼓励二级学院积极拓展培训业务,培训收入与二级学院的办学经费和教师绩效工资挂钩。发挥国家开放大学石油和化工学院环渤海工业园区学习中心、国际交流中心、全市社区教育指导服务中心等平台的作用,积极对接区域内政府、行业、企事业等单位的人才需求,整合校内外各类培训资源,大力开展面向全社会的各种培训和继续教育。全面实施"1＋X"证书制度试点,打造职业培训的新亮点。

三、深化开放办学,服务"一带一路"建设

(一)把国际优质职业教育引进来

1.把国际先进职教模式引进来

引进国际先进职教模式是实现人才培养与国际接轨的重要手段,是推进职业教育高质量发展的有效途径,对于我们更新职业教育理念,改革职业教育模式,提高教学效率,提升东营职业学院的教育质量具有非常重要的意义。继续优化选聘美国、德国、俄罗斯、新加坡等国家和台湾等地区的专家为特聘教授,邀请专家到校讲学,共同探讨人才培养方法,联合开展职业教育研究。深入做好学校与俄罗斯乌法国立石油技术大学合作举办的石油化工技术中外合作办学项目。通过引进俄方职业教育领域的优质教育资源,培养能适应"一带一路"倡议,适应现代化建设和经济社会发展需要,德、智、体、美、劳全面发展,系统掌握专业基本知识和实践应用方法,富有创新精神、国际视野和国际交往能力的高素质、应用型技术技能人才。

2.把优质职教资源引进来

遵循国际优质职业教育资源本土化改造的基本原则,关注项目引进过程中由于文化不匹配而产生的潜在风险,调和中外文化之间的冲突,实现国(境)外教育资源与中国本土文化的融合。探索职业教育国际化新模式,加快职业教育国际化合作与交流,充分利用国(境)外的优质教育资源,借鉴别的国家的成功经验,优化自身的人才培养方案、课程体系和师资队伍建设,改造实训场地,完善教学设施,有效提升学校的办学内涵。

3.把留学生引进来

来华留学生承担着丰富和发展"一带一路"的独特使命,为"一带一路"建设提

供人才支撑和智力支持,为教育国际交流与合作带来新的契机。因此,应进一步优化政策,加大宣传力度,积极招收留学生、交流生;拓展来华留学生的生源渠道,扩大招生规模,进一步提高生源质量;基于本校的办学特色和实力,设立完善的奖学金制度,以增强对留学生的吸引力;通过建设自己的招生网站、参加国际教育展等,与海内外的教育机构进行合作交流,提高学校的知名度;同时,提升留学生的教育水平和质量,设置国际化的专业课程,加强双语师资力量,做好留管人员的素质建设。

(二)让中国特色职业教育走出去

1. 学校走出去办学

职业教育积极主动地推动教育对外开放,可以扩大学校国际合作的广度和深度,服务于"中文＋职业技能"教育高质量发展新体系,在走出去的过程中,参与国际产能合作,推动专业标准落地,培养适合中资企业发展需要的技术技能人才。深入推进鲁班工坊、中文教育中心的建设。在疫情允许的条件下,选派优秀教师赴孔子学院任教。在疫情常态化形势下,积极转变教学模式,通过建立"班级微信群＋腾讯直播教学平台＋网络孔子学院课程资源＋课前课后作业"立体组合的方式,开展汉语教学。同时,学校要全方位积极尝试以"云交流"的方式开展学生与教师国际交流、海外办学、中外合作办学、文化交流等各种形式的活动——云开学典礼、线上签约、云揭牌、线上国际论坛、线上国际会议等。

2. 教师走出去提升职教能力

教师赴海外开展职业教育不仅带来了新的挑战,也对教师的综合能力提出了新的要求。为了提升教师"走出去"的职教能力,一是要加强学校履行"走出去"任务的能力,培养"能上讲台、能下车间、能讲英文、会教中文"的国际化教师队伍;二是要完善和"走出去"相配套的制度,尤其应当注重激励机制的建设,以激发教师的积极性,保障职业教育海外办学行稳致远。

3. 学生、学员走出去实习就业

一方面,学校要紧跟"一带一路"的步伐,对学生加大开展职业技能培训。探索行业企业主导的校企合作模式,与"一带一路"国家合作建立"海外职业技术培训基地",以便培养匹配企业海外发展的员工。另一方面,要加强本校服务企业"走出去"建设的能力。实现校企优势互补,学校要充分利用合作企业资源,把握行业动态,熟悉海外劳动力市场状况,服务海外企业人才需求。培养一批懂技术的学员走出去就业,既可以提高其在当地劳动市场的竞争力,又可以解决中资企业人才需求的问题,改善民生,促进民心相通,推动构建更加紧密的人类命运共同体。

"双师"型队伍

　　东营职业学院的教师队伍建设突出产教融合这一主线,聚焦师德学养建设,创新教师激励机制,提升教师发展中心功能,实施"素提计划",内培外引,优化教师队伍结构,大幅提升教师队伍的整体水平。积极打造一支思想素质高、教育教学能力强、行业影响力大、具有创新能力和国际视野的高水平师资队伍。自优质校建设以来,学校培养"国家'万人计划'教学名师""全国模范教师"等省级以上荣誉称号获得者 28 名,1 名教师获评二级教授。

一、坚持"四有"标准,打造敬业、乐业、专业的教师队伍

　　坚持习近平总书记提出的"四有"好老师标准,创新师德师风建设。把习近平新时代中国特色社会主义思想作为教师教育的重要内容,提高教师的政治素养,拓宽教师的文化视野,推动教师成为先进文化的传播者、党执政的坚定支持者、学生健康成长的指导者和引路人。开展师德教育,充分利用教师节等重大节庆日、纪念日,通过广播、报纸、网站及新媒体,努力营造崇尚师德、争创师德典型的良好氛围。深入开展"大国工匠进校园""劳模进校园""优秀职校生进校园"分享等活动,宣传展示大国工匠、能工巧匠和高素质技术技能人才的事迹和形象,培育和传承工匠精神。强化师德监督,建立健全师德建设年度评议、师德状况调研、师德重大问题报告和师德舆情快速反应制度,构建学校、教师、学生、家长和社会多方参与的师德监督体系。坚持客观公正、公平公开的原则,加强师德考核。注重师德激励,立足教师成长,完善评价、考核、激励机制,加强教师的职业理想和职业道德教育,将师德作为专业技术岗位竞聘、考核评优的重要指标,将师德表现作为评奖评优的首要条件,师德表现突出的,在教师职务晋升、岗位聘用、评先树优中优先考虑。严格师德惩处,违反师德要求的,依法依规给予处分,对教师严重违反师德行为因监管不力造成不良影响或严重后果的,追究相关负责人的责任。

二、实施"素提计划",打造高水平"双师"型教师队伍

(一)依托"平台"提素质

　　依托学校"科教研创"平台和省级及以上创新平台,建设"无界化"创新型团队,以项目为载体,开展教育教学、技术创新和社会服务活动,打造一流的"双师"型教

师团队。实施"四个一"工程,即每位教师参加 个团队、参与一个项目、出一批成果、带一批学生。制定教师分类管理办法,将教师分为"教学型""教学科研型""科研型""创业型"4 种类型,组织教师按照专业发展情况和类型加入不同类型的团队,参与技术研发、教育教学、创新创业、社会服务等项目,提升教师的专业能力、技术研发能力、信息技术应用能力、创新创业和社会服务能力,提高团队的建设水平。

1. 打造一流教育教学团队

以高水平教学成果培育为抓手,以教练型教学名师为团队负责人,选拔教学型教师和教学水平高的兼职教师组建教育教学团队。通过开展专业建设、课程开发和项目化教学改革,组织团队成员参加各类专业技能竞赛,参加教学资源库建设等,提高教师的专业能力和信息技术应用能力。依托省级名师工作室组建团队,通过基础项目和生产项目的教学和开发,提升青年教师的教学实践能力。依托由技能大师和首席技师组成的技能大师工作室组建团队,通过技改项目的教学与研究,提升专业教师的教学科研能力。依托院士工作室、"泰山学者"工作室组建团队,通过研发项目的开发和应用,提升专业教师的技术创新能力,培养具有创新精神的技术技能人才。通过教师人人参与团队,人人参与项目研发与教学研究,实现教师综合能力的递进式提升,打造全国一流的专业教学团队。

2. 打造一流技术研发团队

围绕职业教育发展、教育教学改革和企业转型升级的需要,以技术研发能力强的名师名家和国家、省级技能大师为团队负责人,选拔科研型教师和技术研发能力强的兼职教师组建技术研发团队,依托协同创新中心、联合实验室等,建设技术技能积累平台;积极申报科研课题和横向课题,并与企业联合进行技术攻关与研发,提升技术研发、技术咨询、技术服务及产品研制、成果转化和工程化能力,积极承担行业共性技术、关键技术攻关任务。通过开展应用型研究,组织团队成员承担新技术研发项目,与企业联合进行科研攻关,参加省市级创新平台的项目研发和成果转化工作,引导教师将研发成果转化为教学资源等,提高教师的技术研发和教学研究能力,提升团队的技术研发水平。

3. 打造一流社会服务团队

围绕区域社会发展的重大课题,以区域产业领军人物为团队负责人设立创新型岗位,选拔教学与科研型教师和具有一定行业影响力的兼职教师组建社会服务团队。通过承担企业的新技术培训任务,建立"教育智库",参加校外各类高端智库,为行业产业发展提供决策与咨询,带领学生创新创业,完善技术技能积累平台和教育教学沉淀平台的互通转换机制。基于技术技能积累平台,助推专业与产业对接、课程内容与职业标准对接、教学过程与生产过程对接;优质技术资源、技能资源进入职业教育课程与教育教学,充实教育教学沉淀平台。基于教育教学沉淀平台,对接行业与企业需求,更有效地提高人才培养的质量与效率,丰富技能人才培

养途径与资源,为技术技能积累平台提供服务。

(二) 全员培训提素质

1. 制定教师培训管理办法,推进教师培训实现"四化"

教师培训"四化"即培训任务标准化,每次培训均制订详细计划,明确培训标准,开展系统化培训,每年对专业教师进行系统培训;实施培训课程模块化,将师德修养、工匠精神、岗位能力、行业标准、双创教育、信息技术等列入培训的必修内容,突出按需施训;培训方式信息化,运用"互联网＋"、MOOC、VR 技术、手机 App 等信息化手段升级培训方式;培训组织形式多样化,采取"工学交替"、O2O、校本培训、省级培训、国家级培训、访问学者、跟岗访学、企业实践等组织形式,突出培训成果和实际运用相结合,增强培训的针对性和实效性。加强集中学习与分散自学相结合、线上学习与线下学习相结合、校本培训与校外培训相结合、理论学习与企业实践锻炼相结合的力度,充分发挥学校和企业双培训的主体作用,分类别递进式开展全员培训,实现培训任务标准化、培训课程模块化、培训方式信息化、培训组织形式多样化,完善教师入职培训、专业技能培训、领军能力培训体系,形成"四结合、双主体、分类别"的培训体系,提高教师的"双师"素质。

2. 将"教师发展中心"打造成一流的教师发展基地

完善"教师发展中心"的场地配套设施,包括活动室、休闲区、电子阅览区等,面向职业教育发达的国家和地区组建培训研讨导师团队,引进国内外优质培训资源,根据不同需求制定培训课程和研讨交流课题,发挥"教师发展中心"在教师进修培训、教学研讨、在线学习中的作用,大力度开展校本培训,有针对性地提升专、兼职教师水平。与教育部高师培训中心合作,建设"东营职业学院教师在线学习中心",优选教育部优秀的专业课程,保证教师足不出户就能接受全国最先进课程的学习。

3. 以学校教育教学和教师个性化成长需求为导向,分类开展教师校外培训

选派专业带头人到国家级培训基地参加领军能力研修,提升教师的团队合作能力、技术研发与推广能力、课程开发能力、"教科研"能力。组织骨干教师和青年教师到国家级、省级培训基地参加专业技能培训,提升教师的"理实一体化"教学能力、专业实践技能、信息技术应用能力。组织有发展潜力的优秀青年教师到天津大学、中国石油大学、天津职业大学等知名本科高校、高等职业示范校骨干校等优质院校跟岗访学,通过全面参与培训院校教育教学实践和管理,更新青年教师的教育理念,提升其教学能力、研究能力和管理能力。修订学校教师参加企业实践锻炼管理办法,面向全国,在中国万达集团等大中型企业中建设教师实践锻炼基地 84 个,每年选派专业教师到企业实践基地进行实践锻炼,通过顶岗锻炼、挂职锻炼、企业调研等方式,提高教师的动手操作能力。落实 5 年 1 个周期的全员培训,落实新任教师先实践、后上岗和教师定期实践制度,所有专业教师 5 年内具有 6 个月的企业实践锻炼经历,进一步提升教师的"双师"素质。

(三) 梯次培养提素质

以"'双师'素质青年教师—骨干教师—名师名家"为提升通道,实现分层培养,促进教师梯次成长,加强高水平兼职教师队伍建设。建设期内,引进、培养领军人才和"教练型"名师名家。

1. 实施高水平"双师"素质青年教师成长工程

按照学校的建设发展要求,通过自主招聘、"双百引才计划""金蓝领聚才计划""外专双百计划"等多种形式,招聘引进高素质人才,将思想政治素质作为拟聘用人员考察和试用期考核的重点。自主招聘原则上具有 3 年及以上企业相应工作经历的专业专任教师;探索采取考察的方式招聘博士、首席技师、行业企业技术能手、能工巧匠等高层次、高技能人才;探索实行项目工资制、年薪制,吸引具有实践经验的博士、企业管理人才、科技人才、高技能人才等到学校任教。

创新新进教师入职培训形式,按照教师"教育者、引导者、学习者"的职业角色定位,遵循"目标引导、个性设计、岗位锻炼、环境支持"的培养思路,围绕职业道德、专业知识、教学能力、班级管理 4 个方面,制定《青年教师入职培训方案》,提高青年教师培养的针对性和实效性,确保青年教师每 5 年至少有 1 年企业服务经历,让新入职的教师尽快通过"双师"素质认定,促进青年教师快速健康成长。

实施青蓝工程,选派校内名师名家担任青年教师的校内导师;实施"企业导师制",选聘校外行业专家担任青年教师的校外导师,结对培养。指导优秀青年教师参加讲课比赛、信息化教学大赛、教师技能竞赛,提升青年教师的教育教学能力。支持青年教师积极参与专业建设规划、专业教学方案设计、院级以上科研项目和精品资源共享课程建设;组织青年教师参加各级各类信息化教学、微课、职业技能等教学竞赛活动,提高青年教师的执教能力,培养"教坛新秀"。制定校企双向互聘机制,选派青年教师到企业顶岗锻炼和挂职锻炼,掌握前沿理论知识和熟练的岗位操作技能,提高青年教师的"理实一体化"教学能力,助推"双师"素质青年教师快速成长。

2. 实施骨干教师提升工程

安排骨干教师到德国、澳大利亚、新加坡等职业教育发达的国家进行专业培训,到国内重点高校、科研机构做访问学者,到国内先进高等职业院校挂职锻炼,到科瑞集团等重点企业顶岗锻炼,主持或参与教学改革和教学成果培育、教学标准开发、精品资源共享课程建设,参加各类技能比赛,提升其教育教学水平;引导教师积极加入行业协会,承担企业技术研发项目,参与企业员工培训,参加与专业相关的团体组织、行业协会,提升其技术研发能力、社会服务能力和行业影响力。

3. 实施名师名家引进、培育工程

创新高层次人才引进与管理办法,实施"双百引才计划"项目,大力度引进高学历人才,对引进的博士 5 年内给予住房补贴,提供科研启动经费。实施"金蓝领聚才计划"，引进中华技能大奖获得者、享受国务院政府特殊津贴的高技能人才、在国外知名职业院校大学任教 5 年以上的"双师"型教师、全国技术能手、省市级首席技师及相当层次的人才等有行业影响力的名师名家，所引人才享受东营市提供的各类优惠政策。实施山东省"外专双百计划"等项目，探索引进海外高层次人才。

建立校内名师名家培育机制，遴选有发展潜力的专业带头人和骨干教师作为培育对象。制定支持教师攻读博士的优惠政策，建立学校博士联谊会，创新科研工作量与教学工作量互通机制，提供博士科研启动经费，支持博士开展科研课题研究。

重点培养区域产业领军人物，通过参加国内外研修、本科高校进修、学术研讨会议、行业企业实践，担任行指委、专指委职务和国家技能竞赛裁判员等方式提高其职教能力和科研能力、技术研发和社会服务能力，能够胜任企业咨询和行业智库，使其在本人所学专业领域具备专业领军水平。

建立行业企业领军人才、企业管理者、技术能手和学校教学名师、骨干教师双向流动、相互兼职制度。根据教学科研需要，依托"科教研创"平台，设立兼职教师特聘岗位，聘请院士、"泰山学者"、"齐鲁名师"、"黄河三角洲学者"等高层次人才组建各类人才工作室，聘请胜利油田钻井工艺研究院的院士为特聘教授，联合企业技术专家，成立院士工作室；由"泰山学者"领衔，成立"泰山学者"工作室、"泰山产业领军人才"工作室，带领培育对象承担或参加课题研究和技术研发，引领提升培育对象的科学研究和技术研发水平，充分发挥其人才培养和技术创新的引领作用，指导专业建设；开发项目课程资源；指导生产性实训和技能大赛；组建团队共同完成企业咨询、规划管理、流程重组等社会服务项目。制定科学、系统的培养规划，校企结合、产教融合，开展一系列产、教、研、创等活动，促进教师的专业化发展，打造具有鲜明职教特点、教练型的师资队伍，以及教练型教学名师，培养在行业内有影响力的专业领军人才。

制定技能大师工作室建设规划和管理办法，创设条件，搭建平台，开设"大师课堂"，支持大师申报课题，参与课程开发研究、教材编写，参与社会实践、学术交流活动，充分发挥示范带动作用，促进教师发展。多为专业带头人提供行业、产业交流机会或平台，争取在全国性或国际性教学或行业组织、团体担任重要职务。要求专业带头人及时跟踪产业发展趋势和行业动态，准确把握专业建设与教学改革方向，保持专业建设的领先水平，提升专业水平、扩大行业影响力。

遴选优秀培育对象，建立名师工作室，联合国内外知名高校和企业，带领教师开展专业建设、课程开发和教材编写，带领教师参加政府、企业技术研发、咨询、培训，提高其科研水平和领军能力，建成多个省级名师工作室。

4.实施技术技能大师培育工程

与企业联合建设技能大师工作室，选派技术技能大师到企业挂职锻炼，探索建立创新型岗位,支持技术技能大师与企业联合创新,参与国际职业标准的制定和平台建设,承担国际政府间的科技合作项目,鼓励教师到"一带一路"国家为企业培训急需的本土化人才,为国外企业提供新技术培训,培养具有"绝技绝艺"的技术技能大师。

5. 实施高水平兼职教师聘用、培育工程

建成动态调整的兼职教师资源库。制定兼职教师培训管理实施方案,针对兼职教师教育教学能力弱的特点,开发兼职教师培训课程,为兼职教师开通"东营职业学院教师在线学习中心"账号,加强师德培训,分专业实施教学能力提升培训,为每位兼职教师配备一名校内"教学导师",专兼职教师共同备课,定期组织经验交流、教学研讨和观摩公开课活动,提高兼职教师的教学能力。完善《兼职教师管理办法》,探索建立兼职教师科研工作量与教学工作量互换制度,提高兼职教师的课时费标准。聘请中石化、科瑞集团、中国万达集团等全国 500 强企业的高水平科研人员和能工巧匠到校任教,指导实践教学,参与实训室建设、"产学研"合作。组织兼职教师参加名师工作室建设,支持兼职教师与专任教师联合开展科研课题和技术攻关,提高兼职教师的教育教学和科学研究能力。打造一支实践能力强、教学水平高、科研能力强、行业影响力大的兼职教师队伍。

(四)拓宽视野提素质

制订教师国(境)外培养计划,为教师出国(境)学习搭建培训交流平台,在教学、科研和管理方面培养一批国际化人才,并在校内发挥示范带动作用。

1. 拓宽国(境)外培训渠道

在发达国家和地区建设海外"师资培训基地",每年选派专业骨干教师赴培训基地进行教育理论和专业学习;根据学校的专业发展需求,有计划地组织专业教师培训团到美国、德国、加拿大、澳大利亚、中国台湾等职业教育发达的国家和地区进行专业培训;选派教师参加学生境外交流学习活动,带领学生深入课堂,学习国(境)外先进的教学模式和教学方法,进行专业研修和交流,掌握相关专业领域与世界接轨的新知识、新技能和新标准。组织教师参加国家级培训、省级培训项目中的境外专业培训;积极争取支持,选派优秀教师参加国家高等职业院校教师能力建设海外培训项目、国家公派出国留学项目、省政府公派出国访学项目等。选派优秀专业教师参加与专业有关的国际会议、讲学、学术访问与交流等。

2. 提升教师的国际影响力

支持教师参加发达国家和地区的职业教育年会和学术交流活动,参加世界职业教育联盟、悉尼认证联盟等国际组织会议,参与国际职业标准的制定和平台建设,承担国际政府间的科技合作项目。与科瑞控股集团等外向型企业合作,鼓励教师到"一带一路"国家为企业培训急需的本土化人才,为国外企业提供新技术培训。选派优秀的汉语教师赴国外进行教学和文化传播。依托创新型教学研究中心、名

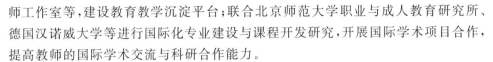

师工作室等,建设教育教学沉淀平台;联合北京师范大学职业与成人教育研究所、德国汉诺威大学等进行国际化专业建设与课程开发研究,开展国际学术项目合作,提高教师的国际学术交流与科研合作能力。

3.探索引进国(境)外专家学者

积极与培训机构联系,借助国际合作项目和交流平台,根据学校的教育教学需要,选聘国(境)外高层次的专家学者来校组织专题培训或讲学,引领提升专业教师的国际化水平。支持教师通过网络学习国外先进的专业知识和专业技能,学习情况与继续教育挂钩。

三、创新激励机制,确保高水平师资队伍的建设成效

(一)加强制度创新

结合新形势下高等职业教育发展对教师队伍建设提出的新要求,制定完善《教师考核评价制度》《教师师德建设实施意见》《教师培训管理办法》《教师企业实践管理办法》《专业带头人遴选及管理办法》《名师名家遴选及培养办法》《教师团队建设与管理办法》《高层次人才引进及管理办法》《创新型岗位管理办法》《特聘岗位管理办法》《名师工作室建设与管理办法》《博士引进与培养办法》《"双师"素质教师认定标准》等规章制度,优化教师成长环境,保证高水平师资队伍建设有章可循、有序推进,形成高水平师资队伍建设长效机制。

(二)完善激励措施

建立教师"代表性成果"评价方式,将具有创新性和显示度的"科教研创"平台项目成果作为教师评价的重要依据,提高其在校内绩效分配、职称(职务)聘任、岗位晋级考核中的比重。改革教师职称聘任办法,全面推进职称制度改革,扩大二级学院职称聘任自主权。建立职称直接聘任激励机制,对在"科教研创"平台上作出突出贡献的骨干教师、高层次人才、急需紧缺人才开通职称直聘绿色通道。完善职称聘任评价体系,将师德表现、教学水平、应用技术研发成果与社会服务成效作为职称聘任的重要内容,形成推动教师和学校共同发展的有效机制。

(三)加强教师的师德师风建设与教学管理

制定教师师德师风、社会服务、专业发展、教书育人的标准,将教师参与的课程建设、教材建设、团队建设、教学改革、实验与实训室(基地)建设,以及参与或指导学生参加各类竞赛、实习带队指导、教育教学管理等工作纳入教师工作考核,对于取得优秀成绩的教师在职称晋升和聘任、年终评优、绩效考核等方面予以优先考虑,以调动教师工作的积极性。

（四）建立体现"科教研创"工作业绩的绩效工资动态调整机制

实施绩效工资"校院两级分配"，以业绩贡献和能力水平为导向、以目标管理和目标考核为重点，实施项目薪酬和协议薪酬，将教职工的分配收入与"科教研创"成果直接挂钩，发挥绩效工资的杠杆和导向作用。落实绩效工资正常增长机制，根据国家收入倍增计划，推动政府主管部门制定科学的绩效工资总额核定办法，逐年提高教职工人均绩效工资水平。

通过实施"素提计划"，全面提升教师的"双师"素质，优化队伍的"双师"结构。重视加强"科教研创"项目资源库、培训项目资源库、名师资源库、兼职教师资源库建设，充分发挥国家级培训、省级培训基地，企业实践锻炼基地，名师工作室，大师工作室的作用，促进"素提计划"持续实施，着力打造一支思想素质高、教育教学能力强、行业影响力大、具有创新能力和国际视野的高水平师资队伍。

高水平服务

职业教育要紧密对接"十四五"发展规划和二〇三五年远景目标，主动适应新发展格局，不断提升社会服务能力。要主动服务黄河流域生态保护和高质量发展、乡村振兴、区域协调发展等重大国家战略，协调区域发展，增强职业教育在区域发展中的适应性，融入产业发展和产业体系，培养先进技术领域的大国工匠和高素质技术技能人才，发挥职业教育在区域重点产业和核心产业中的关键作用。

一、服务国家战略

（一）服务黄河流域生态保护和高质量发展

习近平总书记强调，"黄河流域生态保护和高质量发展是重大国家战略，要促进全流域高质量发展、改善人民群众生活、保护传承弘扬黄河文化，让黄河成为造福人民的幸福河"，为职业教育服务黄河流域生态保护和高质量发展指明了方向。职业教育具有为区域主导产业提供高素质技术技能人才支撑的核心优势，能够较大幅度地提升区域劳动力的综合素质和专业技能水平，能够切实助推区域产业的升级发展，特别是对于人人具有专业技能、巩固脱贫攻坚成果具有极大的现实意义。

1. 发挥职业教育在黄河战略中的重要作用

习近平总书记强调："职业教育要坚持党的领导，坚持立德树人，优化职业教育类型定位。"要提高等职业教育服务黄河流域生态保护和高质量发展的能力,首先,要坚持党的领导,紧紧围绕重大国家战略,定位好职业院校在黄河流域生态保护和高质量发展中的支持角色。其次,要积极进行新时代职业院校的学生素质教育研究与实践,融入课程思政、黄河文化等要素,培养受教育者弘扬中华优秀传统文化,热爱黄河,愿意为黄河流域生态保护和高质量发展贡献自己的知识和能力,把投身黄河流域生态保护和高质量发展作为自身价值的体现。再次,职业教育工作者要积极响应重大国家战略的实施,积极把黄河流域生态保护和高质量发展融入自己的工作岗位和所教授的课程之中,深化课程改革,通过"课堂革命"打造具有黄河特色的"金课堂",实现为黄河发展培养创新型、应用型技能人才的目标。

2. 增强职业教育在黄河战略中的适应性

黄河流域的生态保护和高质量发展离不开主导产业的支撑,根据东营市本地的资源禀赋、主导产业,因地制宜地发展适合本区域经济社会发展的职业教育。树立围绕黄河流域生态保护和高质量发展及区域主导产业办职业教育的理念,积极为黄河流域的生态保护和高质量发展及区域主导产业转型升级培养能够解决实际问题的高素质技术技能人才。根据黄河流域的协调发展,9 个省区的职业教育部门每年要有例会,建立"大事有协同、小事有协调"的省区职业教育联席会议,持续推进建立黄河流域高等职业院校联席会议制度,鼓励职业院校在黄河流域相互交流、相互实地学习,围绕所在区域的主导产业增强职业教育的适应性,为职业教育高水平服务黄河流域生态保护和高质量发展重大国家战略而努力。

3. 创新黄河流域职业教育育人机制

职业教育最具活力的就是产教融合、校企合作,依据主导产业设置专业(群),创新育人机制。职业教育要高水平服务黄河流域生态保护和高质量发展重大国家战略,落脚点就在深化产教融合、校企合作,创新育人机制。首先,职业教育要根据黄河流域不同产业发展的情况,对接主导产业的产业链需求,积极实施"专业(群)共建"。其次,职业教育主动与龙头企业、规模企业进行产教深度融合,实现"双主体"育人模式,确保"课程共担"的实施和"金课"的打造。再次,围绕黄河流域行业、企业需求,融入黄河元素、重构课程结构,按照现代职业教育教学改革的要求,积极实现"教材共编"。强化职业教育的师资队伍建设,积极与黄河流域企业深度合作,实现"师资共享"。同时,结合区域产业优势,围绕产业构建真实的专业(群)实践环境,实现"基地共用"的育人环境目标。最后,通过打造"专业(群)共建＋课程共担＋教材共编＋师资共享＋基地共用"校企合作、产教融合的新模式,在机制上实现高水平服务黄河流域生态保护和高质量发展重大国家战略的育人目标。

4. 打造黄河流域职业教育"四链"协同育人平台

《国家产教融合建设试点实施方案》明确指出:"职业教育要积极深化产教融合,主动促进教育链、人才链与产业链、创新链的有机衔接。"要进行基于重大国家战略的"教育链＋人才链＋产业链＋创新链"协同育人平台内涵的高质量建设,首先,要加强培养"四链"协同过程中最为关键的"传动链"——具有创新创业能力的"双师"型师资队伍。"四链"协同平台的打造,离不开懂得"四链"协同的教师和职业教育专家。其次,要根据黄河流域九省区的产业布局、创新要素聚集的实际情况进行学校角色定位、专业(群)设置、服务黄河流域生态保护和高质量发展的核心技术、核心优势等方面的评估,通过评估发现问题,在解决问题的过程中,实现高水平服务黄河流域生态保护和高质量发展重大国家战略的人才培养和社会服务"两大"功能。最后,要根据黄河流域生态保护和高质量发展的要求,提升"教育链＋人才链＋产业链＋创新链"的协同育人能力,实现"四链"协同平台的要素聚集和人才培养成效,形成支撑黄河流域生态保护和高质量发展新引擎的目标。

5. 构建黄河流域现代职业教育体系

习近平总书记强调:"要加快构建现代职业教育体系,立德树人,培养更多的高素质技术技能人才、能工巧匠、大国工匠。"首先,摸清楚所在省区(域)的基础,做好"四链"协同,根据产业升级发展需求设置专业和专业群,创新育人机制,实现产教深度融合,把生产全流程融入专业群的建设中,把生产过程管理和工作岗位技能融入教学过程,进行"课堂革命"。其次,要把黄河流域生态保护和高质量发展融入专业(群)人才培养方案中,要把黄河元素、黄河文化融入课程标准中,把立德树人、爱岗敬业融入课程思政中。根据行业、产业对专业人才的不同需求,根据龙头企业、规上企业对人才的具体要求,进行校企深度合作的项目开发,通过项目实践,实现职业教育质量评估和专业人才评价的科学性。最后,结合黄河流域生态保护和高质量发展及其对技术技能人才的要求,积极开展国家"1＋X"证书制度试点工作。职业教育要坚持以人民为中心的价值理念,通过问题导向、结果导向,实现职业院校的学生更高质量、更充分就业。积极完善现代职业教育体系,提高职业教育的特色和吸引力,切实提升服务黄河流域生态保护和高质量发展的能力,实现黄河流域职业教育的高水平发展。

(二)服务乡村振兴战略

高等职业教育的社会服务功能不仅能推动乡村经济发展,还是助力乡村振兴目标加快实现的主要动力。因此,新时期,高等职业教育应主动承担起为乡村振兴提供服务的重任,开发建设面向"三农"的各类教学培训资源,提供优质服务,与各方力量一起协同并进,促进乡村振兴。

1. 创新乡村振兴职业教育理念

创新职业教育服务乡村振兴的理念,确立"进城增技"和"送技入乡"两个维度。在"进城增技"上,加强研究"留得住,能服务"的乡土人才培养举措,为乡村人才提供持续学习的平台,开展针对农民的实用技术培训,培养向城市转移的技术型、技能型"新型民工",让乡村人才不断接受新的观念、技术,具备一定的知识与技能;在

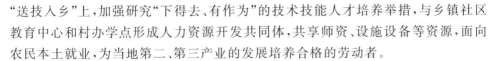

"送技入乡"上,加强研究"下得去、有作为"的技术技能人才培养举措,与乡镇社区教育中心和村办学点形成人力资源开发共同体,共享师资、设施设备等资源,面向农民本土就业,为当地第二、第三产业的发展培养合格的劳动者。

2. 开展乡村振兴职业教育实习

中共中央办公厅、国务院办公厅印发的《关于加快推进乡村人才振兴的意见》中明确要求,加快发展面向乡村的职业教育,建设一批实习实训基地,培养乡村急需的人才。首先,要加强面向乡村振兴的职业教育实习的创新设计研究。从实习目标、实习任务、实习过程、实习评价、实习环境等方面创新设计面向乡村振兴的实习项目,培养面向乡村生产发展需求和城市生活服务需要的技术技能人才。其次,要完善面向乡村振兴的职业教育实习制度研究。通过制定《中华人民共和国职业教育法》《职业学校学生实习管理规定》等法律法规和政策制度,不断推进职业院校实习高质量发展。

3. 促进农村区域发展与人才培养

通过校企合作模式对新型职业农民进行专业培训,以此强化、提高其创新思维和技术能力,并积极推动乡村剩余劳动力的科学、合理转换,使乡村人力资源得到最佳配置。全力推动新农村的建设与发展,充分利用高等职业教育的优势进一步促进乡村振兴。第一,根据乡村经济社会发展需求制定高等职业人才培养目标,为乡村振兴创建现代化人才智库。高等职业教育承担着培养高素质技术技能人才的重要使命,应紧跟乡村社会经济与产业发展趋势,及时明确其人才培养目标,适时调整教育专业的具体设置细节与人才培养模式,并结合高等职业教育发展实况开展针对性教育实践活动,培养更多符合乡村社会经济现代化发展要求的人才,以此不断完善乡村人才智库建设。第二,为乡村振兴人才培养规划提供充足的教育资源,辅助乡村构建高素质的现代化干部团队。积极配合乡村人才培养计划,整合自身教育资源,帮助乡村尽快落实对应人才的培养方案。同时,联合地方政府针对基层干部开展多元专业培训活动,以增强干部队伍的整体素质和综合实力。第三,利用高等职业教育专业与人才优势促使乡村发展特色产业,助力完善乡村经济体系建设。基于专业发展特征指导乡村合理规划特色产业发展目标,并通过人才应用形式深化乡村特色产业的包装设计与宣传推广发展,以增加相应产业的产品附加值和市场竞争力,从而为完善乡村经济体系建设奠定基础。

4. 创新乡村振兴人才培育模式

一是深入探索"岗课赛证"融通的高素质农业人才培养模式,提升教师队伍的技术性。二是健全院校、地方政府与行业企业联合培养教师机制,完善校企人员双向交流协作措施,强化教师专业知识与技能培训进修;引进农林企业、行业、乡村专家名师、能工巧匠,专兼结合壮大师资力量;教师深入农村,加快成果转化,将课堂放在田间、论文写在地头、工作室建在村中。三是与新技术同频共振。聚焦现代农业新品种、新装备、新业态,引入物联网、区块链、人工智能 5G 等前沿技术,着力投入集约立体、高质高效、绿色安全、智慧特色等现代种养及其衍生产业的技术创新、示范与推广。四是培养拔尖、急需技术人才。瞄准乡村振兴对于高层次、高素质与急需人才的需求,开发技术研发平台,开设技能提升班、特色技艺班,在现代涉农技术运用、遗产保护利用等方面精准培育拔尖型、传承型及复合型"乡土精英"。

5.强化"三农"情怀思政教育

加强涉农思想教育与价值观教育,使学生树立投身乡村建设的理想信念与使命感。一是加强课程思政建设,深入实施耕读教育。发挥专业课程思政教育与价值引领功能,深挖提炼涉农专业课程所蕴含的耕读教育元素;加强中华农耕文明、乡土文化教育,弘扬耕读文化,使学生树立"三农"精神,提振学生事农的信心。二是强化爱农、事农主题教育。讲好农科故事,加深学生对国情、农情的认识,使学生树立正确的事农价值观;开展乡村振兴相关政策、乡村建设优秀案例等主题教育,引导学生懂农、爱农,激发学生投身兴农的热情。三是培植专业素养,增强可持续发展能力。推进农林教育知识、能力、素质有机融合,培养具有高度时代责任感和职业修养的新农人;基于现代农业农村岗位持续变化的多元需求,培养学生适应变化的可持续发展能力,锻造懂农业、爱农村、爱农民的全面发展的乡村振兴人才。

二、融入区域发展

制订服务区域发展行动计划,主动适应东营市现代产业体系的构建及建设,适时调整专业设置,为企业发展提供必要的人才支撑与技能支持。聚焦区域中小微企业人才的新需求、新技术培训、产品设计及研发等,通过校企互动、平台共建、人员互聘、资源共享等,大力提升服务中小微企业发展的贡献度。进一步落实学校育训并举的法定职责,大力开展职业技能、就业能力、创业能力等各类培训,全面提高服务区域发展的能力水平。

(一)加强配套制度供给,完善区域一体化发展

职业教育区域一体化发展关涉中央及地方政府、职业院校、行业企业,甚至政府内部不同部门等多种主体。要以制度予以规范和约束、协调与激励,保障多元利益相关者追求利益的有序性和长久性。首先,要在区域经济一体化发展的背景下,系统性、创新性地思考职业教育的区域发展模式,从职业教育多主体合作、职业教育资源要素整合、区域职业教育内外联动发展、行政区划教育管理体制的协同改革入手,以整体化思路统筹协调一体化发展的顶层设计。其次,要注重制度供给的刚性与柔性。对于不同主体在空间范围上的分工侧重、人才培养标准、成本分摊和收益分配等方面做出刚性要求,在具体的资源流动与共享、人才共育、校企合作等方面给予不同主体一定的弹性空间。最后,以动态决策、灵活调控的战略思维及时提

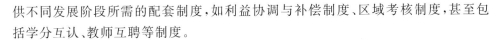

供不同发展阶段所需的配套制度,如利益协调与补偿制度、区域考核制度,甚至包括学分互认、教师互聘等制度。

(二)储备优质人力资源,引领区域经济社会发展

要加大政府经费投入力度、加大经费筹措力度、加大专项投入力度。把丰富的教育财政资源转化为职业教育资源,满足职业教育迅速发展的需求,使职业院校对人力资源进行更深层次、多方位的加工,提升人力资源在区域经济发展中的效益值,打造出一批引领区域、引领未来的技术技能人才。优先配置农村职业教育、优先配置薄弱的职业院校、优先配置特色职业品牌。打造追求效果,具有效率、产出效益的现代职业教育体系,成立多元质量支撑主体,建构一个以"政府-学校-企业"为中心并不断向外辐射的质量责任主体,各主体在合作共赢与责任共担的基础上,把人才质量提升作为各方主体的共同意识,提升区域经济发展的内聚力,促进人才质量培养的高效运行,促使职业教育真正做到面向人人、面向社会、面向未来;构建多边质量评价机制,改变传统的以"学校为基础,政府为主导"的评价机制,在不同的领域介入不同职能主体的评价话语权,赋予其相应的评价权力与反馈机制,促进评价主体间的边界共融,从而更加科学地评定并助推人才培养规模效益的提升。

(三)驱动区域经济增长,协同区域经济共生发展

一是优势专业对接优势资源。一方面,职业教育要借助区域内得天独厚的原生性要素,发展优势专业;另一方面,职业教育要通过优势专业不断开发、利用、增值优势资源,通过优势专业和优势资源的内部循环促成区域内部优势的生成与保持。二是基地平台对接新兴产业。职业院校要通过寻求、开发、建立对外和对内的基地平台,瞄准市场产业结构的新动态,增设新兴专业,凭借外部资源动力,激发内部产出活力,培养出一批具有创新创业精神的技术技能人才,催生区域内新的经济增长点。三是加大区域融合对接。打通东西部区域、城乡区域、民族区域和城市区域等不同区域间的外在边界,打破单向度合作帮扶的思维,通过区域间要素联动、协调分配等策略,形成全方位辐射,确保职业教育的经济贡献率。"三个对接"旨在实现职业教育在"教育域""职业域""社会域"和"技术域"之间的跨界融合,打破空间、时间与内容的限制,让职业教育和社会大系统和谐共生。在办学过程中需要做到"四个适应":一是办学方向适应区域经济发展的需求,在教育目标与发展目标上达成共赢;二是人才培养适应区域市场变化的需求,达到劳动力素质结构和市场需求的匹配;三是专业设置适应区域发展需求,让专业结构适应产业调整和技术提升的内在要求;四是教学改革适应就业转型的需求,在"就业"目标导向下,通过对教学模式的改革达到人才知识结构和未来就业市场需求相适应,实现人才的产出效益最优化。"四个适应"体现为教育生态链、市场经济链、技术创新链、区域产业链之间的融通跨越,确保职业教育在跨界融合中内部要素与外部要素间的融合共生。

在办学形式上，可构建多方联动、多方对接，形成多元的办学格局，同时，促成当地职业教育系统为地区或行业企业提供技术服务和人才支撑，真正融入地区经济社会发展之中。

（四）撬动区域城乡联动，着力城乡一体化发展

按照职业教育发展规律和资源优化配置的要求，走"以城带乡，以乡促城，城乡一体，协调发展"的路径，通过城乡对口帮扶、要素流动、优势互补，实现城乡职业教育的共同发展和办学质量的全面提高。首先，提升职业教育带动力。进一步强化基础能力建设、提升教育质量、提高带动就业的能力，增强农业转移人口的适应力。一方面，职业院校要通过与农村企业产业的合作，合理配置城市资源与农村资源，从而减少资源内耗，促进空间优势资源的合理流动；另一方面，职业教育要加大对农业转移人口的关注与培训，将教育资源和社会资源组合在一起，通过与政府、社区、企业及第三方组织的合作，充分发挥社会服务能力，通过"以教促智""以智促富""以富促教"的共进式良性循环，改善农业转移人口的生存现状。其次，开发农村职业教育增长点。建构一个以市场为导向，以基地为平台，以学校、农户、实体为主线的区域经济发展模式，让资源市场化，通过基地有机联结起学校、农户与实体之间的合作关系。农户提供实训场域，学校通过技术指导与市场共享信息帮助农户增收，实现"产业助村"。在校企合作、校农合作的过程中，形成一条"开发—推广—生产—加工—销售"的区域经济优势链，实现"经济富村"。最后，运用一定的行政手段，联合所在区域的优质学校和优质企业，在欠发展的区县建立乡村基地，通过资源共享、功能分工、协同发展，形成强有力的区域能量集聚，从而提高城乡职业教育发展水平。

（五）实现专业产业对接，助推产业结构调整升级

通过专业群和产业群接轨，实现现代职业教育与区域经济的协同发展，让职业教育的专业真正为职业、企业、行业服务。专业群与产业群的接轨，一是要力图实现"三对接"，即"专业结构对接地方产业结构""专业设置对接企业岗位需求""课程标准对接职业标准"，以市场、企业、行业的需求为导向，以学校、专业、课程的实施为动力，将教育资源和社会资源有机联结，实现效率与效益的最大化。最终通过"三对接"打破职业教育与区域经济发展之间的桎梏，助推职业教育更适切地服务区域产业变革、企业效益提升及市场人才需求。二是要构建"双覆盖、双倾斜、双加强"的区域专业布局。"双覆盖"要求城市职业教育专业覆盖"三产"重点产业，以此带动区域产业结构的转型升级、培育新的经济增长点、加大区域产业辐射优势。高等职业教育覆盖"主要行业"，具有职业性和高等性的高等职业院校毕业生直接对口前沿行业，以加快前沿行业的发展速度。"双倾斜"要求县域职业教育专业设置倾斜"三农"的优势产业，充分挖掘区域特色优势资源，通过特色专业支撑区域内特

色产业的发展,发挥区域优势,开发、调整并创新农村产业结构。中等职业教育倾斜"区域支柱产业",通过中等职业院校毕业生为区域支柱产业提供人才存量与人力资源保障,力求其毕业生在人才类型、数量、结构上适应区域支柱产业的发展。"双加强"要求示范职业院校加强优势学科和重点学科建设,一般职业院校加强特色专业群建设。三是要实行"市场主导型专业设置模式"。各职业院校应紧密围绕当地政府公布的人才需求预测报告、地方政府发展战略规划、地方经济产业规划设置专业,并根据市场变化及时调整专业,以有效提高职业教育服务区域经济发展的多重功能。

(六)增强适应性服务区域高质量发展

职业教育应当密切联系新发展格局,多维度增强适应性,在服务和支撑中国制造、中国创造,助力区域经济社会高质量发展方面重点发力。一是主动优化专业结构,面向新兴产业对人才素质模块做加法,铸强综合素质人才供应链,覆盖整合原有的零散式服务模式,助力区域经济高质量发展。二是深化职业教育供给侧结构性改革,综合考虑区域经济发展实际和培训对象需求等因素,将技能培训服务环节进行再造,提供"定制化培训",完善技能培训学分制度,建立"以证代考、以训代课"制度体系。职业院校要同社会企业共建稳固的、长期的职业教育社会培训基地,构建灵活的"互联网＋社会培训"模式,为职业教育社会培训提供广阔的舞台和发展空间。

三、促进产业升级

服务东营市产业体系,优化专业布局,发挥学校各产业学院、各"产教研创"平台的功能,深化工学结合、德技并修育人机制的探索与实践,奋力开创产教融合、校企合作发展的新局面。强化激励导向,提升技术服务能力。加大政策体系配套研究,培育高素质科技研发与社会服务领军人才和团队。将工作实绩与绩效待遇挂钩,调动教师参与科技研发、成果转化推广和社会服务的积极性。

(一)建立双向互聘的人才共用机制

职业教育在发展过程中,需要教师、行业专家和企业技术能手进行合作,建立双向互聘的人才共用机制。政府积极为行业企业人员进入院校授课开辟绿色通道。行业发挥桥梁作用,助力校企合作,学校制定兼职教师聘用及管理办法。企业为学校培训专业教师,使教师及时掌握行业的先进理论和技术。建立双向互聘的人才共用机制,必须发挥政府的宏观指导作用,明确主要监管部门的职责。政府出台相关政策、文件和法规,强化法律约束、政策导向,加大监管力度,积极主动服务,保障各方的合法权益,保障协同育人,促进职业教育与经济社会需求对接。此外,在"互联网十"背景下,地方政府应综合运用各种政策引导配置资源,将数字经济作为培育新增长点、推动传统产业转型升级的重要途径。

(二)建立多方参与的资金共投机制

统筹社会资源,加大对技术技能人才培养的经费投入。政府可出台资金支持和税收减免政策,也可以直接投资建立多方共享的职业教育实训基地。职业院校多渠道筹措教育经费,加强和规范经费管理,提高资金使用与管理的有效性,促进专业内涵建设,提高科研和服务能力,使专业建设与区域产业发展相匹配。企业为学生提供顶岗实习的岗位,提高学生的实践能力,培养学生的职业技能。多方经费投入可产生实实在在的效益:政府推动创新创业、服务民生,可增强人民群众的获得感和幸福感;学校可提高人才培养水平和办学水平,以及社会服务能力;企业可根据自身发展需要实现对人力资源的有效管理和配置,做好人才储备。

(三)建立规范有效的信息共享机制

要建设专业化、科学化的产教融合信息服务平台,依托平台汇聚区域和行业人才需求、校企合作、项目研发、技术服务等各类信息,为各主体提供精准支持服务。基于产教融合信息服务平台,政府、学校、行业、企业积极进行信息交流,实现有效沟通、全面协调。例如,职业院校及时帮助学生掌握就业信息,开展个性化就业指导。建立规范有效的信息共享机制,确保政府、学校、行业、企业之间的信息传递与共享畅通无阻,做到不虚报、不瞒报、不漏报。具体来说,一是建立数据库,并对不同数据进行分类与整合;二是及时收集网络相关数据,并进行科学合理的分析与归纳,为制定产教融合的相关政策提供参考。

(四)建立规范共赢的协同办学主体

学校、企业、政府作为服务当地产业升级协同办学的主体,分别以知识链、生产链和制度链为主导形成知识协同、生产协同和制度协同,各协同机制通过功能耦合、资源融合、利益共享形成协同办学共同体。在具体实践中需要立足现状,因地制宜,根据区域资源禀赋探索适合本地区的协同办学模式和运行机制。建立规范化的合作制度,配套细化的实施细则,倡导合作共赢的文化理念,使利益分享成为自觉意识,在此基础上签订合作法律协议,规范约束各方的行为,明确各自的权利、义务、责任和利益等。通过搭建沟通交流平台,为各方开展协同办学,开展头脑风暴、分析问题和制订计划提供场所,尤其是通过该平台增强沟通交流,合理阐述各自的利益诉求,管控分歧,寻求利益最大公约数,实现职业教育服务当地产业升级协同办学的功能耦合、资源融合和利益共享。带动地方财政、行业企业、职业院校在场地、设备、技术、资金等方面的投入。

第四章

实践案例

东营职业学院在国家骨干校、优质校和"双高计划"建设中取得了可喜的成绩，骨干校、优质校建设圆满通过验收，"双高计划"建设中期绩效考核获优秀等级。学校以改革创新为动力，广大教职工锐意进取，创造了许多优秀案例。学校每年评选工作创新奖、突出贡献奖和教学成果奖，许多创新性项目获得国家、省级优秀教学成果奖，被评为典型案例。

🔍 **实践案例 ①**

高等职业院校"产教研创"平台
高质量实践育人探索与实践

一、成果背景及基本思路

习近平总书记强调，职业教育要坚持产教融合、校企合作，坚持工学结合、知行合一。产教融合是职业教育的生命线，校企合作是职业教育办学的基本模式，产教融合、校企合作是新时代职业教育高质量发展的关键所在。进入新时代，我国从制造大国迈向制造强国，建设技能型社会需要大批高素质的技术技能人才支撑。

本成果针对高等职业院校产教融合、校企合作缺乏有效载体、实践教学内容与行业企业需求不匹配、教师实践能力不足等问题，依据工作本位学习理论，创新"产教研创"一体化育人理念，开展了"产教研创"平台高质量实践育人的探索与实践。

基本思路:"点线面"推进,建设"产教研创"平台;依托平台,遴选项目,实施项目化教学,平台实践育人,提高学生的技术技能水平和创新创业能力,教学相长,提升教师的实践能力;信息化管理,提高平台运行效能;成果导向,完善评价激励机制。详见图 4-1。

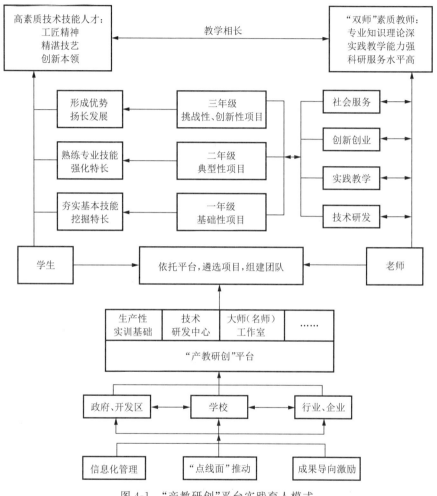

图 4-1 "产教研创"平台实践育人模式

东营职业学院是国家骨干高等职业院校、山东省优质高等职业院校、中国特色高水平高等职业学校和专业立项建设单位。在优质校建设中,东营职业学院提出:"所有专业全面构建'产教研创'平台,将专业建设、课程建设、教研教改、技术研发、师资培养、学生发展、创新创业贯穿产教融合这条主线。"在体制机制创新中提出:"构建服务'产教研创'的动力机制,治理体系契合产教融合主线,目标管理对接'产教研创'项目,教师评价衔接'产教研创'成果,工资制度体现'产教研创'绩效,激发教职工干事创业的内在活力。"在一流专业建设中提出："以产教融合为主线，以'产教研创'平台为载体，培育具有工匠精神、精湛技艺、创新本领的技术技能人才。"搭建"产教研创"实践育人平台，是东营职业学院在办学理念、理论和实践方面的创新。

二、成果主要内容

（一）"点线面"推进产教融合、校企合作，搭建"产教研创"平台

依靠县区政府、开发区"面上推动"。依托县区政府、国家农业高新技术产业示范区、国家级、省级经济开发区面上推动，紧贴产业发展，把握人才需求，系统推进产教融合。推动市政府制定《关于深化产教融合促进职业教育高质量发展的实施意见》，制定《东营职业学院服务东营市新旧动能转换重大工程行动方案》，与县区政府、开发区分别建立联席会议制度，签订合作协议，得到了县区政府和开发区对学校开展产教融合、校企合作的大力支持。

加入行业组织"线上融合"。通过加入行业组织，把握行业发展趋势，引入行业先进标准，推进学校专业与行业深度融合。加入国家、省、市级行业协会，发挥行业组织在产业人才需求预测、就业形势分析、专业课程改革、师资队伍建设、行业领军人物培养、教学评价、职业技能鉴定、专业预警发布等方面的作用。通过行业协会牵线搭桥，做到加入一个行业，联系一片企业。学校加入了国家、省、市48家行业协会，在22个行业协会中担任副理事长以上职务，牵头组建石油石化装备与技术职业教育集团、全国人工智能职业教育集团、山东软科学研究会产教融合专委会、东营市物流协会、东营市会计职教联盟、东营市建筑信息模型（BIM）技术应用联盟、东营市设计师联盟等。

对接重点企业"点上突破"。对接重点企业推进校企精准合作，全方位推进校企协同育人。学校与企业在校企一体化办学、订单培养、课程建设、教材开发、教师顶岗、兼职教师聘任、学生实习、职工培训、职工学历教育、共建实训基地、课题研究、成果转换、校企文化融合等方面全方位合作。引进优质教育资源，与达内时代科技集团合作成立东营职业学院"人工智能学院"，与区域内科瑞控股集团合作共建东营职业学院国际学院，与京东集团合作建设京东教育研究院华东分院和京东（东营）国际产教融合创新中心，与山东亨圆铜业有限公司合作共建省级校外实习实训基地，与成都云华教育集团合作共建混合所有制二级学院航空学院，与中锐教育集团、达内时代科技集团、东软睿道教育信息技术有限公司共建专业，与区域内行业或知名企业共建应用技术协同创新中心、技术研发中心、生产性实训基地、大师（名师）工作室，开展国家级、省级现代学徒制试点，开设企业"冠名班""订单

班"等。

通过"点线面"推进产教融合、校企合作,搭建"产教研创"平台,使实践教学落地。

(二)实行项目化教学,推进实践育人

依托平台,遴选企业项目,组建项目团队。以项目为载体,团队人员共同开展新技术、新产品研发,并转换为教学项目。学生在教师和企业技术人员指导下参与各类项目,以作品、产品、市场(第三方)来评价学习效果。

一年级培植兴趣,发现、挖掘特长。结合各专业打通的基础课程完成各类单项技能训练,通过基础性、典型性项目夯实知识基础、筑牢与熟练专业技能,在实践教学中培植学生的学习兴趣,发现学生的特长。

二年级轮岗、选岗、选项目,强化特长。依托"产教研创"平台,按照企业实际岗位要求进行实训实习,各个专业涉及的上下游岗位与岗位群串联,实现跨专业、多岗位上班式、交互式同步实训。按照企业标准,校企共同对学生进行学业评价。学习能力强,有特长的学生在完成"规定动作"后可多选择难度高的项目,选择其他专业的实训岗位和实训项目。

三年级特色培养,扬长发展。在学校指导下,学生根据特长和职业爱好选择实习实训岗位和挑战性、创新性项目,提升研究能力和创新创业能力,形成一项或几项特别突出的能力,扬长发展,成为用人单位急需的人才,实现高质量就业创业。一部分学生能深入参与新技术、新产品研发,解决企业生产经营的技术难题,自身成长为杰出的技术技能人才。

(三)教学相长,提升教师的实践能力

通过项目研发提升教师的专业能力、实践创新能力和教学研究能力,紧跟技术前沿,打造"专兼结合"的教师团队。改革教师学术考核评价机制,引导教师在各类项目中完成技术研发、产品开发、成果转换,解决企业生产经营的技术难题,将科学研究和技术研发资源转化为优质教学资源,提高对行业企业发展的贡献度,形成在行业有影响力的教学团队。将各类项目中完成的技术研发、产品开发成果转换服务于企业,促进校企合作,形成良性循环,推动企业技术创新和产业转型升级。

将企业项目、研发成果转化为教学项目,深化"厚德强技、实境化育人"人才培养模式改革。学校教师与企业技术人员带领学生完成项目,学生通过参与项目掌握知识,提升技术技能和创新创业能力,培养研发能力及职业精神。

(四)建设"产教研创"平台信息化管理系统,提高平台管理效能

"产教研创"平台信息化管理系统包含四大模块:实践教学管理模块、科技服务管理模块、社会培训管理模块、创新创业教育管理模块。以学校数字校园硬件条件

为基础,通过指标、流程、表单、模型的自定义配置,实现"产教研创"项目目标绩效管理和多场景数据横向、纵向分析。"产教研创"平台信息化管理系统与学校质量监控管理系统、专业建设管理系统实现无缝链接,打通数据信息孤岛,及时检测预警平台建设情况,实现"产教研创"运行常态化、流程化、制度化,实现科学化管理。详见图 4-2。

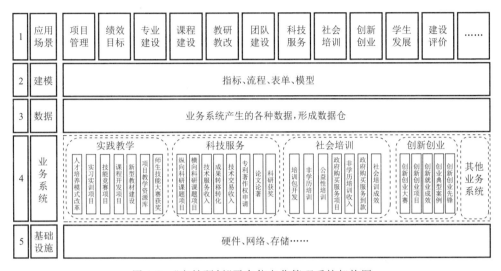

图 4-2 "产教研创"平台信息化管理系统架构图

(五)"平台—项目—成果—绩效"一体化治理,激发教师的积极性

完善学校内部治理制度,制定了《东营职业学院教职工绩效工资发放办法》,平台建设对接绩效考核,构建"平台—项目—成果—绩效"四位一体治理体系。目标管理对接"产教研创"项目,完善"四级目标"管理体系;教师评价衔接"产教研创"成果,将具有创新性和显示度的"产教研创"成果作为教师评价的重要依据;收入分配体现"产教研创"绩效,支持教师参与技术研发、社会服务。鼓励教师将课题论文、学生将学习成果写在车间里、大地上,保障实践教学有源源不断而又鲜活的企业项目支撑。

三、成果主要创新点

(一)提出"产教研创"一体化实践教学理念,丰富了实践教学理论和实践

所有专业构建"产教研创"平台,将专业建设、课程建设、教研教改、技术研发、师资培养、学生发展、创新创业、文化传承贯穿产教融合这条主线。"产"是源头,"教"是主题,"研"是引领,"创"是动力,通过"研"连通"产、教、创",实现高质量实践

教学。"产教研创"平台是联结学校和行业企业的纽带、高质量实践育人的载体、企业项目与教学项目的转换器、教学与科研的结合体、教师提高实践能力和学生提升技术技能的平台、各类实践教学资源的加工中心与集散中枢、教学研究的试验田、促进企业技术进步的推动器、创新创业的孵化器。鼓励教师主动走向市场,与行业企业合作,承担项目,以项目为载体实施实践教学,运作方式符合市场规律,教学方式符合教育规律,教学内容与行业企业需求对接,与岗位对接,丰富了实践教学理论和实践。

(二)探索并实践杰出技术技能人才培养途径,实现了特色培养、扬长发展

依托"产教研创"平台,实践教学内容来自企业实际进行的工作和面临的问题,通过学生在教师和企业技术人员指导下完成企业工作、解决企业问题,实现实践教学目标。教师根据学生表现出的职业潜质指导学生选择和参与各种项目,形成适合自身特点的优势能力和培养路径;学生在项目中学习,通过完成不同的项目实现特长的发现、扬长发展;学生完成创新性强、难度高的项目,成长为杰出技术技能人才,为将来成为能工巧匠、大国工匠打下了基础。

(三)构建"平台—项目—成果—绩效"治理体系,创新了评价激励制度

项目来自企业实际,以完成项目的创新度和显示度作为教师评价的重要依据;学生以在项目中所起的作用,完成作品及产品的质量和创新程度作为评定成绩的重要依据;成果创新与社会贡献程度由社会和市场来检验与评价。教师评价衔接"产教研创"成果,以完成多少项目、项目质量高低、项目带来的效益、项目解决了多少实际技术难题等作为教师业绩评价的重要依据;鼓励教师和学生开展应用性研究,解决行业企业的实际问题。

四、实际效果与推广应用

(一)打造了一批适应教学和产业需要的高水平"产教研创"平台

共打造各级各类"产教研创"平台 239 个,其中国家协同创新中心 2 个、国家生产型实训基地 2 个、省高校工程技术研发中心 1 个、省职业教育技艺技能传承创新平台 5 个、省应用技术优质协同创新中心 1 个,被评为"山东省校企合作一体化办学示范院校"。

(二)全面提升了学生的技术技能水平和创新创业能力

学生技能竞赛国家级获奖 133 项、省级获奖 562 项;创新创业大赛国家级获奖 53 项、省级获奖 162 项。11 名学生被中国工程物理研究院录用,实现了高端就业。

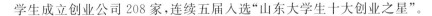

学生成立创业公司 208 家,连续五届入选"山东大学生十大创业之星"。

（三）为区域中小微企业发展作出了重要贡献

学校成为区域中小微企业高素质技术技能人才培养基地、技术技能与新技术培训基地、科技研发与技术服务中心、继续教育与文化传播中心,申请专利 531 项,实现技术服务到款额 2 011 万元。完成各类社会培训 15 万人次,公益性培训 20 万人日,实现非学历培训收入 3 605 万元,完成政府购买服务到款额 1 621 万元。建设山东省软科学研究会山东产教融合智库中心,积极参与扶贫攻坚和乡村振兴,建设省级黄河三角洲耐盐碱树种种质资源圃、山东省农业产业技术体系中草药创新团队东营试验站等项目,使中草药科技成果在扶贫乡镇落地,示范带动 41 个村、625 户农民发家致富。

（四）形成了一系列理论研究成果

完成"产教融合视域下高等职业院校产业学院建设研究""高等职业院校工匠精神培养路径研究""东营市职业教育'产教研创'平台建设研究"等省市级课题、教改项目 60 项,发表《高职院校"产教研创"平台建设探索与实践》《高等职业校企共建技术创新平台运行机制研究》等文章 20 篇,出版专著、教材 105 部,对产教融合、校企合作、协同育人进行了系统研究,形成了系列理论研究成果。

（五）成果在全国产生了重要影响,发挥了示范作用

学校牵头成立了全国人工智能职教集团、石油石化装备与技术职教集团、山东省软科学研究会产教融合专委会等,在山东省科协年会职业院校产教融合高峰论坛、泰山科技论坛等会议上,成果主持人做了典型经验分享。在"2020 亚洲教育论坛"年会上,我校获评"2020 全国职业院校产教融合 50 强",同时,被教育部评为"'双高计划'建设学校""全国创新创业典型经验高校""全国高等职业院校创新创业教育工作先进单位",成果被 100 余所学校借鉴。成果成效被中央电视台、《光明日报》、《中国教育报》、《中国青年报》、《齐鲁晚报》、中国高等职业高专网、新浪网等主流媒体报道,在全国产生了重要影响。

（该成果获 2022 年山东省职业教育教学成果奖二等奖）

大学生国家安全教育
"双协同、三联动、四结合"模式构建与实践

国家安全是安邦定国的重要基石。加强国家安全教育,是新时代筑牢国家安全屏障的重要举措。作为山东省国防教育先进单位,我校高度重视大学生国家安全教育。以习近平总书记提出的总体国家安全观为指导,在师资选培、课程拓展、资源创建、育人途径等方面进行了近8年的探索,构建了"双协同、三联动、四结合"大学生国家安全教育模式。

遵循"理论研究定基础,主体协同共育人,多措并举出成效"的思路,本成果对于各高校践行总体国家安全观,落实教育部《关于加强大中小学国家安全教育的实施意见》文件精神,有效开展常态化大学生国家安全教育具有借鉴意义。

一、背景与基本思路

党的十八大以来,国际国内形势发生了深刻变化,国家安全问题日益凸显,维护国家安全是全国各族人民的根本利益所在。习近平总书记高度重视国家安全,亲自推动成立国家安全委员会,并提出了总体国家安全观,这是坚持和发展中国特色社会主义的基本方略,也是保障中华民族复兴的新理念。大学生是建设社会主义强国的生力军和维护国家安全的后备军,接受系统的国家安全教育既有利于大学生成才,也有利于国家未来发展。

2017年,党的十九大报告中明确提出要"加强国家安全教育,增强全党全国人民国家安全意识,推动全社会形成维护国家安全的强大合力"。2018年4月、2020年9月教育部印发了《关于加强大中小学国家安全教育的实施意见》《大中小学国家安全教育指导纲要》,对国家安全教育进一步提出了明确要求。在教育部相关文件出台以前,我校国家安全教育已经进入系统化、常态化开展阶段。

常态化开展国家安全教育,是促进高校国家安全教育出成效的重要举措。当前,国家安全教育常态化开展还面临着一系列现实困境,主要表现在:一是师资单一,匹配度不高。各高校国家安全教育工作主要由辅导员和思政课教师兼任,甚至是安全保卫工作人员、新生入学军训教官承担,国家安全知识储备不够,专业素养有待提升,难以胜任系统性国家安全教育工作。二是教育过程零散、缺乏载体。一直以来,各高校国家安全教育主要是通过不定期的主题教育、新生入学的军训阶段

性教育等形式开展,教学内容散落在各门思政课之中,大多没有独立开设课程,也缺乏时效性、系统性的教材和线上线下教学资源。三是教育途径单一,成效不突出。大多数高校国家安全教育目前仍停留在"活动一阵风""理论一部剧"的表面形式,辅导员、思政课教师、军训教官之间的教育内容缺乏协同整合,各自单兵作战,效果不尽如人意。

针对以上问题,我校自 2014 年起,以"理论研究定基础,主体协同共育人,多措并举出成效"作为思路,协同军分区、人武部等校外单位,双主体协同,选培结合,组建了一支专兼结合、结构合理的国家安全教育师资队伍。构建了由"必修课+选修课+特色专题"组成的课程体系,以总体国家安全观为统领,创建了内容丰富、特色鲜明的国家安全教育教学资源,以第一、第二、第三课堂相互联动,推进课程育人、文化育人、榜样育人、实践育人等多条途径,构建了"双协同、三联动、四结合"的大学生国家安全教育模式,并取得了系统性成果。

二、主要成果

(一) 创构了"双协同、三联动、四结合"大学生国家安全教育模式

(1) 两方主体相协同。校内校外相协同,学校联合军分区、人武部等单位,成立大学生国家安全教育领导小组,下设国家安全教育和军事教研室,组建国家安全教育专门机构,共商共建,研讨国家安全教育的总体设计和实施方案、制定国家安全教育教学体系、课程标准和教学内容;教师与教官相协同,选培结合,形成"精而合"的教学团队,教师立足课堂理论浸润,系统讲授总体国家安全观理论,教官侧重技能训练,全面拓展学生的实践能力,实现"理实结合"。

(2) 三个课堂相联动。理论浸润,夯实第一课堂。依托线上线下教学资源,改革教学方法,坚持以学生为中心,运用信息化手段,依托线上教学资源平台,采用理论启发、案例探讨、问题研讨、线上线下互动等方式将国家安全知识植入学生头脑。氛围熏陶,活跃第二课堂。依托学生社团的力量,开展专题讲座、沉浸阅读、签名倡议、展板宣传、知识竞赛、文艺汇演等,广泛开展国家安全主题活动,定期举办"全民国家安全教育日"系列活动,营造校园文化氛围,引导学生思想上关注国家安全,行动上践行总体国家安全观。发挥校园文化的潜移默化功能。技能提升,延伸第三课堂。组织学生走出校门,走向军营和社会,延展国家安全教育的时间与空间,通过展馆参观、实景训练,提升学生维护国家安全的能力和素养,做到知行合一。改变多数高校利用特定时间节点开展教育的碎片化做法,实现国家安全教育过程常态化。

(3) 四个结合共推进。国家安全教育课和军事课相结合,创新课程体系。在教育部要求开设的必修课"军事理论课""军事技能课"的基础上,增开"大学生国家

安全教育"必修课,开设"国家安全法治教育"等选修课,开展体现学校地域特色的资源安全、生态安全、国防教育系列专题讲座,明确课程教学和考核标准,构建"必修＋选修＋专题讲座"的课程体系,推进课程育人;军营文化与校园文化相结合,丰富国家安全教育内容。发挥学生社团的育人功能。依托学生社团组织,在国家安全教育专业教师的指导下,通过展板宣传、知识竞赛、文艺汇演等活动定期开展国家安全主题活动,通过"国防大讲堂""国防定向越野锦标赛""国防教育月"营造浓厚的"军味""战味"文化氛围,推进文化育人;将英模引领和榜样示范相结合,邀请英模进行校园宣讲,观看有关战斗、戍边英雄事迹的纪录片;选拔优秀大学生士兵担任自训教官,通过身边人鲜活的事迹提升学生国家安全教育的参与度和关注度,增强国家安全教育的渗透力和感染力,提高教育的实效性,推进榜样育人;常态化军训和拓展性实践相结合,除新生入学军训外,确定每周四下午开展常态化军训。定期组织学生到军营、实践教学基地进行展馆参观、现场教学、实景训练,促进国家安全教育的融入式情境体验教育,推进实践育人。

(二)组建了结构合理的专业化师资队伍

"内选"与"外聘"相结合,一是配备校内专兼职军事教师。从骨干辅导员、思政课教师中培养、选聘20余名国家安全教育课专职教师;从全市范围内选聘8名军转干部和退役士兵担任专职军事课教师。二是从东营军分区选聘6名军官担任兼职军事理论课教师。三是配齐、配强承训教官。军分区负责选派10名民兵预备役骨干协助我校完成军事技能训练;学校选拔60名优秀退役复学学生和复转安置军官担任自训教官,并开展为期一周的集训和考核,考核合格后持证上岗,实现国家安全教育师资结构合理化。

"请进来"与"走出去"相结合,提升教学素养。聘请国家安全领域的专家学者指导和深度参与课程建设、教学科研和师资培训工作;组织教师参加线上线下专项培训、外出实践研修、顶岗锻炼等,实现国家安全教育师资专业化。

目前有专职教师24人,兼职教师和外聘专家14人,自训教官60余人,保障了规范开课所需的师资力量。团队中有9名教师入选东营市国防教育师资库,为区域国家安全教育开展提供了教育教学资源和师资支撑。

(三)创建了内容丰富、特色鲜明的国家安全教育教学资源

创建了"理论＋案例"国家安全教育教材,编写军事课相关教材24部。遵循问题导向,创新呈现形式,以案例导入为切入点,以总体国家安全观涵盖的"五大要素""五对关系""十二领域"为主要内容,在国内较早自主开发并出版了融思想性、政治性、学术性、适宜性为一体的国家安全教育教材和案例读本3部,解决了专门教材和配套学习资料缺乏的问题。

打造了"线上＋线下"的国家安全教育学习平台。依托超星平台,建设在线开

放的国家安全教育网络教学资源,现已建成包含授课视频 73 段、配套课件 15 套、配套习题 15 套、经典影视资料 224 段的在线开放课程,并制定了严格的课程标准和授课计划。建设 VR 体验室,创设国家安全教育"虚拟＋现实"的体验情境。

构建了"校园＋社会"国家安全教育实践基地。建设了总体国家安全观教育展馆、国家安全教育专题阅览室、国防教育文化长廊等校内场馆。联合省军区军备建设局、东营军分区、人武部、东营市黄河文化馆、黄河三角洲生态文明教育基地建设了 8 处实践教学基地,延展了国家安全教育的学习空间。

(四)取得了一系列教、科、研成果

承担了山东高校思想政治工作重点项目"'大学生国家安全教育'课程",并获得 20 万元经费资助;出版相关教材 27 部;建成了"大学生国家安全教育"在线开放课程。发表相关论文 42 篇,其中核心期刊 4 篇、CSSCI 期刊 3 篇,立项相关课题 20 余项,多项成果获得省高校人文社科成果一等奖。

三、主要创新点

(一)创构了国家安全教育新模式

校内校外、教师教官育人主体相互协同,从国家安全教育顶层设计到教学体系到具体实施,共商共建;"教室＋校园＋社会"三阶课堂相互联动,实现国家安全教育"理论浸润＋氛围熏陶＋技能提升"依次递进;国家安全教育课和军事理论课、思政课、人文素养课相结合,校园文化和军营文化相结合,英模引领和榜样示范相结合,常态化军训和拓展性实践相结合,推进课程育人、文化育人、榜样育人、实践育人,构建了"双协同、三联动、四结合"大学生国家安全教育模式。该模式对大学生国家安全教育常态化的开展具有一定的借鉴意义。

(二)率先在省内全面开展国家安全教育

2018 年 4 月、2020 年 9 月,教育部印发的《关于加强大中小学国家安全教育的实施意见》《大中小学国家安全教育指导纲要》从培养师资、创建资源和开设课程等方面对加强大中小学国家安全教育提出了明确要求。早在 2015 年,我校就已经成立专门的国家安全教育机构,并系统性地开展了各项工作,改变多数高校利用特定时间节点开展国家安全教育的碎片化做法,是全省唯一一所实现师资专门化、课程规范化、资源立体化的高校,在省内发挥了示范引领作用。

(三)拓展了国家安全教育载体

构建了"必修＋选修＋专题讲座"的课程体系,制定规范的国家安全教育课程标准,建设了立体化教学资源。以总体国家安全观为统领,编写国家安全教育教材

和案例读本；以超星平台为依托，创建了包括教案和课件、讲课视频、经典影视资料、典型案例的国家安全教育网络教学资源平台；建设国家安全教育 VR 体验室；整合校内外各育人主体的教育资源，创建多处校内外实践教学和实训基地。

四、实施效果与推广应用

（一）教学实践扎实，效果显著

全校形成了浓厚的国家安全教育氛围，60 000 余名学生先后受益。学生的国家安全意识明显增强，组建了国旗护卫队、国家安全知识兴趣小组、绿色协会、生态文明与环境保护协会等 12 个相关社团组织，每年开展国家安全主题活动近百次，学校在全省国家安全知识竞赛中荣获优秀组织奖。学生维护国家安全的自觉性、爱国报国意识明显增强，自 2014 年以来，有 1 668 名优秀大学生参军入伍，680 人转为士官，其中 16 人考入军校。

（二）教研系统深入，成果丰硕

学校承担了山东高校思想政治工作重点项目"'大学生国家安全教育'课程"，并获得 20 万元经费资助；出版了《大学生国家安全教育》和《大学生国家安全教育案例读本》等 26 部相关教材；建成了《大学生国家安全教育》在线开放课程。发表相关论文 42 篇，其中核心期刊 4 篇、CSSCI 期刊 3 篇。其中《构建大学生国家安全教育独立课程体系的思考》《文化自觉视阈下马克思主义与中国传统文化的互动发展》《论总体国家安全观视野中的国家文化安全》《大学生国家安全教育能力培养策略探析》等论文在国内较早提出了构建独立的国家安全教育课程、提升教师的国家安全教育能力等，深入探讨了具体领域的国家安全问题。立项了"新时代大学生国家安全教育体系的构建""东营市青少年国家安全教育研究""东营市市民国家安全意识培育研究""新时代国家安全教育能力研究"等相关课题 20 余项，获得省高校人文社科成果一等奖等 12 项。

（三）示范辐射明显，影响广泛

学校国家安全教育特色不断彰显，有力地助推了我校"优质校""双高校"建设。学校被省人民政府、省教育厅授予"山东省国防教育工作先进单位""山东省大学生征集工作先进单位""山东省大学生征兵工作先进单位"，获得山东省国防教育系列活动优秀组织奖、山东省高校军事理论课教学检查评估优秀等次等奖项，学校被确定为首批专业技术兵员储备基地、山东省学生军事训练改革试点单位。多次在山东省大学生征兵工作电视电话会议、山东省征兵工作会议、山东省国防教育会议、山东省学生军训工作会议上作典型发言，并被《光明日报》《经济日报》《中国教育报》、中国高等职业高专网、大众网等权威媒体宣传报道。济南工程职业学院、滨州职业学院等 10 余所兄弟院校来我校进行专题学习并对成果大力推广。

（该成果获 2022 年山东省职业教育教学成果奖二等奖）

🔍 **实践案例 3**

"能力核心、扬长发展"高等职业院校经贸类专业实践教学改革探索与实施

一、成果背景及简介

近年来，高等职业院校招生方式多元化，生源结构多样化，学情进一步复杂化，对于人才培养提出了更高的要求，即贯彻"以人为本，以学生为中心"的教育理念，根据学生的个体差异、发展需求提供学习的多种选择性，探索学生发展的多种可能性，最终在实践中实现学生的"扬长发展"。

职业教育强调校企合作、工学结合。经贸类专业教学与工科类专业教学具有明显不同的规律和特点，工科类专业教学内容源于技术性内容，可以人为复制，具备相应的设备，容易达到未来工作岗位的真实环境。经管类专业涉及的是社会性内容，现实管理环境几乎无法完全复制，如果勉强进行，只能将社会性内容进行机械的和形式上的复制。学生在参与过程中由于没有与真实环境的那种社会利害关系，在决策中也不可能复制管理者真正的心态。因此，对经管类专业来说，如何进行实践教学体系设计，如何创设教学环境，从而切实提高教育教学质量，是一个巨大的挑战。

项目组自 2009 年起，针对高等职业经贸类专业学生实践能力欠缺，缺乏根据自身特长、职业爱好进行选择性学习等问题，根据多元智能理论和工作本位学习理论，提出了"能力核心，扬长发展"的实践教学改革思路。依托国家骨干校物流管理重点建设专业群的探索实施，2014 年形成了较为成熟的"能力核心，扬长发展"高等职业经贸类专业实践教学改革方案，在全校经贸类专业实施后，育人质量明显提升。通过"基于能力本位的高等职业管理学基础教学体系构建研究与实践"（编号：GC201010）、"高等职业经管类专业'教学企业'建设与实践"（编号：2015549）两个省级教改项目和"企业经营管理沙盘模拟教学扩展研究""构建高等职业开放式专业教学体系研究"两个校级教改项目的进一步研究和实践，不断完善成果内涵并在国内推广。

本成果通过确定经贸类专业代表性岗位,分析各项能力之间的逻辑关系,构建了能力培养模型,以能力培养为核心,以扬长发展为落脚点,构建了经贸类跨专业实践教学体系,即通用能力培养实行"全程式"渗透,单项技能、综合能力、创新能力实行协调递进培养。将各专业涉及的上下游岗位(群)和平行岗位(群)通过业务流程连接起来,实现跨专业、多岗位、上班式实践教学,教学内容与岗位标准、生产服务、项目"三结合",校企共同完成教学任务和学业评价。打通经贸类专业间的互选通道,学生完成"规定动作"的实习实训后,既可选本专业,也可跨专业选修实践内容、实习就业岗位,最终形成适合自身特点的优势能力,扬长发展。

该成果显著提高了育人质量,本校直接受益学生累计超过 7 000 人,学生参加省级以上技能大赛获奖 100 多人次,毕业生月收入净增 54%。建成省级特色专业和省级教学团队各 2 个、省级精品(共享)课程 11 门。教学成果纳入"省培"项目,成果部分内容作为案例被国家行政学院用于培训干部。目前,成果已被国内 10 余所高等职业院校借鉴与应用。

二、主要成果

(一)构建了能力培养模型和实践教学体系,实施了"能力核心,扬长发展"高等职业经贸类专业实践教学改革

分析了各项能力之间的逻辑关系,构建了能力培养模型(见图 4-3)。单项技能、综合能力和创新能力培养是一个有机的整体,"能力核心"贯穿实践教学,设计扩大学生自主学习的方式方法,在实践中实现"扬长发展"。

专业岗位能力之外必需的职业沟通、团队合作与管理、自我管理、解决问题、信息处理、领导力、心理平衡、时间管理等通用能力培养贯穿、渗透在实践教学的各个环节,与日常行为规范相结合,培养形成学生职业发展的"压舱石"。实施学分置换制度,学生参与各类课外活动取得的成绩可置换选修课程学分。

单项技能、综合能力、创新能力协调递增培养。实践教学内容与职业岗位、生产服务、各类项目研发"三结合"。建立企业导师制度,学校教师与企业技术人员指导学生完成实习实训,各类项目按照企业标准进行学业评价。学生通过实训实习,参与各类项目掌握知识,提升技术技能和创新能力,培育职业精神。普通项目练技能,高端、挑战性项目培养技术和创新创业能力。打通经贸类专业间的互选通道,学生完成实践教学的"规定动作"后,在学校指导下自主选择发展空间,既可选本专业,也可跨专业选修学习实践内容。

一年级培植兴趣,发现、挖掘特长。结合各专业打通的基础课程完成各类单项技能训练,在通用教学沙盘模拟中培养经贸类专业应具备的全局思维和能力,在专业教学沙盘模拟中培养所属专业的思维和能力。在实践教学中培植学生的学习兴

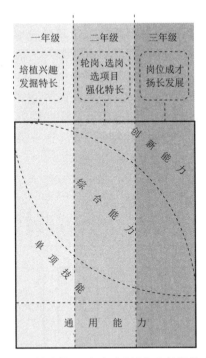

图 4-3 "能力核心,扬长发展"实践教学模型图

趣,发现学生的特长。

二年级轮岗、选岗、选项目,强化特长。在模拟教学企业、校中厂和各类生产服务中心按照企业实际岗位要求进行实训实习,各个专业涉及的上下游岗位与岗位群串联,实现跨专业,多岗位上班式、交互式同步实训。按照企业标准,校企共同对学生进行学业评价。学习能力强,有特长的学生在完成"规定动作"后可多选择难度高的项目,选择其他专业的实训岗位和实训项目。

三年级岗位成才,扬长发展。在学校指导下,学生根据特长和职业爱好选择实习实训岗位和挑战性项目,形成一项或几项特别突出的能力,扬长发展。

(二)校企合作建设融实践教学与生产服务研发为一体的跨专业综合实习实训基地,紧跟需求更新实践内容

建立校内经贸类跨专业综合实训基地。涵盖企业的主要业务流程,设计各专业代表性岗位,建立虚拟综合实训平台、真实环境的微型企业,各类研发服务中心与平台和微型企业对接,各专业能够在同一个校内基地平台实训。整合及完善各专业实训室,引入云计算、物联网、大数据、虚拟仿真、人工智能等现代技术,打造具有真实职业环境的"经贸智慧供应链"实训中心。充分发挥经贸管理实训基地软件模拟的特点,开放远程登录服务,实现全天候的课内外、校际及企业内部实训模拟、创业演练、技能竞赛、企业培训、职业能力鉴定等功能,打造成线上及线下全开放

式、覆盖型的综合性实践平台。

建立校外各专业共享的实习实训基地。与知名企业紧密合作,建立高端稳定的校外实训基地,多岗位设计,多专业共享,满足校外实习实训、校企研发、就业创业等多领域的要求。

实训基地对外服务,对内开放,实施企业化管理,从研究开发到对外生产服务,在市场上实现价值,能够使校企互动,不断为教学提供来自生产服务一线的最新动态,及时更新教学项目和教学内容,使实训基地具有自我发展的"生命力"。收入作为考核指标,用于激励创新和改善教学。详见图4-4。

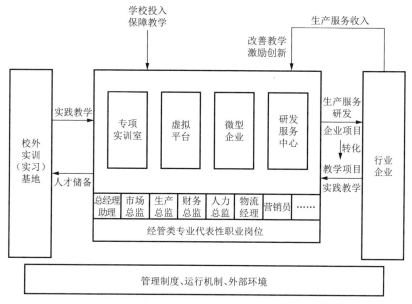

图 4-4　经贸类跨专业综合实习实训基地示意图

依托实训基地,遴选企业项目,组建项目团队,每位教师加入团队,参与项目。以项目为载体,教师与企业工程技术人员共同开展服务与研发,解决企业生产经营中的问题。改革教师学术考核评价机制,引导教师将科学研究和技术研发资源转化为优质教学资源,不断提高教学科研能力和水平,积极参与人才培养模式和教学改革。基于项目研发,提升教师的专业能力和实践创新能力;将各类项目中完成的成果转换服务于企业,促进校企合作,形成良性循环。基于教育教学改革,提升教师的教学研究能力和信息技术应用能力,将企业项目、研发成果转化为教学项目。学校教师与企业技术人员带领学生完成项目,学生通过参与项目掌握知识,提升技术技能和创新创业能力,培养研发能力,培育职业精神;企业、学校、教师、学生等多方互动、共生共赢,形成产教融合、校企协同育人的良性运行机制。

三、主要创新点

（一）理论创新，构建了能力培养模型

分析了各项能力之间的逻辑关系，构建了能力培养模型。通用能力、单项技能、综合能力和创新能力培养是一个有机的整体，各项能力之间不存在严格的前后关系，但在不同阶段侧重点不同。通用能力（与职业核心能力的内涵基本一致）是所学专业之外的能力，是学生就业、再就业和职场升迁所必备的能力，培养要"全程式"渗透，第一、第二课堂均要渗透通用能力的培养。单项技能在初期是培养重点，在以后的学习中需要不断强化；综合能力从初期就开始培养，以后逐步提升培养力度；创新能力培养在初期就需要渗透，在后期是重点内容。该能力培养模型为经贸类专业乃至其他专业的人才培养提供了理论借鉴。

（二）实践创新，学生实现"扬长发展"

突破了经贸类各专业实践教学的分割和活动空间的局限，能够有效支持培养经管类专业学生的实践能力并具有一定的灵活性，支撑自主选择，扬长发展。学生在职场化环境中培养各项能力，而教学过程也是学生在教师指导下进行生产服务研发的过程，学生应用不同的知识和技能，将分散的专业知识点和技能点整合起来，掌握内在的逻辑联系，达到融会贯通，实现"学习的内容是工作，通过工作实现学习"。

摒弃高等职业学生是"差等生"的观点，按照多元智能理论挖掘学生的"精彩之处"，提供适合学生自身优势的学习机会。根据工作本位学习理论，学生在实践中发现特长，培植职业爱好，并在不断选择中强化，"一生一特长"，形成适合自身特点的优势能力，实现扬长发展。学生既能形成职业发展的"压舱石"，又能筑牢就业岗位要求的"承重墙"，同时紧跟行业企业需求，打磨出具有自身特点的"真功夫"。

（三）创新实践教学形态

利用互联网技术，开放远程登录服务，实现线上线下、全天候、开放式的实践教学形态。校际、校企间能共同开展实训模拟、创业演练、技能竞赛、企业培训等。

实训基地融教学和生产服务研发等功能为一体，在实践中采取企业化管理，从研究开发到对外生产服务，在市场上实现价值，能够促进校企互动，不断为教学提供来自生产服务一线的最新动态，及时更新教学项目和教学内容，使实训基地具有自我发展的"生命力"。

四、实际效果与推广应用

（一）显著提高了人才培养质量

本成果在东营职业学院经贸类专业开展应用，先后实施 8 个专业，修订了专业人才培养方案，大幅度提高了工商企业管理、市场营销、物流管理、人力资源管理等专业的实践教学水平，学生技能水平明显提升，参加省级及以上技能竞赛获奖 100 多人次。成果累计惠及本校 7 000 余名学生。截至 2016 年 12 月，调研显示，经贸管理专业群 2014 届毕业生就业率达 98.57％，2015 届毕业生就业率达 98.84％，2016 届毕业生就业率达 99.35％。毕业生月收入同比提高了 54％，就业质量明显提升。在对专业的满意度调查中，经贸管理专业群的毕业生对专业满意度很高，其中物流管理专业毕业生的满意度为 100％，市场营销专业的为 97.14％，工商企业管理专业的为 99.4％，报关与国际货运专业的为 98.6％，国际贸易实务专业的为 98.9％。其他专业均有不同程度的提高。

（二）教学改革成效显著，形成一批标志性成果

建成工商企业管理、物流管理 2 个省级特色专业和 2 个省级教学团队，建设了"市场营销"等 9 门省级精品课程。出版了《企业经营管理模拟教程》等教材 6 部，开发了实训项目及相关指导手册。"战略管理实务"和"物流信息技术与应用"课程入选首批"省级精品资源共享课"项目。

（三）成果起到示范引领作用

该成果连续 3 年在省级职业院校师资培训项目中作为重要内容，包括 2015 年的培训项目"物流管理专业实践教学项目开发与实践"，2016 年的培训项目"管理类专业教师综合职教能力提升"，2017 年的培训项目"物流管理专业实践教学项目开发与实践"，共培训全国骨干教师 120 人，并通过培训项目宣传推广到省内外高等职业院校，起到了示范引领、辐射带动作用，成果被省内外 10 余所院校借鉴。近 4 年来，有 100 余家国内外院校、1 000 多人次先后来校考察学习。成果部分内容作为案例被国家行政学院用于干部培训。

（该成果获 2018 年山东省职业教育教学成果奖一等奖）

🔍 实践案例 4

融企业生产项目于教学内容，
培养学生综合职业能力的实践与探索

一、研究背景

教材是实施课程标准的基本工具，它既承载知识和技能，又渗透思维方法的给予、认知结构的优化、实践能力的形成和创新精神的培养。随着我国高等职业院校教学模式向以项目为载体、以任务为驱动、"做学教"一体化教学模式的转变，再加上各省市、各高等职业院校的生源知识层次参差不齐，在教学中出现了教学要求、教学内容、题目难度不匹配，甚至专业不对口的情况。为了适应这些转变，增强教材的实用性，针对化工大类专业高等职业院校的需求，我们编写了一系列教材。

"十二五"期间省内外各高等职业院校、众多知名教育专家针对"项目化教学"做了不同程度的研究与实践。我们走访了宁波职业技术学院、深圳职业技术学院、广西石化技师学院、淄博职业学院等院校，针对项目化教学进行了交流，老师们普遍认为项目的选取是难点，都希望有现成的适用项目化教学的教材。

化学工业是基础性产业，山东省是化工大省。随着产业的发展和转型升级，化工专业人才的需求与日俱增，特别是对适应能力强、来之即用的技术技能人才的需求。这就要求职业学校将培养综合职业能力强、熟悉企业一般生产项目的人才作为人才培养目标。因此，作为教材内容应该与实际生产项目相结合，融入企业对技术技能人才的需求，培养综合素质高、具有工匠精神的技术技能人才。

鉴于此，编写一套具有时代特征、针对性较强的、适应化工职业教育新发展的项目化化学教材成为一个亟待解决的问题。

二、解决的问题及方法

（一）主要解决的问题

1. 传统的教材与项目化教学脱节，不能很好地紧跟课程改革的步伐

高等职业教育培养的是技术技能人才，大力提倡能力本位，"做学教"一体化，教学的开展应该以学生为主，以教师为辅，注重培养学生的动手能力、操作技巧、工匠精神。

2.传统的教材与生产实际脱节,不能很好地紧跟企业转型升级的需求

由于在产业转型升级过程中,化工类企业的生产工艺水平、设备操作、操作控制等生产活动可能会发生重大变化,这必然对从事化工生产操作的相关工作岗位的职业能力产生许多新的要求,从而使得相关职业能力的具体内容、操作规范和工作标准等处于调整变化的过程中。在缺乏对企业深入调研的情况下,专业课程相应的人才培养目标和人才培养规格就不能很好地对应企业标准和岗位要求,从而造成课程内容的针对性、适用性不强。

3.传统的教材偏向理论教学,不能很好地实现技术技能人才的培养目标

不管是企业岗位需求,还是教学指导方案对高等职业毕业生的能力要求,都需要人才培养过程加强技能锻炼,以培养出操作能力强的技术工人。

(二)解决问题的方案

1.开展高等职业教育基础化学教材使用情况调研

我们走访了宁波职业技术学院、深圳职业技术学院、广西石化技师学院、淄博职业学院等院校,针对基础化学教材的使用情况进行了调研,发现:(1)现用基础化学教材难度整体偏高、习题偏难。(2)大部分院校删除了"物理化学"这门课程。在四大基础化学(无机化学、有机化学、分析化学、物理化学)中,物理化学较抽象、难理解,目前各高等职业院校生源基础较差,所以删除了该课程。(3)针对目前项目化教学的教材空白。多数学校没有专门针对项目化教学的教材,广西石化技师学院项目化教学教材为教师自编讲义。

2.开展企业员工培训教材情况调研

我们走访了烟台万华化学集团、富海集团、利华益集团、山东新和成药业等企业,针对员工培训教材的情况进行了调研,发现:(1)在企业员工培训中,安全培训是每个企业必备的培训项目,所以对学生安全意识的培养应该融入每一个实训项目。(2)大部分企业培训内容局限于与本企业生产操作相关的内容,其中烟台万华化学集团员工的培训内容相对丰富。

3.申请教材编写立项

在调研的基础上,我们认为,提升学生综合职业能力、顺应企业生产需求尤为重要,如何在教学过程中融入这些因素,应该从学生接触最多的教材抓起,于是在国家骨干院校建设期间,我们在学校申请立项编写系列基础化学教材。

4.组织教材编写

(1)确定教材编写组成人员。为了便于研讨、实践,教材主要编写人员为我校一线任课教师张新锋、李勇、巴新红、高业萍、王红、韩宗等,另外聘请中国石油大学(华东)安长华教授担任主审,聘请富有经验的企业工程师——利华益集团的李新强、福耀集团的尚贵才进行项目研讨,还邀请了兄弟院校东营科技职业学院的李少勇教授,我校吴秀玲教授、孙秀芳副教授等对书稿进行讨论和校对。

（2）与化学工业出版社签订了教材出版合同。明确出版教材的责权利关系，规定了交稿时间。

（3）着手教材编写。从 2012 年申请学校立项，到 2014 年 3 月《分析化学》出版，2014 年 4 月《有机化学》出版，2014 年 9 月《无机化学》出版。编写组先后多次召开会议，确定了编写的纲要、教材内容及特色。编写组立足学生的实际情况，结合他们未来的职业发展要求，大胆进行基础化学教材改革，整合教学内容，突出基础性，重视培养学生的基本能力，特别是重视技术技能人才的培养。

5.组织教材使用情况研讨

教材经过 2 轮使用后，组织编写组成员进行实用性研讨，提出改进方案，于 2016 年初进行了修订，并再次出版。

三、实践应用及其效果

（一）实践应用

1.编制小班，实施项目化和任务驱动教学法

本系列教材的编排顺序以实验项目为主线，便于项目化教学或任务驱动教学的实施。在开学初期编制 30 人的小班，每周 6 课时，全部在实验室上课，教学围绕项目展开，辅以技能指导、理论引导、技能考核、理论总结。

2.传统的大合堂讲授＋实验实训教学实践

本系列教材也可以按传统的先讲授理论，再进行实践，每周 6 课时，4 课时讲授项目后的知识拓展，2 课时学生自主实验。本系列教材和其他教材的区别是理论知识和实验项目在一起。

本教材可以作为以上两种教学实践的教材，应用性非常强。

（二）应用效果

成果自 2014 年形成以来，经过 2014—2017 级石油化工技术、应用化工技术专业的应用实践，在学生综合职业能力培养、技能大赛、高端就业等诸多方面取得了突破。

1.学生综合职业能力提升，符合化工企业岗位需求

随着化工企业近几年的转型升级，其对用人质量的要求更高了。本系列教材使学生通过学习小组完成实验项目，有利于培养学生的动手操作能力、自学能力、创新能力、安全生产意识、团结互助精神。因此，学生的综合职业能力得到提升，与当下化工企业生产大型化、智能化契合，学生到企业的适应期缩短，大大提高了企业的生产效率。我们的毕业生普遍受到用人单位的好评。

2.学生综合职业能力提升，技能大赛成绩优异

学生通过项目的完成，练就了一身过硬的本领，在全国职业院校技能大赛中屡获

佳绩,2012 年以来,先后获得工业分析与检验赛项国赛一等奖 3 次、二等奖和三等奖各 1 次;省赛一等奖 3 次、二等奖 1 次。有 3 人在校被评为"东营市技术能手"。

3.学生综合职业能力提升,创新创业大赛成绩有了新突破

学生通过项目的完成,自主创新能力不断提升,在各类创新创业大赛中不断有新突破。2016 年荣获"挑战杯——彩虹人生"全国职业院校创新创效创业比赛二等奖 1 项,第十、第十一届全国高职高专"发明杯"大学生创新创业大赛一等奖 2 项。2017 年荣获山东省第四届大学生科技创新大赛三等奖(化学发热剂自动加热式水瓶)1 项、二等奖(新型高效环境友好型防垢剂-Ⅲ)1 项。

4.学生综合职业能力提升,实现了高等职业院校学生高端就业

2014 年以来,先后有夏乔乔、闫生和、严海华、张青芝、闫立涛、李晓琦、祁道建、李泽亮 8 名学生被中国工程物理研究院录用,实现了高等职业学生高端就业。

四、成果创新点

本套教材不再过于追求学科的完整性和严密性,重在强调化学基本知识和基本能力培养、强调培养学生的动手能力、强调与企业生产的联系、强调理实一体化、注重培养学生的安全意识和团结互助意识、突出培养学生的综合实践能力。全书呈现以下特色:

1.与生产实际相结合,将企业生产项目引入教学项目

编写教材的过程中我们调动所有一线教师,充分利用黄河三角洲区域经济优势,到各大石化企业走访调研,认真听取企业技术人员的建议,并聘请有教学经验的企业专家作为编委。该系列教材内容密切联系真实生产装置与最新科研监测技术,同时结合了全国高等职业院校技能大赛的相关项目。例如,"工业碱中氢氧化钠与碳酸钠含量的测定""污水或废水中化学需氧量的测定"等项目是许多企业每天要做的检测项目,"紫外可见分光光度法测定未知物"是国赛工业分析检验赛项项目。

2.以实验项目为主线编排,项目化教学应用性、实践性、针对性强

本系列教材以学生为中心,围绕"做"做文章。教材每章都选取了典型的实验项目,且实验项目以学生为主,教师为辅,学生在"做中学、学中做"。本教材建议在多媒体实验室、仿真实训室小班化教学,以便于项目实施。

3.打破传统教材的章(节)结构设置,以专题形式编排

专题包括知识目标、能力目标、生活常识、实验项目、基础知识、练一练、想一想、阅读材料、本章小结、课后习题等。

4.立足培养对象的思维特征,知识性与趣味性相结合,理论性与实践性相结合

本系列教材每章的生活常识、阅读材料增强了教材的知识性与趣味性,而每章的实验项目、基础知识又把理论与实践联系起来。这样学生容易接受知识,且不会有疲劳感。

五、成果推广情况

本系列教材在东营职业学院、东营科技职业学院、四川化工职业学院、淄博技师学院、漳州职业技术学院、广东省轻工高级技工学校、江西工业职业技术学院、徐州医药高等专科学院、北京城市学院、重庆水利电力职业技术学院、榆林职业技术学院、北京京北职业学院、云南农业职业学院、汕头职业技术学院等高等职业院校化工类专业使用，累计发行1.5万余册。2014年首次出版，2016年修订后再次出版，并于2017年1月被评为"2016年度中国石油和化学工业优秀出版物"教材奖一等奖。

本系列教材编写中吸收了近几年高职高专教育教学改革的大量先进成果，集应用性、实用性、综合性和先进性于一体，着力体现了工学结合、项目化教学等现代教育教学的改革方向和内涵要求，体现了对创新能力和实践能力的培养，也体现了职业教育的发展规律，具有鲜明的时代特色。

（该成果获2018年山东省职业教育教学成果奖一等奖）

🔍 实践案例 5

高等职业院校计算机类专业分类
人才培养路径构建与实践

一、研究与实践概况

第四次工业革命正以指数级速度展开，以新技术、新业态、新模式、新产业为代表的新经济对技术技能人才提出了新要求。2015年5月，《国务院办公厅关于深化高等学校创新创业教育改革的实施意见》（国办发〔2015〕36号）明确提出"高校要打通一级学科或专业类下相近学科专业的基础课程，开设跨学科专业的交叉课程，探索建立跨院系、跨学科、跨专业交叉培养创新创业人才的新机制，促进人才培养由学科专业单一型向多学科融合型转变"。2016年12月，刘延东副总理在推进职业教育现代化座谈会上的讲话中提出"随着人工智能在工业领域的普遍应用，技术技能人才和服务业市场需求增大，岗位专业技能有所淡化，岗位协调能力日益重要，专业对口概念逐步淡化，通用能力和综合能力备受关注"。

由计算机网络技术、计算机应用技术和软件技术专业组成的计算机类专业群，于 2011 年 12 月被确定为国家骨干校重点建设专业（群）。本成果在该专业群、教育科学规划课题等研究基础上形成，经 6 项省级教改项目提升、完善，于 2012 年 6 月全面推广应用。本成果的实施基于"专业＋"的分类人才培养模式，构建了"分层—分类—分流"课程体系，建立基于创新创业能力培养的"三三四"实践教学体系，打造"五客空间"促进双创教育与专业教育的融合，形成了计算机类专业分类人才培养框架。

该专业群于 2014 年 7 月通过国家骨干校建设项目验收，相继被评为省品牌专业群、省优质校一流专业建设项目，培养了大量专业适应面广、协调性强的复合式创新型技术技能人才，为满足学习者个性化、多样化的学习和发展需求提供了"多层次入口、多类型通道、多方向出口"的个人专属路径。

二、成果解决的教学问题及解决问题的方法

（一）成果解决的教学问题

成果解决了教育资源过于分散、产学合作难以深入，专业建设不适应新一轮科技革命所带来的职业变化问题；解决了学习者个性化、多样化的学习和发展需求与人才培养路径单一的矛盾；解决了专业对口概念淡化，如何增强适应性的问题；解决了双创教育与专业教育融合度不够的问题。

（二）解决教学问题的方法

1.构建了基于"专业＋"的分类人才培养模式

依据 IT 产业逻辑组建计算机类专业群，确定以技术型、复合型、创业型技术技能人才为培养目标，集群式开展专业建设，变革传统的专业发展方式和教学组织，成立跨专业的教学部，整合 3 个专业的师资队伍及教学条件等，突破"专业壁垒、教学运行行政化"等传统教育教学运行体制，加速专业群融合贯通、资源共享，突破当前教育资源过于分散、产学合作难以深入、就业质量难以提升等发展瓶颈。

打通计算机网络技术、计算机应用技术、软件技术 3 个专业间的壁垒，构建了共享型专业群支撑平台；建立了跨专业选修机制，为学生提供"入学择业、专业变更、跨业选修、实习就业"4 次"择业"机会（见图 4-5），使学生随着知识的累积、职业认知的增长选择符合自身特点的专业发展方向，最大限度地满足学生个性化学习和发展的需求。

制定了跨专业选修分流指标体系、赋分体系，优化各项分值。加强对学生分流的教育与疏导，消除学生选择专业的从众心理，引导学生理性地选择专业方向，从而解决冷门专业与热门专业的问题。梳理规范跨专业选修分流工作流程，明确公

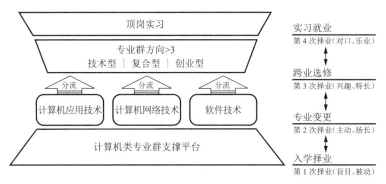

图 4-5 基于"专业+"的分类人才培养模式

示时间、途径,确保学生反馈的有效途径。

2.构建专业群"分层—分类—分流"课程体系

如图 4-6 所示,从专业群的角度,按照"底层分层共享、中层分类支撑、上层分流互选"的思路,服务于学生的多样化选择、多路径成才,打通了 3 个专业间的互选通道,按照职业教育逻辑归纳专业类(职业群)基础课程,建立计算机类专业群共享的支撑平台课程,确保专业基础素养;开设专业核心课程,突出专业特色;开设专业互选方向及创新创业方向,培养技术型、复合型、创业型人才。

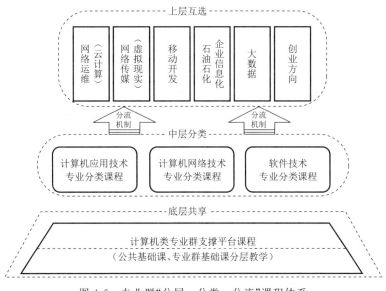

图 4-6 专业群"分层—分类—分流"课程体系

根据学生的不同起点和发展需要,对"高等数学""实用英语"等公共基础课和"程序设计基础""电工电子应用基础"等专业群基础课实施分层教学,并根据阶段性考核成绩实施动态调整机制,以保证分层教学中的科学性和公平性。

3.构建基于创新创业能力培养的"三三四"实践教学体系

2012—2017年,学校投资近2 500万元,建成了由30个实训室组成的电子信息和艺术传媒实训中心,建有60多个校外实训基地,成立了现代信息技术协同创新中心。

形成了第一课堂、第二课堂、第三课堂3个课堂教育教学联动,基础能力实践、专业能力实践、综合能力实践3个阶段递进,"产教研创"平台保障、师资保障、资金保障、制度保障4层保障的"三三四"实践教学体系(图4-7)。建成了山东省软件工程技术中心,依托国家级技能大师工作室共建了省级"石油石化信息技术传承创新平台"。

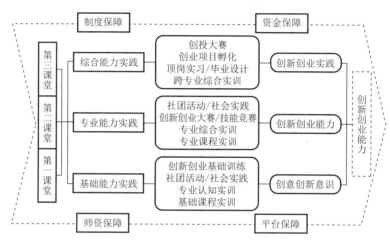

图4-7 基于创新创业能力培养的"三三四"实践教学体系

4.打造"五客空间"推进创新创业教育融入专业教育

如图4-8所示,共享专业群综合实践平台立足职业教育、融入创客教育,打造了由志客、知客、智客、制客、职客构成的"五客空间",面积近1 500平方米。将创新创业教育融入专业人才培养,培育创新创业团队,孵化创业项目,形成专业的"ZhiKe"文化。

志客空间主要是"专业感知",以学生专业社团为主,开展专业实践,培养创意创新思维。知客空间主要是"技术研发",以东营市黄河三角洲云计算工程技术研究中心、物联网应用技术研究院等研发机构为载体,开展"大物移云"等新技术应用研究。智客空间主要是"成果转化",以省级名师工作室为载体,开展理论研究与成果转化,承担教育教学智库职能。制客空间主要是"产品制作",以3D打印实训室、电子产品制作实训室、智能机器人创新实训室等为载体,侧重研发成果的应用与创意产品的制作。职客空间主要是"职场工作",发挥国家级技能大师工作室的带动作用,开展跨专业合作,侧重产品的创意创新设计,面向社会承接技术服务项目。

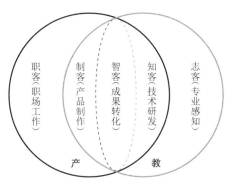

图 4-8　"五客"教育示意图

5.形成了计算机类专业群分类人才培养框架

依托现代信息技术协同创新中心等"产教研创"平台,对接区域产业,以"研发"为触觉,感知产业"温度",建立了新技术新岗位发现机制、新专业孕育机制,动态调整优化专业群,实现群内专业集约、协同、创新、可持续发展。

开展以教育范式转型为导向的课程建设,建立"分层—分类—分流"专业群课程体系,建立"四次择业"机制,按照技术型、复合型、创业型各有侧重进行分类培养,将双创教育贯穿人才培养的过程中。

采取满足以学习者为中心需要的培养形式,开展"互联网＋"教育教学改革,专业平台课程分层教学,推行混合式教学,实施启发式教学;打造"五客空间"推进创新创业教育实践,设计创客课程、项目课程、竞赛课程,实施因材施教,第一、二、三课堂教育教学联动,实现"做中学、学中做、做中创、创中长"。

打造了"三横一纵"交叉融合的培养载体,"三横"即专业群综合实践平台、专业实训基地、公共服务平台,"一纵"即五客空间。"三横"与"一纵"交叉融合,实现了双创教育融入人才培养全周期、贯穿专业教育的全过程,形成了独有的"ZhiKe"专业文化。

计算机类专业群分类人才培养框架如图 4-9 所示。

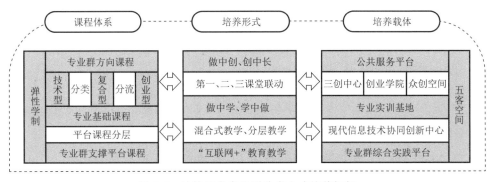

图 4-9　计算机类专业群分类人才培养框架

二、主要创新点

（一）创新"择业"分流机制，为学生提供专属职业教育

以专业群为单位，依托"产教研创"平台，建立了新技术新岗位发现机制、新专业孕育机制，实现了专业与产业的随动发展。基于"专业＋"的分类人才培养模式以个性化、人性化为基点，尊重每一类乃至每一名学生的个体差异，同时与生源质量、学生的发展方向及社会的人才需求相适应，增强了高等职业人才培养和社会人才需求的契合度。

从盲目、被动地入学选择专业，到主动、扬长地申请专业变更，再结合兴趣与特长进行跨专业选修，最后实现实习就业的对口与乐业，通过 4 次"择业"分流，为学生提供个人专属的"私人定制"服务。

（二）创新"分层—分类—分流"课程体系，服务学生多路径发展

针对多元的学生发展需求和多样的人才需求定位，为了实现不同的培养目标，建立了与之配套的三类课程和一个体系，包括分层教学的专业群平台课程、分类教学的专业课程、分流教学的方向课程和与该课程体系相配套的"三三四"实践教学体系。通过集群建设，集中了学校现有的优势资源，形成了科学高效的综合体系，服务学生的多样化选择、多路径成才，实现了以学生为中心的分类培养，拓宽了人才成长通道。

（三）创新"五客"教育模式，推进双创教育与专业教育融合

立足职业教育，融入创客教育，打造"五客空间"，包括"专业感知"的志客、"技术研发"的知客、"成果转化"的智客、"产品制作"的制客、"职场工作"的职客，给予学生施展个性的社会实践空间，让初成人的大学生与其他"同道中人"一道，找到青春与理想发育的载体，促进教育链、人才链与产业链、创新链有机衔接。依托"产教研创"平台，打通第一、二、三课堂，将创新创业能力培养融入"专业群基础能力、专业能力、综合能力"三级递进培养体系，从而实现职业竞争力的持续提升。

四、推广应用及成效

本研究成果的实施使专业群学生的职业竞争力与发展潜力得到全面提升，人才培养质量显著提高。

（一）推动人才培养模式创新转型，显著提高人才培养质量

计算机类专业群自 2013 级起开始实施分类人才培养改革，并逐步推广到全校，受益学生达 17 000 余人。

1. 专业群在校生数量逐年提高，毕业生就业质量显著提升

2014—2017 年在校生人数分别是 484 人、804 人、876 人、1 029 人，逐年递增。毕业生平均就业率稳定在 99％以上，2017 届毕业生专业相关度平均达到 75％，社会满意率达到 97％，2015—2017 届毕业生起薪水平每届递增 14％以上。

2. 学生创新实践能力显著增强，社会认可度、满意度大幅提高

专业群学生参加省级以上创新创业大赛获奖 16 项、参加全国职业院校技能大赛获奖 8 项、参加山东省职业院校技能大赛获奖 15 项，省级以上获奖数量较 2012 年之前增长 16 倍，社团参与度增加 4.8 倍。成功孵化创业团队 20 余个，其中本专业群毕业生董传盟荣获山东省第二届"大学生十大创业之星"称号。

3. 提高了专业群的办学实力，取得了一批高层次成果

培育了 1 个国家级教学团队、1 名国家级教学名师，建成了 2 门国家级精品课程、2 门国家级精品资源共享课、1 个省级优质校重点专业群、1 个省级品牌专业群、1 个专本贯通试点专业。

（二）在山东省及全国高等职业院校得到推广并产生了较大影响

1. 校内推广应用

我校自 2013 级开始实施了分类人才培养改革，并逐步应用于省品牌专业群、省优质校一流专业建设，逐步推广到全校所有专业群，年受益学生达到 12 000 余人。

2. 校外推广应用

在全国职业院校计算机系主任年会、全国职业院校计算机网络技术专业建设与教学改革研讨会等全国学术会议上，项目负责人及团队成员先后 20 余次受邀介绍人才培养改革经验，作了题为《创新分层分类人才培养体系，构建"私人订制"成才路径》《创新"专业＋"人才培养模式，打造"私人订制"成长路径》《构建协同育人生态圈，推动人才培养模式改革》等学术报告，受到与会专家的高度评价。

鉴于学校在创新、创客教育方面的成绩，2016 年 4 月，李延成院长应邀主持了中国职业技术教育学会教学工作委员会 2016 年学术年会"创新教育与创客教育"主题研讨，来自全国职业院校的 700 名代表参加了会议。李延成院长对"创客"和"创客教育"进行了解读，对四组嘉宾的演讲作了点评。

广东省一流高等职业院校建设计划立项建设单位——广东交通职业技术学院将我校计算机网络技术专业作为国内标杆专业，多次前来考察学习。

3. 新闻媒体报道

成果应用案例"构建协同育人生态圈，培养复合式创新型人才""基于教学状态大数据，构建教学质量过程化监控预警机制""创新分层分类人才培养体系，构建个人专属教育成长路径""优化'教改—诊改'链路，推动'无界课堂'实施"分别入选全国高职高专校长联席会议 2013、2016、2017 年年会，并在会场进行了展示。

此外,中国高等教育改革与发展网、中国职业教育委员会教学改革研究中心、凤凰网、大众网、《山东职教社报》《黄河口晚刊》等媒体也报道了我校的人才培养改革经验。

4.社会服务

学校发挥专业优势,承办了8个国家级培训项目、3个省级培训项目,举办了2项山东省专业技术人才知识更新工程高级研修项目;牵头成立了山东省高等教育学会高等职业物联网专业教学研究会,并担任理事长单位;发起成立了山东省虚拟现实(VR)产教联盟,并任秘书长单位;承办了山东省职业院校技能大赛计算机网络应用赛项,并发挥辐射带动作用。成果主持人周连兵副教授因在人才培养领域的贡献而被选为共青团东营市委副书记(兼职)。

(该成果获 2018 年山东省职业教育教学成果奖一等奖)

🔍 实践案例 **6**

基于经验生长的石油化工技术专业"三融三段"现代学徒制育人体系创新与实践

在教育部首批现代学徒制试点项目的支持下,王强教授团队探索实践形成了"基于经验生长的石油化工技术专业'三融三段'现代学徒制育人体系",提出了服务学徒"经验生长"的育人理念,构建了课与岗、育与训、知与行融合,微、中、大分段循环推进的"三融三段"育人体系。

一、背景与基本思路

我国高等职业院校石油化工技术专业的现代学徒制育人模式存在诸多不足:现代学徒制育人目标离散、路径不明、缺乏结构化设计;育人载体拼接式结合、课程体系滞后,教学模块式叠加、融合度不够;考核手段单一,基于真实工作情景的非良构问题难以评价。

项目组创新提出服务学徒"经验生长"的育人理念,发掘了"经验准备—经验生成—经验转化—经验延伸"的经验生长链,以校企双重主体育人为根本,以"学生""学徒"双重身份为保证,以岗位成才为路径,发掘"经验"育人元素,将职业技能知识、岗位行为规范和价值观融入育人过程,形成育人标准体系,搭建课程、实践、素养、活动育人体系,实施课与岗、育与训、知与行 3 个维度的融合,推行微段、中段、大段 3 段循环育人,系统性构造"果型"育人模型,形成学徒"经验生长链",取得了系列成果。

二、主要内容

(一) 提出服务学徒"经验生长"的育人理念

结合学生的发展规律和行业、岗位要求,发掘了"经验准备—经验生成—经验转化—经验延伸"的经验生长链,提出了服务学徒"经验生长"的育人理念。现代学徒制经验包含知识经验、岗位经验、企业经验、社会经验,涵盖理论知识、岗位技能、职业素养、社会能力;育人模式着力于学徒知识经验的生成、技能经验的生长和社会经验的延伸,实现课岗衔接和校企对接;学徒通过经验生长可以实现身份认同、知识与技能融合。

实施学徒"经验生长"式育人,厘清经验构成要素,确定现代学徒制培养目标,从企业需求出发,确定专业标准,依据职业标准设计教学内容,依据岗位标准确定课程标准,教学载体来自企业的真实项目,教学过程对接生产过程,按职业模式实施教学质量评价。

教学团队由专业教师、企业技术人员共同组成,三段培养,将培训体系融入教学体系、企业生产融入课堂教学、企业文化融入素质培养,从而实现理论学习融合实践操作、要素模仿融合职业感知、反馈引导融合知识迁移。

(二) 形成服务学徒"经验生长"的标准体系

以职业标准为起点、岗位标准为导向,体现现代学徒制的育人特点,打造标准链,使教育链、人才链与产业链、创新链有机衔接。学校联合企业共建现代学徒制育人标准体系,规范选、育、评全过程的关键环节,起到引领作用,保障育人质量。对接行业区域学徒制特点,突出现代学徒制育人特征,以符合学徒"经验生长"规律为主线,研制专业层面、课程层面、技能层面教学软件 28 项,开发完成《山东省石油化工技术专业教学指导方案》,编制 48 门课程的课程标准,形成课岗对接的教学标准体系。

引入石化行业标准,从从业人员的岗位标准出发,校企共同开发了基于岗位工作内容和职业资格标准的现代学徒制石油化工技术专业教学标准、企业遴选标准等,形成了适合企业岗位要求、适应行业发展需求的课程标准、评价标准、选人标准。解决了高等职业教育专业与产业发展适应性弱、人才培养适配度低的问题。

（三）搭建三层育人载体

形成岗位导向的课程体系。按照企业分类形成面向不同企业的课程包,企业内按照岗位(工段)方向,形成适合岗位(工段)的课程,实施以岗定课的课程建设思路。将万华化学集团股份有限公司等 60 家企业分为石油炼制、化工生产、化学材料 3 类,按工段分为原材料选择、工艺设计、工艺实施、产品销售 4 段,按岗位分为常减压蒸馏等 48 个方向,开发了包含"石油炼制装置操作"等 48 门课程在内的课程体系。

形成生产过程导向的实训体系。联合 7 家化工产业园建成实训基地,开展学徒培育,提供"类岗位环境"实训体系,将岗位工具、岗位规范、岗位关系、人事关系渗透到实训课堂,为学徒技能提供生长渠道,促进岗位经验增长。

形成师徒活动体系。第一学期举办技能大师进课堂、师徒结对子活动,第二、第五学期举办师徒技能竞赛、徒弟技能竞赛,由企业承办,第三、第四学期师带徒换岗,第六学期举办"不忘本"等系列活动,师徒共同参与,深化师徒关系。

（四）实施"三融三段"育人模式改革

搭建校企平台,创新合作机制。组建石油石化装备与技术职业教育联盟,搭建以富海集团等 60 家企业为主的合作平台,实施校企主导协同合作机制,共同承办管理、育人标准构建、师资培训、育人过程管理。学校、企业"双主体"管理体系共同服务于学生岗位核心能力、岗位迁移能力、岗位发展能力的全方位培养。专业带头人、骨干教师与合作企业一线技术人员和能工巧匠一起参与专业建设,校企合作制定人才培养方案,根据各合作企业的人才需求和岗位要求,构建基于典型化工生产过程的专业课程体系,开发基于化工生产工艺岗位工作、融入化工总控工国家职业标准的专业教学内容和教材,按照"做中学、学中做"的一体化教学模式进行设计和重构课程内容。

建设现代学徒制"双师"型教学团队。一是教师与企业人员双向任职、双向考核,教学团队成员扮演教师、师傅和项目经理三重角色,不同阶段承担的教学任务、生产实践、技术服务职能不同。二是搭建"双师"师资培育平台,实施本土化师资配备机制,实施育训双向培育机制。校企共建市级首席技师工作站,在企业建分站,与包括企业技师、高级技师在内的 100 名技术员签订"双向双师"制责任协议。

实施三融合教学改革。选定催化裂化分馏等 48 个典型岗位、188 个典型任务,以岗位要求作为培养目标,以技术技能作为教学内容,以活页式教材作为课程教材,将企业培训体系融入学校教学体系、企业生产过程融入课堂教学过程、企业文化要素融入职业素质培养,通过"资讯—计划—决策—实施—检查—评估"标准化教学手段,实施理论学习融合实践操作、要素模仿融合职业感知、反馈引导融合知识迁移的教学模式,增强学徒体验式学习感受,真正实现"做中教、做中学"。

设计三段式育人程式。第一、二学期,学生在校以专业和文化基础课程学习为主;第三、四学期,通过企业与学生双向选择组建"双主体"教学班,校企共同制订教学计划,校企双方在学校或企业共同开展教学,使学生直接学习合作企业所必需的职业岗位知识和技能。第五学期,实行岗位轮训,让学生在企业师傅的带领下接受职业技能方面的专业培训。第六学期,进行顶岗实习。形成了"第一年'理实一体化'教学、第二年岗位技能训练、第三年轮岗实训和顶岗实习"的一体化育人机制;建立了思想政治、专业技能、工匠精神、综合素质四维度评价考核机制;构建产业链耦合专业链、工艺过程耦合课程体系、生产控制点耦合课程知识点"三维度、做中学"的育人模式。

（五）实施以经验值为核心的考核

引入"经验"要素,构建经验生成、经验生长、师徒协同自评的考核评价体系,在教育教学实践方面有重大示范作用。以经验生长为目标实施目标达成考核,在微三段实施;经验生长考核在中三段实施;对任务完成、真实工作情景非良构问题、师徒活动等理实、育训、知行融合程度进行协同自评,按项目评价;学校教师与企业师傅形成总结性评价,专家组进行打分,按学年评价。

三、主要创新点

（一）提出服务学徒"经验生长"育人理念,彰显现代学徒制人才培养的适应性

对接职业、岗位标准,厘清"知识经验、岗位经验、企业经验、职业经验、社会经验"育人元素,将企业岗位育人需求要素可视化,适应了岗位对知识迁移、技能转化、能力形成、职业感知的要求。标准链与经验生长链有效衔接,实现了学生全面发展,提高了育人路径的可操作性,增强了人才培养的适应性。

（二）创建"果型"育人模型,增强了现代学徒制育人体系的系统性与有效性

以校企双主体为"果核",四体系为"果肉",课程、实训项目、素养点、文化活动为"细胞",标准为"果表",三融为横径,育训三段为纵径,促使知识、技能、能力、文化等营养成分生成,合作平台、协同机制、师资保障为"果蒂",育人体系成为有机整体,是有层次、有营养、生长型的创意育人果实。

校企双主体是育人核心,育人标准是保障,凸显"产教融合"特色;课程、实训、素养、活动是载体,对接岗位需求、源于生产项目、体现职业特色、加深师徒关系。

课岗、育训、知行有机融合,微、中、大三段有序推进,各要素间产生互作效应,学徒在经验、现象的联系中学习理论,在理实交叉中实现经验生长、岗位成才。育人果实发育,学徒经验生长,彰显了育人体系的结构性、统一性、有效性、生长性。

(三)创建量化与质性结合的评价机制,实现了基于真实工作情景的非良构问题考核评价

基于真实工作情景的非良构问题难以评价,引入岗位考核体系,创新课程考核内容,由考核知识转变为考核经验,真正实现岗位导向;创新考核反馈形式,上下衔接,考核结果与岗位级别对接,彰显激励功能;创新评价方法,将量化考核与质性评价相结合,目标达成考核是量化考核,便于及时反馈、实时调整目标,协同自评是质性评价,学生为自评者,学校教师和企业师傅为协同者,实现了真实工作情景非良构问题的考核评价,体现了合作、互信、协作的新型师徒关系。

四、实施效果与推广应用

(一)学生受益,专业发展

与500强企业富海集团等60家石化企业开展学徒制育人,累计培育学生5 422名,5年内就业实现零退出,在激发学生的学习兴趣、掌握岗位技能、增强职业认知方面效果明显;"经验生长"的育人方式使得学生自身对知识、能力、素质的目标更清晰,增强了职业自信。

5年来,石油化工技术专业获批国家"双高计划"项目,主持国家教学资源库1个,开发山东省专业教学指导方案2套、省级精品资源共享课8门、教材48部、企业培训包8个,立项省级以上现代学徒制课题18项;建立省职业教育技艺技能传承创新平台、技师工作站2个。成果打造山东省现代学徒制专家1人,省内教学名师、首席技师3人,省级教学团队1个、山东省高校"黄大年式"教师团队1个。人才培养质量大幅度提升,参加国家级、省级职业院校技能大赛获奖162项,创新创业大赛获奖28项;培养齐鲁工匠后备人才89名,实现中国工程物理研究院等高端就业1 600人;获评省级优秀毕业生350名。

(二)校内外推广,辐射示范

受本成果影响,校内油气储运技术等24个专业陆续通过现代学徒制形式开展校企合作,石油化工技术专业群与万华化学集团股份有限公司、东营市亚通石化有限公司开展现代学徒制办学;装备制造专业群与上海中锐教育集团共建"汽车工程学院",与科瑞集团共建山东省胜利石油装备产业技术研究院;现代信息技术专业群与东营市经济技术开发区软件园达成了"园校"合作协议等。其中,机电一体化

技术专业与万达集团、物联网应用技术专业与海信集团等入选山东省职业院校现代学徒制试点项目,健康管理专业与山东省省立医院东营分院建立的现代学徒制合作被东营网等媒体进行了专题报道,获得全社会的高度认可。东营科技职业学院等市内高等职业、中职学校的 5 个专业入选山东省职业院校现代学徒制试点项目;淄博职业学院、重庆科技职业学院等 86 所全国高校对成果应用良好;与 AHK 化工职教联盟等的 50 所院校交流学习经验,惠及学生 5 万余人。

(三)媒体聚焦,社会认可

教学团队核心成员在全国职业教育活动周,全国石化会议、论坛、研修班上作成果经验交流 152 次。2016 年,山东省化工职业教育专业建设指导委员会年会专题研讨了我校的现代学徒制,全省 37 所企业院校、200 余人出席,教育部全国石油和化工职业教育与教学指导委员会对此给予了充分肯定。

团队成员在中国化工教育年会、全国高校油气储运学术交流会、山东省化工职业教育专业建设指导委员会年会上作专题报告,包括教育部、化工院校、行业、企业等在内的化工行业工作者 3 000 余人出席,教育部、全国石化行指委领导给予了充分肯定。

《中国教育报》、中国高等职业高专教育网、《化工职业技术教育》等多家媒体进行了宣传推广,山东教育电视台《现代学徒制的山东实践》栏目对此进行了专题报道,产生了良好的示范效应。

(该成果获 2022 年山东省职业教育教学成果奖一等奖)

东营职业学院
国家骨干高等职业院校项目建设
工作汇报

李延成

一、学校及骨干校建设基本情况

东营职业学院是东营市政府举办的全日制高等职业院校。学校目前占地 1 902 亩,建筑面积 401 335 平方米,实验实训设备总值 13 856 万元,现有教职工 810 人,全日制在校生 15 448 人(其中,全日制高等职业在校生 12 250 人),成人学历教育学生 4 805 人。下设 8 个二级学院(石油与化学工程学院、石油装备与机电工程学院、建筑与环境工程学院、会计学院、经济贸易与管理学院、电子信息与传媒学院、生物与生态工程学院、教师教育学院),开设 54 个专业。教育部、财政部批复的骨干校项目建设方案和任务书内容包括办学体制机制创新、6 个重点专业及专业群建设、大学生创业孵化基地建设、东营市高技能人才公共实训基地建设等一级项目 9 个,二级项目 41 个,三级项目 193 个,建设点 1 812 个。

自 2011 年国家骨干校建设项目启动以来,省、市政府高度重视,将国家骨干校建设纳入经济社会发展规划,市委、市政府主要领导多次深入学校检查指导工作,并作出指示、批示。市长每年年初都到学校现场办公,研究确定当年的建设任务和落实措施,分管市长经常到学校指导、调度骨干校建设工作,在机构设置、师资队伍建设、招生就业、基本建设等方面给予了有力的政策和资金支持;建立了东营市职业教育工作联席会议制度,优化了学校办学环境;支持学校开放办学,推进"政行企校"合作;按照承诺足额配套专项资金,骨干校建设预算资金 10 600 万元,实际投入资金 11 628.51 万元。其中,中央财政投入 2 100 万元,地方财政投入 7 961.85

万元,行业企业投入 561.49 万元,学校自筹资金 1 005.17 万元,完成预算任务的 109.7%;财政预算内教育经费投入达到 16 862 万元,2013 年生均经费达到 1.37 万元,超过了山东省本科同类院校平均水平;建立了政策性投入机制,落实了兼职教师课时补贴制度;高水平建成了东营市高技能人才公共实训基地。

3 年来,学校以国家骨干校建设为统领,以办学体制机制创新为突破口,创新人才培养模式,走出了一条超越自我、追求卓越的建设之路。学校积极服务"黄蓝"两大国家战略,致力于打造黄河三角洲地区高素质技术技能人才培养基地、高技能和新技术培训基地、科技研发和技术服务中心、继续教育和文化传播中心。截至 2014 年 3 月 30 日,41 项主要建设项目指标中,7 项完成率为 100%,34 项完成率超过 100%,其中完成率超过 150% 的指标达到 18 项,骨干校建设任务全面完成。

通过国家骨干校建设,学校开放式的办学体制机制创新取得了突破,师生的思想境界和校园面貌发生了深刻变化,职业教育特色越来越鲜明,人才培养质量全面提升,学校综合办学水平迈上了新台阶。

二、骨干校项目建设成效

办学体制机制取得突破。依靠政府支持,借力行业组织,联姻龙头企业,建立了"四方合力、三级推进、'双主体'育人"办学体制机制。搭建了市级职业教育工作联席会议、学校校企合作理事会、二级学院校企合作工作委员会三级平台;成立了东营市职业教育集团;组建和参加了东营职业教育院校联盟、东营市图书馆联盟、山东省国家骨干高等职业院校联盟;积极探索以产权为纽带的校企一体化办学机制,成立了万达学院、中锐学院等 6 个合作学院。学校与区域内 578 家企业建立了长期合作关系,开设企业"冠名班""订单班"47 个。吸纳合作企业投入 2 966.80 万元,其中设备投入 2 405.30 万元。

连续贯通培养的现代职业教育体系框架初步形成。以专业建设为纽带,联合胜利职业学院、大王职业学院、东营市技师学院,以及各县区中职学校,牵头组建东营职业教育院校联盟,共建共享教育教学资源。与 4 所中职学校合作,实施"三二连读"连续培养,有 7 个专业联合招生。与东营市技师学院联合探索了专科毕业证、预备技师证"双证互通"合作培养模式。开设"五年一贯制"专业 9 个,2013 年招生 2 201 人。与烟台大学开展"3+2"高等职业教育、本科教育分段培养石油化工生产技术专业应用型人才,2014 年开始招生。初步构建了中职、技师学院、高等职业教育、应用型本科基于专业接续、课程衔接、学分互认、连续贯通培养的现代职业教育体系框架。

专业服务"黄蓝"战略重点产业契合度明显提高。围绕石油化工、石油装备制造等区域优势产业,重点建设了石油化工生产技术等 6 个专业及专业群。增设了化工设备维修技术、油气储运技术等8个专业。经过调整和优化,专业与产业的契合度进一步增强,产教融合更加紧密。建设期内,新增省级特色专业4个,品牌特色专业群1个。

课程体系与人才培养模式改革凸显专业特色。贯穿职业能力培养一条主线、利用学校和企业两个课堂、实现专业设置与产业需求、课程内容与职业标准、教学过程与生产过程三个对接,探索形成了"厚德强技、实境化育人"的人才培养模式。着力打造职场化学习环境,强化技能训练,将职业兴趣、职业规划、服务精神融入教学培养全过程。6个重点建设专业强化校企合作、工学结合,实施了各具特色的人才培养模式。如石油化工生产技术专业实施了"现场—理论—仿真"螺旋上升式人才培养模式。构建"支撑平台+岗位导向"的课程体系,扎实推进能力本位的项目化课程改造。建设期内新增国家级精品资源共享课2门,省级精品课程36门,立项、结题省级教改项目8项,其中5项获省职业教育教学成果奖。建设优质核心课程83门,开发工学结合教材92部。学生获省级以上各类技能大赛奖项217项,其中国赛一等奖3次。毕业生双证书获取率100%。

"双师"型教学团队日益成熟。实施教师素质提升工程,通过塑魂正风、校企双挂、企业研修、培训测评,提高了专任教师的"双师"素质;聘管并重,提高了兼职教师的教学水平。组织教师赴国(境)外培训104人次,参加国内各类培训2 715人次。在企业建立教师实践锻炼基地和教师研修工作站,801人次参加了企业研修锻炼。专业教师"双师"素质比例达91%,重点建设专业达100%。439名教师先后通过职教能力测评。建成804人的兼职教师资源库,本学年有595名兼职教师承担了教学任务,兼职教师承担的专业课学时比例达到了50.5%。建设期内,培养、聘用专兼职专业带头人57人、骨干教师298人,新增"全国职业教育先进个人""山东省有突出贡献中青年专家""山东省教学名师"各1人,省级优秀教学团队2个。

实训基地建设与管理成效显著。按照"多元投资、开放共享"的原则,与企业共建生产性实训基地。建设期内,投入12 587万元建设了31 890平方米的"东营市高技能人才公共实训基地",有效实现实践教学、科技研发、技术培训、技能鉴定、生产加工等功能;投入设备资金4 694万元,建设了石油化工等16个校内综合实训中心、4个博士工作室、9个工程技术中心、7个"校中厂"、7个技能鉴定站。与东营农业高新技术产业示范区、中国万达集团等企业共建校外实习实训基地460个、"厂中校"6个,充分满足了学生实习与顶岗的需要,毕业生半年顶岗实习比例达到100%。

学生创新创业能力明显提高。学校确立以就业创业为导向的人才培养方向,探索创新大学生创业孵化工作思路。共投入资金5 071万元,建成了大学生创业孵化基地和大学生就业创业服务中心,创业培训、创业孵化总建筑面积达到14 670

平方米。成立创业学院,设立创业实验班和大学生创业集市,注册创办"中国大学生创业孵化网"。建设期内,培育学生创业团队 206 个,培养创业积极分子 1 850人,40 个大学生创业项目入驻孵化基地,获省级以上创业大赛一等奖 3 项。2011年王海亮同学被评为第一届"山东大学生成功创业者";2013 年董传盟同学被评为第二届"山东大学生十大创业之星"。学校被评为"山东省大学生创业教育示范院校""全国高职创新创业教育工作先进单位"。大学生创业孵化基地和就业创业服务中心成为大学生创新创业的"乐园",大学生创业已成为学校被社会公认的"名片"。

学校社会服务能力和水平大幅提升。坚持"重实际、重应用"的科研服务理念,成立了东营市黄河三角洲生态农业研究院、石油化工应用研究所等 18 个研究机构,"山东省石油化学工程技术研究中心"等 50 个市级科技创新平台向学校全面开放。先后承担了与捷克、罗马尼亚等国家的政府间科技合作项目 4 项,实施了"区域化种植耐盐植物,发展盐碱地高效农业的措施与示范"等省级星火计划项目,与企业联合承担了中石化"海上三维多分量 VSP 处理解释技术研究"等一批石油石化技术与装备研究项目,在石油化工、石油装备、数控等关键技术上取得突破,推动了区域产业升级。建设期内,立项市级以上纵向课题 114 项,完成横向课题 72 项,获国家专利 249 项,有 21 项专利转化、转让,实现技术服务到款额 2 269 万元。

成立继续教育与社区教育学院,实现了继续教育城乡一体化发展。建设期间,培训企业员工 24.56 万人日,培训区域内中高等职业院校学生 5 909 人次,完成包括高技能和新技术培训在内的各类社会培训 14.63 万人次。培养成人学历教育学员 6 704 人。

创办新型职业农民学校,采取"学历＋技能"模式,充分利用中央电大开放教育平台和学校优势资源,通过个性化课程订制、编写实训教材,先后开展了农产品生产、贮藏与加工等农业新技术专业的培养与培训、失地农民就业技能与岗位技术的培养与培训。农民学历教育在读学生 2 007 人,3 年培训农民 6 616 人次,达到了"培养一批能人、致富一方百姓、发展一方经济"的目的。

开放办学、合作交流进一步拓展。建设期内,共接待国(境)外来访团组 16 次,与澳大利亚、美国等多个国家的 11 所高等院校和教育机构签订了合作办学和交流协议。接收来自韩国、我国台湾的交流学生 76 人次,承办两届"两岸青少年情牵黄河口"学生交流活动,组织 16 名学生赴韩国釜山科技大学进行交换学习。

对口支援贵州毕节职业技术学院、陕西咸阳职业技术学院等 8 所西部院校,派出骨干教师 52 人次到受援学校培训教师、培养学生,帮助受援学校建设精品课项目 3 项,其中 1 项成为省级优秀精品课程。对甘肃、新疆、宁夏、贵州、陕西、四川 6个省区的学生实行了全部免除学费政策,2013 年为 217 名新生免除学费 325.5 万元。历时 3 年,培养新疆喀什地区新就业大学生 5 批,共 243 名。

承担了"全国高等职业院校化学检验技能培训""全国石油和化工职业院校专业教师培训"2 个"国培"项目,"沙盘模拟实训"和"虚拟化技术应用与管理培训"2 个"省培"项目,共培训省内外院校骨干教师 145 名。

学校综合办学实力显著增强。国家骨干校建设进一步优化了学校办学环境,学校办学实力和整体水平显著提升。2013 年毕业生初次就业率达 98.62%,年底就业率达 99.11%,比骨干校建设初期分别高出 0.71% 和 1.38%;毕业半年后月平均收入 2 887 元,比骨干校建设初期提高了 56.1%;就业岗位专业对口率 92.62%,就业质量显著提高。麦可思数据有限公司对我校毕业生社会需求与培养质量半年后的跟踪监测结果显示,2013 届毕业生对母校总体满意度 95%,比骨干校建设初期增长 6%。招生数量和质量逐年提高,近 3 年招生人数分别为 4 037 人、4 066 人、6 974 人,办学声誉迅速提升。学校连续 3 年被评为东营市绩效考核"A 级单位",获"山东省文明单位""第四届全国职业核心能力优秀单位"等市级以上表彰奖励 662 项,被新华网等多家媒体评为"2013 中国最具影响力职业院校"之一。《中国教育报》等媒体刊载我校建设发展的工作经验 73 篇,发布各类信息 2 765 条次。建设期间,国内 200 多所院校来校考察交流。

三、存在的问题与今后的工作思考

存在的主要问题和不足:一是校企合作的紧密度和深度仍然不够,"政行企校"的联动效应还没有得到充分实现;二是"上下贯通、左右衔接"的现代职教体系尚不完善;三是在促进内涵发展、打造优势特色专业群方面还有差距。后骨干校建设时期的责任更加重大。

进一步深化办学体制机制改革,促进产教深度融合。不断创新校企合作模式,促进校企深度合作,继续探索政府搭台、产教对话、校企合作机制,建立"政行企校"稳定持续的良性互动关系,共同育人,共谋发展。

进一步探索连续贯通培养机制,完善现代职教体系。认真贯彻落实国家有关文件政策,加强中职、技师学院、高等职业教育、应用型本科有机衔接,积极探索基于专业接续、课程衔接、学分互认、连续贯通培养机制,培养更多适应产业发展需要的高素质技术技能人才。

进一步提升学校内涵建设质量,助推区域产业发展。认真总结国家骨干校建设的成效,学习借鉴兄弟院校建设国家骨干校的经验,使之转化为学校的文化内涵和发展动力。紧密结合区域主导产业和优势产业,围绕产业办专业,努力提升专业服务产业能力和学校服务社会能力。使学校发展融入区域经济社会发展大格局,使职业教育成为促进区域经济社会发展的一支重要力量。

各位领导、专家,国家骨干校建设是学校发展历程中具有里程碑意义的重大工程。我们将在新的起点上继续保持骨干校建设的精神和干劲,大胆改革,锐意创新,努力提高人才培养质量和办学治校水平,为推进"黄蓝"两大国家战略实施、服务区域经济社会发展作出更大的贡献。

(2014 年 6 月 9 日)

东营职业学院
山东省优质高等职业院校建设工程项目
汇报提纲

李延成

按照《山东省教育厅关于组织开展第一批山东省优质高等职业院校建设工程项目验收工作的通知》(鲁教职函〔2019〕19号)、《山东省教育厅关于对高等职业院校建设工程项目进行验收的通知》(鲁教职处函〔2021〕49号)的要求,学校围绕优质校、品牌专业群、高水平专业群项目建设完成情况进行了认真自查,现报告如下:

一、优质高等职业院校项目建设情况

(一)基本情况

我校优质校建设工程共有子项目10个,分别是:体制机制创新、一流专业建设、高水平师资队伍建设、技术技能积累与社会服务、信息化建设与应用、国际合作与交流、质量管理与保证体系建设、特色文化建设、创新创业教育体系建设、"以文化人,以文育人"工程建设。10个项目共分一级目标90个、二级目标241个,项目预算总投资2.2768亿元。

项目实施以来,东营市委、市政府高度重视,将学校创建省优质校纳入东营市"十三五"发展规划和新旧动能转换重大工程实施规划。建设期内,项目经费投入实际到位2.42亿元,到位率106%,其中,市财政3年共投入专项建设经费1.05亿元。

学校成立优质校建设工作领导小组,统筹推进项目建设,共取得标志性成果国家级43项、省级101项、校级独创110余项,典型案例19个,完成主要量化指标21个、分项目量化指标65个,超额完成预期目标任务。

学校全面落实立德树人的根本任务,坚持"根植区域、服务发展、促进就业"的办学方向,坚持"学生中心、质量核心、开放融合、特色品牌、文化制胜"的发展路径,坚持高标准谋划、高质量育人、大规模培训、深层次融合、"双师"型队伍、高水平服务,致力于提高产教融合契合度、人才培养满意度和区域经济贡献度,努力建设有特色、国际化、创业型高等职业教育名校。建设期内,获国家级教学成果奖1项,被认定国家级骨干专业5个、国家级生产性校内实训基地2个、国家级协同创新中心2个;形成了石油石化特色、创新创业品牌、人工智能亮点、产教融合机制、开放办学路径五大办学优势;入选"高等职业院校服务贡献50强""高等职业院校教学资源50强",被评为"全国创新创业典型经验高校"。2019年底入选中国特色高水平高等职业学校和专业建设计划建设单位。

(二)项目建设成效

1.推进体制机制创新

创新产教融合机制。探索形成四大机制:一是"点线面"三维度推进机制。依托县区、经济开发区面上推动,紧贴产业发展,把握人才需求,系统推进产教融合;加入行业组织线上融合,引入行业先进标准,推进学校专业与行业深度融合;对接重点企业点上突破,共同开展科技研发、专业建设、课程改革、实习实训、就业合作等。二是协同育人机制。适应企业需求,开展国家级省级现代学徒制、企业新型学徒制试点,设置"订单班""冠名班",为企业培养具体岗位人才。三是专业共建机制。适应产业需求,与行业企业共建产业学院和专业,培养产业急需的人才。四是平台合作机制。适应社会需求,合作建设"产教研创"平台。学校被评为"山东省校企合作一体化办学示范院校"。

激发办学治校活力。完善学校理事会和各二级学院校企合作委员会、专业建设委员会制度,创新"产教研创"平台建设,将专业建设、师资培养、学生发展、创新创业等贯穿于产教融合这条主线,构建"平台—项目—成果—绩效"四位一体治理体系。目标管理对接"产教研创"项目,完善"四级目标"管理体系;教师评价衔接"产教研创"成果,作为教师评价的重要依据;收入分配体现"产教研创"绩效,鼓励教师依法依规参与技术研发、社会服务。重师德、重贡献,破"五唯",深化职称改革创新,通过考核评定方式直聘正教授7人,直聘副高级职称岗位19人,通过考评评定方式聘任正高级职称岗位20人、聘任副高级职称岗位104人,学校高级职称比例由原来的24.2%提高到31.84%,299人晋升了专业技术岗位职级,大大激发了教师干事创业的内生动力。

实施学分制改革。学校被省教育厅批准为实施学分制改革试点院校,制定学分制改革实施办法,建立适应学分制改革要求的教学运行机制和弹性修业年限制度。

2.加强一流专业群建设

围绕区域产业体系优化专业布局。围绕山东省、东营市新旧动能转换和东营市"5+2+2"主导产业体系加强专业群建设。立足区域五大特色产业,重点建设石油化工、装备制造、现代信息技术、经贸管理、文化教育五大专业群。石油化工技术专业群对接石油化工产业,成立国瓷新材料学院,构建模块化课程体系,组建结构化教师团队,开展人才分类培养和分层教学,2个专业被认定为国家骨干专业。装备制造专业群对接石油装备制造产业,实施"学中做、做中训、训中研、研中创"教学模式改革,1个专业被认定为国家骨干专业。现代信息技术专业群契合区域经济转型升级的需要,成立人工智能学院,牵头成立全国人工智能职教集团,1个专业被认定为国家骨干专业。经贸管理专业群与全国交通运输产教融合服务平台合作、与中国(东营)跨境电子商务综合试验区等区域经济项目衔接,成立文旅商学院,1个专业被认定为国家骨干专业。文化教育专业群制订发展型人才培养计划,内培外引,建设"智汇家"智库,建设家庭教育学院,打造"教学训赛研"一体化综合实践教学平台。

深化人才培养模式改革。全面推进思政课程和课程思政建设。成为全国"1+X"证书制度试点院校,共有52个试点项目。建设教育部产学合作协同育人项目1个,成为教育部"AI+智慧学习"共建人工智能试点院校、ARM(中国)嵌入式人工智能应用技术示范基地、"锐捷-中锐"全国网络技能训练基地,在国家级农业高新区建立校外实训基地。与富海集团开展国家级、省级现代学徒制试点并以优秀成绩通过验收,新增省级现代学徒制试点项目2个。校企合作成立混合所有制航空学院。牵头成立全国人工智能职教集团、石油石化装备与技术职教集团、山东省校企合作委员会石油化工专业委员会,筹建山东省安全教育教指委,承担山东省职业院校技能大赛化工仪表自动化、计算机网络应用等赛项。主持国家级、省级专业教学资源库建设项目2个,主持开发山东省三年制高等职业教育专业教学指导方案4个,建成国家级精品在线开放课程1门,国家级、省级精品资源共享课程32门。立项建设校本教材(讲义)216部,在山东省职业院校优秀教材评选中获奖7部。立项结项省级教改项目30项、校级174项。2018年获国家级教学成果奖二等奖1项、省级特等奖等7项。入选全国高职高专校长联席会年会优秀案例8个、全国职业教育专业建设典型案例2个。学生参加技能大赛获国家级奖项133项、省级奖项562项。7名学生被中国工程物理研究院录用,实现了高端就业。毕业生留在本地就业率79.5%,雇主满意度95%。

3. 建设高水平师资队伍

依托"平台"提素质。依托"产教研创"平台,创建教育教学团队51个、科技创新团队110个。获评全国模范教师1人,荣获黄炎培杰出教师奖1人,省级教学名师6人、青年技能名师2人、名师工作室4个、教学团队3个,山东省"黄大年式"教师团队2个。教师参加各类竞赛获省级以上奖项130项。

全员培训提素质。完善教师发展中心功能,组织校本培训80多场,参加培训2 300余人次。建成教师在线学习中心,组织教师网上学习课程1 975门次。多渠道开拓校外培训,参加各类专题培训 1 500 余人次。建成企业实践锻炼基地 64 处,参加企业实践锻炼 375 人次。

梯次培养提素质。实施青年教师成长工程,为新进教师选聘教学、育人导师和企业导师。实施骨干教师提升工程,培育专业(群)带头人、骨干教师 181 名。实施兼职教师聘用培育工程,建成 870 人的兼职教师资源库,聘任山东高校产业教授 8 人。

拓宽视野提素质。在台湾黎明技术学院、台湾龙华科技大学、香港职业训练局等建立师资培训基地,组团赴匈牙利等国家和地区研修培训 142 人次。参加对外汉语培训的 12 人全部通过考核。

4. 做大培训,做优服务

积极开展技术创新服务。认定山东省高等学校工程技术研发中心 2 个,省级技艺技能传承创新平台 5 个,成立知识产权工作室。与滨州市无棣县车王镇建立科技支农关系,将中草药科技成果在扶贫乡镇落地,示范带动 41 个村 625 户农民发家致富,扶贫成果登上了"学习强国"。立项市级以上科研项目 144 项,发表论文 91 篇,出版著作、教材 38 部,申请专利 531 项,获青岛市人民政府科技进步奖 1 项、山东省高校人文社会科学优秀科研成果奖等 64 项,实现技术服务到款额 2 011.79 万元。

广泛开展高技能和新技术培训。建成东营市社区教育指导服务中心,完成各类社会培训 15.27 万人次,公益性培训 20.99 万人日,实现非学历培训收入 3 605.6 万元,完成政府购买服务到款额 1 621.95 万元,被评为"全省社区教育先进单位"。与东营港经济开发区共建国家开放大学石化学院环渤海学习中心,各类成人学历教育在籍学员 6 110 人。积极参与乡村振兴战略,培养"学历＋技能"专科以上新型职业农民 2 810 人。

5. 推进校园信息化建设

推进智慧校园建设。投资 4 500 万元建设智慧校园,建成国内一流的高校大数据中心机房;建成智慧教室 180 间,建成信息化公寓管理、智能化校园安全等管理平台。拥有电子图书 71.2 万余种、电子期刊 1.33 万种,百度文库数字资源平台等电子资源平台 9 个。加入全国高等职业教育人文素质类在线开放课程联盟,引入尔雅通识在线课程 56 门。开展线上线下混合式教学,每年在线学习人数 3.6 万人次。

提升教师信息技术应用能力。教师参加信息化教学等培训 400 余人次,参加信息化教学大赛、教学能力大赛获国家级二等奖 1 项、三等奖 1 项,省级奖 25 项,学校连续两年荣获"山东省优秀组织奖"。

6．"三进三出"提升国际影响力

"三进"即把国际先进的职教模式引进来、把优质职教资源引进来、把留学生引进来。坚持开放融合，聘请韩国等国家和地区高校专家为特聘教授，邀请专家到校讲学。马来西亚20名教师来校进行中文培训。引进德国等国外专业教材20部、国际职业资格证书认证标准2个；开发与国际对接的专业标准3项、课程3门。招收留学生103名，接收韩国大学生来校研学。每年承办"两岸青少年情牵黄河口"活动，接待台湾地区50余名学生来校交流。

"三出"即学校走出去办学、教师走出去提升职教能力、学生学员走出去实习就业。与山东科瑞控股集团共建国际学院，在澳大利亚墨尔本建立"孔子学堂"。231人次到国（境）外研修培训，5名教师到马来西亚进行中文培训指导，3名教师到纬科国际石油培训学院开展技术服务，1名教师到柬埔寨孔子学院任教，6批142名学生赴台湾地区高校学习交流。

7．实施质量诊断与改进

坚持质量核心，制定完善学校内部保证体系诊断与改进工作实施方案，不断完善各项规章制度；开展教学诊断与改进省级试点，形成"12345"诊断与改进思路，建立教学质量监控机制，建设质量管理平台，不断提高年报质量，2017年质量年报被省教育厅评为"优秀"等级。

8．全要素推进创新创业教育

建设创业学院、创业服务中心、创业孵化基地"三大平台"，构建创业教育课程体系、创业教育评价体系、创业项目输出体系"三大体系"，实施创新创业教育与专业教育相融合、与学生社团活动相融合、与"创"文化品牌构建相融合"三项融合"。实施"双百"导师工程，创新创业团队被评为省级"'黄大年式'教师团队"。高标准建设山东省文化产业"金种子"计划试点孵化器等项目。建设大学生创新创业社团98个，成立创业公司208家。学生参加创新创业大赛获国家级、省级奖励135项。连续三届入选"山东大学生十大创业之星""山东优秀大学生创业者"。创新创业教育教学成果获国家级教学成果二等奖、省级特等奖。被评为"全国创新创业典型经验高校""全国高等职业院校创新创业教育工作先进单位"等。

9．培育形成"创"文化品牌

坚持文化制胜，坚持"产教融合、校企合作、工学结合、知行合一"的"合"理念，打造"创意、创新、创造、创业、创优、创校"的"创"文化品牌。举办"创"文化节，组织"创"文化大讲堂，编写《"创"文化读本》，建设"创"文化景观。在山东软科学研究会指导下牵头成立产教融合文化专委会，每年组织年会、举办论坛。学校微信公众号在全国高校新媒体评选中获"最具人气奖"，学校获"山东高校校园文化宣传奖""山东省培育工匠精神优秀院校"。

10."三全育人"促进学生发展

坚持学生中心,构建"三全育人"体系。开展主题教育 30 项,建成"筑梦·东职"专题网站,建成以"大国工匠""辉煌中国"为主题的文化墙 16 处,建设校内外教育基地 12 处,出版了《"以文化人、以文育人"探索与实践》等著作。推进"青年马克思主义者"培养工程,"大学生国家安全教育课程"入选全省高校思政课改示范项目。整体构建心理健康教育体系,学校心理健康教育中心被评为"山东省高校大学生心理健康教育示范中心"。推进国防教育"三个十"工作法,被评为"全省征兵工作先进单位",被确定为专业技术兵源储备基地、全省军事训练改革试点高校。连续两年被授予"全省无偿献血先进高校"。"飞翔社"体育运动队被评为"全国高等职业院校体育工作'一校一品'示范基地"。学生社团联合会被评为"全国学生最具影响力社团联合会"。积极开展课程思政,入选人民德育"三全育人"课程思政教育资源建设示范院校。

二、品牌(高水平)专业群建设情况

学校本次接受验收的品牌(高水平)专业群为现代信息技术品牌专业群、装备制造品牌专业群、石油化工高水平专业群、现代信息技术高水平专业群。专业群项目总预算 3 710 万元,实际执行 4 596.54 万元,资金执行率 123.90％,全部完成了建设任务。

(一)品牌专业群

1.现代信息技术品牌专业群

27 项建设任务全部完成,其中实训体系建设 8 项任务完成率 100％,人才培养模式改革 12 项和师资队伍建设 7 项任务均超额完成。

项目总预算 490 万元,实际投入 581.707 4 万元,资金执行率 118.72％。

取得省级及以上标志性成果 47 项。获得山东省教学成果奖一等奖 2 项、培育山东省职业院校青年技能名师 2 人,建设山东省职业教育名师工作室 1 个、山东省职业教育技艺技能传承创新平台 3 个;"国赛"获奖 7 项,"省赛"获奖 16 项;建设省级精品资源共享课程 4 门,完成省级教改项目 3 项。专业群入选山东省高水平专业群。

2.装备制造品牌专业群

46 项建设任务全部完成,其中实训体系建设 12 项任务完成率 100％,人才培养模式改革 10 项和师资队伍建设 24 项任务均超额完成。

项目总预算 420 万元,实际投入 442.32 万元,资金执行率 105.31％。

取得省级及以上各类标志性成果 32 项、155 个。牵头成立石油石化装备与技术职教集团,与中国万达集团合作实施"现代学徒制"试点,获省级立项,专业群获省级高水平专业群建设立项。

(二)高水平专业群

1. 石油化工高水平专业群

76 项指标完成 103 项,任务总完成率 133.24%。

预算资金 1 300 万元,实际投入 1 594.98 万元,资金执行率 122.69%。

取得省级及以上标志性成果 40 项,完成率达到 210.5%。主持国家级专业教学资源库 1 个,参与国家"1+X"证书标准开发 2 个,师生获省级以上各类技能竞赛奖项 68 项,专业群入选国家"双高计划"高水平专业群建设项目。

2. 现代信息技术高水平专业群

计划 46 项指标完成 69 项,任务完成率 157.5%。

项目总预算 1 500 万元,实际投入 1 977.55 万元,资金执行率 131.8%。

取得省级及以上标志性成果 56 项。新增人工智能技术应用专业,建设省级名师工作室、技艺技能传承创新平台等 3 个,获省级教学能力大赛奖项 2 项,荣获"全国模范教师""省级教书育人楷模"等称号的共 4 人,获"山东省教学名师""青年技能名师"的共 3 人。

各位专家,优质校建设、品牌(高水平)专业群建设为我校持续发展打下了坚实的基础。2020 年以来,我校积极推进"双高计划""职教高地""提质培优"等项目建设,与京东集团共建京东教育研究院华东分院、京东(东营)国际产教融合创新中心;成立了国家增材制造创新中心分中心;与俄罗斯乌法国立石油技术大学开展合作举办石油化工技术专业,并通过专家论证;与肯尼亚泰塔塔维塔大学建立合作关系,在肯方建立"鲁班工坊"、在我校建立"中肯职业技术培训中心",通过肯尼亚驻华使馆、肯方大学、我校三方视频举行了揭牌仪式,进入实施阶段。新建教学实训大楼、学生公寓近 7 万平方米。3 门课程被评为"省级课程思政示范课程",学校思政课程与课程思政研究中心被评为"山东省职业教育课程思政教学研究示范中心",承办"山东省职业院校课程思政与思政课程骨干教师实践研修暨 2021 年度第二场课程思政研课会"并介绍经验,学校获评"省级文明校园"。学校重视发挥项目建设的示范带动作用,在学校网站展示特色成果、典型案例 33 项,各类标志性成果 863 项,在《中国教育报》《光明日报》、新华网等主流媒体刊发宣传报道 48 篇。

三、存在的主要问题与改进措施

存在的主要问题是:在创新用人机制等方面缺乏突破,引进高层次人才力度不大,科技研发、社会服务等方面的领军人才偏少,科技研发团队整体力量相对薄弱。

　　下一步,我们将坚持以习近平新时代中国特色社会主义思想为指导,认真落实习近平总书记在山东、在东营考察时的重要讲话精神和重要指示要求,积极参与黄河流域生态保护和高质量发展重大国家战略,统筹做好"双高计划"、职教高地、提质培优等项目建设,以这次专家组验收为契机,全面推进学校综合改革,进一步优化专业布局,积极争取申办本科层次职业教育,全面提高人才培养质量和办学水平,为现代职业教育体系建设和区域经济社会发展作出新的更大的贡献。

东营职业学院
"双高计划"建设中期绩效评价
汇报提纲

李延成

学校坚持以习近平新时代中国特色社会主义思想为指导,牢记立德树人之根本,致力于服务国家战略、融入区域发展、促进产业升级,聚焦"中国特色""高水平"两大定位,狠抓"一加强、四打造、五提升"重点建设任务,一体推进"双高计划"、提质培优、职教高地建设三大工程,发挥高水平专业群的引领作用,探索实施"学生中心、质量为要、开放融合、特色品牌、文化制胜"内涵式发展路径,努力建设有特色、国际化、创业型高等职业教育名校,培养具有工匠精神、精湛技艺、创新本领的高素质技术技能人才,形成了石油石化特色、创新创业品牌、人工智能亮点、产教融合机制、开放办学路径五大办学特色和优势,在引领职业教育改革发展和人才培养、服务国家战略和地方经济社会发展、赋能职业教育创新发展高地建设、形成一批有效支撑职业教育高质量发展的政策制度标准等方面,取得了显著成效。

一、"双高计划"建设基本情况

我校"双高计划"建设包括 10 个公共项目、2 个特色项目、1 个高水平专业群(石油化工技术专业群)建设项目。

项目总资金预算 32 000 万元,其中石油化工技术高水平专业群总资金预算 6 500 万元。2019—2021 年,项目资金到位 22 713 万元,到位率 118.17%,实际执行 22 713 万元,总预算执行率 70.98%。学校层面 99 个支出绩效指标完成率 129.25%。石油化工技术高水平专业群 89 个支出绩效指标完成率 124.46%。共取得标志性成果 244 项,共 2 386 个,其中,国家级 64 项、943 个、省级 180 项、1 443 个。

二、"双高计划"建设推进机制

(一) 政府重视,组织有力

市政府成立了以市长为组长,发改、教育、财政等部门参与的"双高计划"工作领导小组,全面统筹协调,加强组织领导。市财政投入资金 1.08 亿元保障学校"双高计划"建设。建立持续递增生均拨款机制,近两年经费总量均超过 5 亿元。利用省专项债投资 6.8 亿元建成东营职业学院公共实训基地项目 10.2 万平方米。东营市"十四五"规划支持东营职业学院深化产教融合、校企合作,建设产教融合实训基地 14.2 万平方米,打造全国一流产教融合示范区。市政府在《关于落实〈政府工作报告〉重点工作责任分工的通知》中,将学校升本列入东营市重点工作进行定期督导。学校成立"双高计划"建设领导小组和石油化工技术专业群建设委员会,考评结合、绩效管理,推进"双高计划"高质量实施。

(二) 专款专用,管控严密

学校制定了《中国特色高水平高等职业学校和专业建设计划专项资金使用管理办法》《中国特色高水平高等职业学校和专业建设计划项目采购暂行管理办法》《课程教学资源建设管理暂行办法》等文件,完善"三重一大"、民主决策和内控建设,健全优化资金管控系列制度流程。严格落实"管好、用好、监督好、发挥好效益"的要求,完善奖惩与问责机制,确保资金安全。充分发挥中央财政的"引领"作用、省财政的"撬动"作用,打造"预算评审＋项目审计＋实地观摩评价＋第三方绩效评价"全生命周期评价体系,中央财政与省财政资金执行率 100%,其中利用省财政资金购置仪器设备及教学资源 4 172 万元,占比 69.5%,预算执行"全生命周期"效能突出。

三、"双高计划"建设的主要成效

(一) 学校层面

全面加强党的建设。为党育人、为国育才,思政课教师、专职辅导员、专职组织员全额配齐,率先在全省落实思政课教师、专职辅导员岗位津贴、职称评审指标单列,获评山东省课程思政研究示范中心,获全省课程思政研课会特等奖等 5 项,入选《人民德育》"三全育人"课程思政教育资源建设示范校,获评"山东党建工作样板支部培育创建单位""山东省教育系统先进基层党组织"3 个。

打造技术技能人才培养高地。深化"厚德强技、实境化育人"人才培养模式改革,构建"思政课主导、专业课渗透、校园文化熏陶、实践活动感悟"德育体系,加强

1个国家级、2个省级高水平专业群建设，建设人工智能学院等产业学院8个，主持制定省级专业教学指导方案3个，开发"1＋X"职业技能等级标准4个，开展"1＋X"试点项目50个，建成国家和省级精品在线开放课程、课程思政示范课程37门，入选规划教材国家级2部、省级3部。

打造技术技能创新服务平台。成立国家增材制造创新分中心，与京东集团共建京东教育研究院华东分院、京东（东营）国际产教融合创新中心，建设国家级、省级协同创新中心、工程技术研发中心、技艺技能传承创新平台等"产教研创"平台100余个。新增仪器设备及教学资源值20 245万元，生均仪器设备及教学资源值19 096元。其中，石油化工技术高水平专业群生均仪器设备及教学资源值达到33 596元。

打造高水平"双师"队伍。获评省级"黄大年式"教学团队、省级名师工作室6个。培育享受国家"万人计划"专项资助1人，培育全国模范教师、省级教学名师、省级青年技能名师、省级人才工程等教师27人次。聘请48名齐鲁首席技师等高层次人才为特聘教授。"双师"型教师占比84.10％。

提升校企合作水平。创新"三维推进、协同育人、专业共建、平台合作"四大产教融合机制，牵头成立全国人工智能职教集团、石油石化装备与技术职教集团，与中关村物联网产业联盟等联合发起成立中国物联网产教融合联盟，校企共建专业13个，获评"山东省产教融合示范单位""山东省校企合作一体化办学示范院校"，入选全国2021年产教融合校企合作典型案例。

提升服务发展水平。服务黄河流域生态保护和高质量发展重大国家战略，建设"黄河三角洲耐盐碱树种种质资源圃"项目，被纳入国家重大建设项目库。服务乡村振兴，建成山东省中草药东营综合试验站，指导中草药广域化种植，辐射2 000多户药农，培养专科及以上学历农村基层干部、职业农民1 731人。成立知识产权工作室和知识产权学院，申请发明专利97项，技术服务到款额1 976.87万元，社会培训到款额3 367.27万元，获市级以上科研成果奖99项。建成山东省社区教育实验基地，获评"山东省终身学习品牌"项目3项。

提升学校治理水平。积极推进学校各项改革，破"五唯"、重实绩，2021年，通过考核评定的方式聘任正高级职称7人、副高级职称19人，其中2人由讲师聘任为正教授，学校高级职称教师比例达到33.88％。通过了山东省内部质量保证体系建设试点校诊改复核。

提升信息化水平。投入5 500余万元，高标准一体化集成建设超融合服务平台和大数据中心，免费为师生提供全覆盖、无死角的校园高速无线网络，一网通办服务项目30余个，实现了全流程全时域数据资源共享。

提升国际化水平。服务"一带一路"，在肯尼亚泰塔塔维塔大学建设鲁班工坊，共建"中肯职业技术教育培训中心"，与俄罗斯乌法国立石油技术大学合作办学，与俄罗斯阿尔梅季耶夫斯克国立石油学院联合开展"中文＋专业技能"培训,成为中非(南)职业教育合作联盟第二届中方理事会单位、中国职业院校在坦桑尼亚国家输出相关行业岗位职业标准及配套人才培养方案项目第一批立项建设单位,参与建设巴布亚新几内亚中国海外职业技术学院。

服务职教高地建设。推进职教本科试点,承担 3 个本科层次职业教育专业论证工作,遴选制定本科层次职业教育专业教学标准 9 个、专业核心课程标准 63 门。全要素推进创新创业教育,建设"三大平台",构建"三个体系",实施"三项融合",打造"创"文化品牌,"大学生创新创业教育"获评国家精品在线开放课程,大学生创新创业联盟获评"全国十佳百优创业社团",大学生创业孵化基地团支部获评"全国五四红旗团支部",学校众创空间获评"国家级众创空间协同创新中心"。

(二) 石油化工技术高水平专业群层面

山东省化工产业经济总量位居全国首位,东营市是胜利油田所在地,石油炼化能力占山东省 36％、全国 10％,正在打造以芳烃、烯烃产业链为主的链条强韧、价值高端、具有国际竞争力的万亿级石化产业集群。适应高端化工产业发展,建设石油化工技术国家级高水平专业群。

建设优质教学资源。依据国家专业标准,对接高端化工要求,将本土化的 AHK 化工职业教学标准进行校本化落地,完成 70 门模块化课程标准 2.0 版本开发。开发 AHK 化工职业教育教材、模块化系列教材等 29 部,1 部教材入选山东省"十四五"职业教育规划教材。主持开发山东省三年制高等职业教育专业教学指导方案 2 个。指导 5 所院校开发专业教学指导方案 5 个。修(制)订全国石化类专业教学标准 12 个。主持石油化工技术专业国家级职业教育专业教学资源库建设,用户数量近 2 万人,日志数 1 300 余万次。完成国家级数字化资源课程题库 4 门。完成国家开放大学"基础化学"课程教学资源开发。建成省级精品资源共享课程 5 门、在线开放课程 12 门。在石化专业教育改革发展和人才培养中发挥了引领作用。

打造高水平教师队伍。创新教师培养培训方式,到匈牙利等国(境)外研修 22 人次,到本科院校交流 18 人次。"双师"型教师比例 96％。教师参加省级以上比赛获奖 19 项,获聘全国行指委委员、AHK 中德化工职业教育委员会委员 3 人,获评国家产业导师资源库技术技能大师、全国化工行业教学名师、山东省应急管理专家 8 人,获评"齐鲁最美教师""黄河三角洲产业领军人才""齐鲁首席技师"等 4 人次。获评山东省"黄大年式"教学团队、全国化工行业优秀团队、省级名师工作室、首席技师工作站 6 个。

打造高端化工实训基地。对接高端化工典型工作岗位能力要求,借鉴 AHK 中德化工专业教学标准,建立包括化工安全、基础技能、专项技能、虚拟仿真、综合技能、拓展技能实训 6 个功能模块的实训教学条件体系,设置实训教学模块 55 个,新建"芳烃联合炼化一体化（连续式）实训车间"等一批高端实训室,建成集教学实训、职业培训、职业技能和职业能力鉴定、技能竞赛、科技研发、技术服务等功能于一体的化工技能人才培养培训基地,是全国化工行业示范性实训基地、东营市化工产业实训基地。承担山东省春季高考技能考试、山东省职业院校技能大赛、山东省师资培训、东营市化工类企业技能培训及竞赛。

提升技术服务能力。与山东国瓷功能材料股份有限公司联合成立国瓷新材料学院,建设国瓷新型功能材料实训基地,包括中试生产线 1 条、检测中心 1 个,企业投入设备价值 1 000 余万元,打造了国内第一个新型功能材料领域"政产教"融合技术技能人才培养基地,填补了区域新型功能材料行业职业教育的空白。依托山东艾特森环保科技有限公司,共建清石科技研发中心,获批山东省高等学校应用技术优质协同创新中心,化工分析检测技术技能传承创新平台获批山东省职业教育技艺技能传承创新平台。为行业企业提供技术咨询、项目评审等技术服务 27 次,主持省级课题 6 项,获发明专利 1 项。

提升社会培训能力。牵头成立石油石化装备与技术职教集团,加强与行业协会、骨干企业合作,共建实践教学基地和培训基地,接收 244 名本科生到校实习,培养企业新型学徒制学员 48 名。参与"化工精馏安全控制""化工设备检维修"2 个"1＋X"职业技能等级标准开发,培训全国"1＋X"师资 140 人,认证学生 600 余人。开展职业技能鉴定 2 573 人次。完成社会培训 23 231 人次、成人学历教育 1 208人。举办区域和企业化工类技能竞赛 13 次。

提升人才培养能力。开展石油化工技术专业国家级现代学徒制试点,361 人实现招生即就业,培养齐鲁工匠后备人才 85 人。重构模块化课程体系,设置通识教育模块、职业素质与拓展模块、职业基础模块、职业岗位模块、职业技能等级模块、毕业实践模块一级模块 6 个、二级模块 70 个、三级模块 285 个。推进课程思政建设,探索"三维推进、四措并举、五环实施"模块化教学方法改革。现代学徒制试点项目、模块化教学改革成果均获全国化工行业教学成果一等奖。学生省级以上技能竞赛、创新创业竞赛获奖 102 项。

提升国际化办学水平。加入 AHK 化工职教联盟,成立 AHK 中德（东营）职业培训中心,55 名教师取得德国双元制职业教育培训师资格,6 名教师获得 AHK化工工艺员考官证。与 AHK 中德化工职业培训基地联合开发 AHK 职业教育标准 5 个。与俄罗斯乌法国立石油技术大学合办石油化工技术专业。为肯尼亚泰塔塔维塔大学培养、培训石油化工人才。编写《石油石化碳中和创新创业案例（双语）》教材,开发在线学习资源,专创融合的创新创业教育迈向国际化。

四、存在的主要问题与下一步打算

存在的主要问题:一是教学信息化建设应用水平有待进一步提高。教学信息化系统推广落后于系统开发，部分教职工信息化应用水平不高。二是科技研发和社会服务能力有待进一步增强。科技研发、社会服务等方面的领军人才偏少，对区域经济社会发展的服务团队整体力量相对薄弱。三是项目绩效考核机制有待进一步探索。运用绩效管理机制不彻底，绩效分析还不及时，推进机制有待进一步加强。

下一步，我们将认真贯彻落实习近平总书记视察山东、东营的重要指示精神和新修订的《中华人民共和国职业教育法》，以高水平专业群建设为引领，坚持问题导向、质量导向、需求导向、成果导向，持续加大地方政府投入资金和行业企业支持力度，持续推进"高标准谋划、高质量育人、大规模培训、深层次融合、'双师'型队伍、高水平服务"，加快构建高层次人才引进、培育发展平台和环境，做强科研能力、成果转化能力和社会服务能力，完善质保体系，全面推进学校高质量发展，全面提高产教融合的契合度、人才培养的满意度和区域经济的贡献度，全面完成"双高计划"建设任务。

参 考 文 献

[1] 赵中建. 21世纪世界高等教育的展望及其行动框架——'98世界高等教育大会概述[J]. 上海高教研究,1998(12):1-8.

[2] 王道俊,王汉澜. 教育学:新编本[M]. 北京:人民教育出版社,1999.

[3] 吴亚林. 以学生为中心的教育理念解读[J]. 教育评论,2005(4):21-23.

[4] [西]奥尔特加·加塞特. 大学的使命[M]. 徐小洲,陈军,译. 杭州:浙江教育出版社,2001.

[5] 唐亚厉. 以学生为中心的大学功能分层理论解读——读奥尔特加·加塞特《大学的使命》[J]. 湘潭大学学报,2009(3):160.

[6] 唐亚厉. 改革与创新——我国高等职业教育发展的必由之路[J]. 学术论坛,2008(10):201.

[7] 刘生平. 基于"以学生为中心"的高等职业教育人才培养模式探析[J]. 浙江工商职业技术学院学报,2010,9(2):39-41.

[8] [美]罗杰斯. 个人形成论:我的心理治疗观[M]. 杨广学,等,译. 北京:中国人民大学出版社,2004.

[9] 李培根. 以学生为中心的教育:一个重要的战略转变[J]. 中国高等教育,2011(Z2):8-9.

[10] 崔乃文,李梦云. 困境与出路:"以学生为中心"的本科教学改革何以可能[J]. 现代大学教育,2017(4):97-103.

[11] 朱欣. "以学生为中心"教育理念的历史审视与价值定向[J]. 现代教育管理,2014(4):6-9.

[12] 顾承麟. 关于以人为本的心理学思考——试析以人为本在教育中的操作特征[J]. 心理健康教育,2007,25(4):143-144.

[13] 高鸿,赵昕. 《以学习者为中心的人才培养模式研究》研究报告[J]. 中国职业

技术教育,2017(31):50-58.

[14]　邓泽民.以学习者为中心的职业院校人才培养模式的研究[J].中国职业技术教育,2017(31):36-49.

[15]　蔡宏芳,高军.浅谈校企合作、产教融合的办学模式[J].甘肃科技,2022,38(5):61-63.

[16]　王业挺.职业院校校企合作现状和路径[J].黑龙江科学,2020,11(9):54-55.

[17]　胡璐.国外产教融合对我国高校的启示[J].大学,2021(42):24-26.

[18]　孙云志.多元共治视域下我国高等职业院校产教融合发展研究[D].南京:南京师范大学,2021.

[19]　刘任熊.从独角戏到双主体:职业教育产教融合制度演进脉络[J].职业技术教育,2021(6):33-43.

[20]　尹邵君.高等职业院校产教融合现状及建议[J].职业教育,2020(7):167-171.

[21]　刘珂君."双高计划"建设环境下高等职业院校深化产教融合路径研究[J].教育与职业,2020(6):13-19.

[22]　李玮炜."双高计划"背景下高职产教融合的基础、需求与路径[J].中国职业技术教育,2019(30):5-9.

[23]　曹源,詹跃勇.职业教育服务黄河流域高质量发展的新路径研究[J].现代商贸工业,2022(15):60-62.

[24]　祝成林,褚晓.职业教育服务乡村振兴的文献综述及研究展望[J].教育与职业,2022,1010(10):5-11.

[25]　夏涛,李蔓.新时期高等职业教育发展助力乡村振兴[J].核农学报,2022(7):10013.

[26]　刘红梅,肖泽平,杨素丹.涉农职业教育增强服务乡村振兴适应性的实践困境及破解策略[J].教育与职业,2022(12):44-50.

[27]　柯婧秋,闫广芬.职业教育区域一体化发展:动力、内在机理与实现路径[J].大学教育科学,2022(1):120-127.

[28]　朱德全.职业教育促进区域经济高质量发展的战略选择[J].国家教育行政学院学报,2021(5):11-19.

[29]　章君.新发展格局下增强职业教育适应性的重要意义与具体策略——基于职业教育功能的视角[J].教育与职业,2021(12):13-18.

[30]　朱丹霞,申小中."长三角"产业升级背景下职业教育协同创新探究[J].教育与职业,2021(4):46-49.

[31]　邵彦,许世建.职业教育服务企业"走出去"协同办学共同体的构建——基于

三螺旋理论的解释框架[J].职教论坛,2021,37(3):14-21.

[32] 全国十二所重点师范大学联合编写.教育学基础[M].北京:教育科学出版社,2002.

[33] 张家祥,钱景舫.职业技术教育学[M].上海:华东师范大学出版社,2001.

[34] 贺祖斌.职业教育管理[M].北京:北京师范大学出版社,2010.

[35] 孙诚,王敬杰.新中国职业教育发展变迁[M].成都:四川大学出版社,2022.

[36] 余祖光.工业价值观教育的创新与实践[M].北京:海洋出版社,2010.

[37] 巩汝训,杨登山.产教融合视阈下高职校园文化建设研究与实践[M].济南:山东人民出版社,2016.

[38] 马树超.对职业教育发展未来30年的展望[J].教育与职业,2008(27):9-11.

[39] 马树超,郭文富.高职教育深化产教融合的经验、问题与对策[J].中国高教研究,2018(04):58-61.

[40] 张飞龙,于苗苗,马永红.科教融合概念再构及研究生教育治理[J].中国高教研究,2020(11):31-37.

[41] 杨登山,刘红星.高校"创"文化建设的探索与实践——以东营职业学院为例[J].北京工业职业技术学院学报,2020,19(04):68-71.

后 记

任职东营职业学院院长12年来，本人与全校职工一起，共同见证了新时代以来学校的巨大发展变化。2011—2014年，实施国家骨干高等职业院校建设项目，成为全国100所骨干校之一；2017—2019年，实施山东省优质高等职业院校建设项目，成为全省首批16所优质校之一；2019年10月，入选国家高等职业院校"双高计划"，成为山东省15所"双高计划"建设学校之一。从"骨干"到"优质"，再到"高水平"，学校发展实现"三级跳"。基本建设、实训条件、学校治理迈出大的步伐，争取实施了一批省级、国家级项目，搭建了一批产教融合、"科教研创"平台，取得了一批省级、国家级成果，获得了一批省级、国家级荣誉，锻炼成长、成熟了一批由优秀分子组成的干部和人才队伍，大幅提升了办学、治校、育人的能力和水平，学校在全国高等职业院校中居于第一方阵。

本书编著的内容，主要记录了十多年来学校谋求高质量发展的路径选择和实践探索。科学、明晰的发展路径，包括办学定位、目标愿景，对于推动院校高质量发展尤为重要，具有战略意义。打开目录，全书主要的三章可分别理解为：战略篇、战术篇、战役篇。第一章为发展路径，实质就是推动学校高质量发展的战略选择，包括以学生为中心的战略、质量战略、品牌战略、国际化战略、产教融合战略、文化制胜战略等；第二章是特色与优势，这是院校高质量发展的战术安排，包括突出特色、培育品牌、打造亮点、创新机制、营造格局、搭建平台等；第三章为发展重点，即战场及战役，包括布局、培养、培训、合作、师资、服务等方面的工作举措及实施，也包括骨干校建设、优质校建设、"双高"校建设这三场大的战役。

在推动学校高质量发展的实践探索中，我们注重辩证思维，强化系统观念。把加强党的领导、强化党建引领、牢记立德树人、全面思政育人放在首位，既坚定政治方向，又坚持底线思维，抓牢抓好"一排底线"，全力保障学校稳定、校园安全、师生平安；我们坚持"服务黄河重大国家战略、服务东营高水平现代化强市建设、服务大学生全面发展"的办学定位,锚定有特色、国际化、创业型高职名校的目标愿景,办学定位脚踏实地,发展愿景目标高远;我们既秉持职业教育"产教融合、校企合作、工学结合、知行合一"的"合理念",又注重培育自己的校园文化,打造具有东营职业学院特色的"创"文化,推动学校实现内涵发展、特色发展、创新发展。

在推动学校高质量发展的实践探索中,我们注重贯彻新发展理念,以科学的方法论指导工作。我们明确并坚持四个导向,即问题导向、需求导向、质量导向、成果导向;我们强调并落实四个着力加强,即着力加强专业课程建设、着力加强教师能力建设、着力加强特色品牌建设、着力加强制度机制建设;我们建设创业教育、创业实训、创业孵化三大平台,全要素推进创新创业教育;我们探索和实施产教融合四个机制,即"点线面"三维推进机制、协同育人机制、专业共建机制、平台合作机制;我们搭建和构筑服务黄河重大国家战略、服务东营高质量发展、服务大学生全面成长的"科教研创"平台;我们构筑和实施了"三进三出"的国际化开放办学格局,即把国际先进职教模式引进来、把优质职教资源引进来、把留学生引进来,学校走出去办学、教师走出去提升能力、学生和学员走出去就业创业;我们创新社会培训工作思路,开拓培训市场、开发培训资源、开展培训合作,规范培训秩序、严格培训程序、提高培训效益;等等,这一系列思路、举措、办法都是科学的实践观和方法论指导的结果,有力有效地指导我们将人力、物力、精力、资源进行科学配置、突出重点、兼顾全盘,推动学校实现高质量发展。

本书内容是学校十多年来的实践探索和经验总结,是集体智慧的结晶。书稿撰写过程中,得到了学校各处室部门和二级学院的大力帮助,杨登山、孟凡超、张钦军、李英杰、周星三、刘红星、刘岗、杜鹏飞、尹凤川、陈建锋、刘德志、隋兵、周连兵、尹元元、张林等全程参与,在此表示感谢!

本书的出版也得到了中国石油大学出版社的大力支持,在此表示衷心感谢!同时,在书稿撰写过程中,借鉴、参考了专家同行的观点与理念,恕不能一一列举,在此加以说明,并致谢意!

发展无止境。各地职业教育、职业院校的发展有许多更为宝贵的经验,本书内容只是一家之言,加之水平有限,难免存在不足和错漏之处,敬请广大读者提出宝贵意见。

李延成

2023 年 7 月

学校人工智能学院 ▶
举行揭牌仪式

◀ 李延成带队到东营市现代农业
示范区考察交流

李延成受邀出席安谋科技大学 ▶
合作项目线上交流会

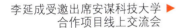

◀ 李延成受邀参加首届人工智能职教
百强院校长学术年会

▶ 学校承办 2020 泰山
科技论坛

▲ 李延成主持2022年全国职业院校技能大赛
（高职组）"网络系统管理"赛项开赛仪式

▲ 李延成受邀在中国物联网产教融合
联盟成立大会上作主题报告

▲ 学校举办"喜庆二十大　青春展风采"社团纳新"百团大战"活动

李延成出席"2022两岸高校青年情牵黄河口"文化教育交流活动 ▶

东营市"民族团结·强国有我"主题团日活动在学校举办 ▶

学校承办2022年"汉语桥"影创未来中国行线上团组交流项目 ▶

新疆疏勒县中等职业技术学校到学校考察交流 ▶

▶ 学校国瓷新材料学院
举行揭牌仪式

▶ 学校与中教畅享（北京）科技
有限公司举行校企合作设备
捐赠仪式

▶ 学校与俄罗斯阿尔梅季耶夫
斯克国立石油学院举行语言
课程开班及文化交流论坛
启动仪式

▶ 学校与乌法国立石油技术
大学签订合作协议